감정의
형이상학

감정의 형이상학

오흥명
지음

책세상

일러두기

1. 이 책은 감정에 관한 것이지만, 감상적인 독자들보다는 주체적인 사고가 가능한 독자들이 읽기를 권한다.

2. 이 책은 그간 여러 학회와 학술지를 통해 발표해온 글들을 손질하여 묶은 것이다.

3. 발표 학회와 학술지, 일자 등에 관한 세부사항은 권말에 밝혔다.

4. 각주는 학계에서 통용되는 방식을 따르되, 관례에 따라 플라톤의 저술은 스테파누스판 지면을, 아리스토텔레스의 저술은 베커판 지면을, 순수이성비판을 제외한 칸트의 저술은 아카데미 학술원판 지면을 따랐다.

5. 일반적인 각주 표기 방식을 따르기 어려운 경우, 사유를 밝힌 뒤 예외를 적용했다.

6. 한자는 가급적 쓰지 않았으나, 의미를 분명히 하기 위해 불가피하다고 생각되는 경우 괄호 안에 넣어 한글과 병기했다.

1.

삶이 철학을 위해 존재하는 것이 아니라, 철학이 삶을 위해 존재하는 것이다. 나는 그렇게 믿는다.

2.

그러나 삶이란 무엇인가. 모른다. 만약 알았다면, 삶은 혼란스럽지도 고통스럽지도 않았을 것이다. 이 질문과 대면하기 이전에 삶은 시작되지만, 삶은 이 물음을 묻고 답하기 전에는 아직 시작된 것이 아니다. 그렇게 삶에 대한 물음은, 삶보다 앞서 있는 것이다. 삶이 무엇이냐고 묻는 것은 인간의 운명이다. 삶에 대해 묻지 않는

자는 그러므로 아직 인간이 아니다. 인간이란 삶의 이유를 묻는 존재자의 다른 이름이다. 이 물음이 없다면, 인간은 영문도 모른 채 살아 있는 생물에 불과할 뿐이다.

인간이 삶을 향해 던지는, 인간의 운명이 된 이 물음이 곧 철학이다. 아니, 철학은 삶이 인간을 향해 던져오는 운명 같은 질문이다. 이 질문에 답하는 것이 철학이라면, 철학은 그 자체로 이미 하나의 근원적인 삶의 양식인 셈이다. 삶이 있고 철학이 있는 것이 아니다. 삶이 곧 철학이다. 삶이 곧 철학이라면, 철학 없이는 삶도 없는 것이다. 물론 철학이 그 자체로 중요한 것은 아니다. 중요한 것은 삶이며, 삶이 우리에게 던져오는 피할 수 없는 물음을 정면으로 맞받아 있는 힘껏 답하는 것이다. 삶을 둘러싸고 벌어지는 이 필사적인 질문과 대답. 지상에 인류가 존재하는 한, 생의 저변에서 보이지 않게 계속될 이 영원한 암투를 나는 철학이라 부른다.

3.

다시, 묻는다. 철학이란 무엇인가. 진리에 대한 사랑이다. 이 얼마나 공허하고 무책임한 말인가. 인간은 진리만으로는 살지 못한다. 인간이 진리만으로 살지 못한다는 말은, 무엇보다 인간이 몸이라는 말이다. 온갖 불행이 여기에서 온다. 나고, 늙고, 병들고, 죽어야 하는 존재. 그 일신의 생이 덧없는 줄 알면서도, 고작 먹고 마시는 일로 한평생 괴로워하다 불시에 죽음을 맞이하는. 이 어쩔 수 없는 몸이, 그리하여 저 진리보다 자명한 인간의 운명이다. 이 운명이 인간을 불행하게 한다.

4.

인간이 무엇보다 몸이라고 해도, 인간은 몸만으로 살지 못한다. 인간이 몸만으로 살지 못한다는 말은, 무엇보다 인간이 정신이라는 말이다. 불행은 여기서도 온다. 정신으로서, 인간은 몸 너머를 넘겨다본다. 몸이 몸 너머를 동경하는 것. 이것이 몸이라는 인간의 또 다른 운명이다. 몸이라는 운명이, 결코 가닿을 수 없는 몸 너머의 세계를 갈망하는 정신의 운명과 만나 탄생하는 존재. 그가 곧 인간이다. 철학은 그가 부르는 노래다.

5.

무엇을 위해 살 것인가. 몸인가, 정신인가. 이런 식의 질문이 어리석은 것은, 애초부터 인간에게 이런 식의 양자택일이 불가능하기 때문이다. 몸이 없으면 정신도, 진리도 없다. 문제는 몸이냐 정신이냐가 아니라, 몸일 수밖에 없는, 그러나 동시에 정신인 존재를 위한 진리가 무엇인가다. 이것이 삶이 인간에게 요구하는 철학이자, 철학이 인간의 삶을 위해 건네야 할 진리다.

6.

그러니 삶을 위한 진리란 무엇인가. 이것이 철학의 근본 물음이다. 그러나 이 물음에 관하여 우리가 아는 게 있다면, 다만 모른다는 사실뿐. 하여 이 근원적 무지가 우리가 찾는 진리의 유일한 흔적이자 알리바이다. 미지의 것으로 드러나 그것이 무엇인가를 묻지 않을 수 없게 충동하는, 그것이 철학을 위하여 주어진 최초의 진리다. 아니, 어쩌면 그것이 곧 철학이다. 인간을 인간으로 일깨우는 이 최초의 진리. 철학은 그러므로 하나의 진리가 아니라 본질적으로는 하나의 물음이다. 물음은 그러므로 철학의 근본형식이자 이미 철학 그 자체다.

7.

철학이 물음에서 온다면, 물음은 또 어디에서 오는가. 몸과 정신의 불화에서, 아니, 몸일 수도 정신일 수도 없는 존재가 저 완강한 삶에 부대끼며 느끼는 회의와 낙담에서, 아니, 자신과 삶과 세계에 대한, 그리하여 존재 전체에 대한 환멸 속에서 피어오르는 절박한 향수에서, 물음은 온다. 그런 물음에서 시작된 것이 아니라면, 철학은 어린아이의 소꿉장난에 지나지 않는다. 우리는 그렇게 한가하지 않다.

8.

그러므로 철학은 철학에 관해서가 아니라 불행에 관해 말해야만 한다. 삶과 존재에 대해 말하고 생각하는 이들은 언제나 불행한 사람들이 아니었던가. 물론 불행이라는 하나의 보편자가 우리를 불행하게 만드는 것이 아니라면, 불행에 관해 어떤 식으로 말해야 할 것인가가 선결과제로 남는다. 우리를 불행하게 만드는 사건에 관해서가 아니라, 우리를 불행하게 만드는 감정에 관해 나는 말하려고 한다. 불행은 구체적인 사건이나 현실 속에 존재하는 것이라기보다는, 그 사건과 현실을 경험하는 인간의 마음속에 존재하는 것이기 때문이다. 그 불행의 감정들 속에서, 우리는 철학 이전의 형태로 존재하는 가장 근원적인 철학적 물음들을 대면하게 될 것이다.

9.

한 가지 유념해야 하는 것은, 인간의 감정이 명확한 인식을 앞질러 발생한다는 사실이다. '기쁘다', '슬프다', '행복하다', '불행하다', 미처 생각하기도 전에, 우리는 느낀다. 판단과 반성과 인식과 사유와 철학은—그 모두가 모호한 형태로 감정의 심연 속에 혼재해 있는 것도 사실일 테지만—명시적으로는 우리의 감정을 둘러싸고 벌어지는 후속 절차들일 뿐이다. 숱한 인간들이 겪어야 했지만 변변히 철학의 주목을 받지 못했던 감정을 들여다보는 일은, 그래서 철학이기 이전에 인간의 삶과 존재를 원형 그대로 되살피는 일이다. 삶 속에서 몸과 정신으로서의 인간이 겪어야만 하는 어두운 감정의 내부를 들여다보노라면, 그 감정의 얼개와 더불어 우리 자신이 누구이며 또 어디로 가야 하는지도 어렴풋이나마 드러나게 될 것이다.

10.

그렇다고는 해도, 사람이 느낄 법한 시시콜콜한 감정들을 분별 없이 이야기하지는 않을 것이다. 우리는 누구이며 어디로 가야 하는지를 말해줄 상징적 감정들만이 이 글 속에서 거론될 것이다. 그렇다고 해서 여기에 등장하지 않은 감정들이 철학적으로 논의할 가치가 없다고 말하려는 것은 아니다. 오히려 하나의 감정은 예외 없이 다양한 감정들과 중첩되고 뒤얽혀 있어서, 명목상의 감정과 상이한 감정들을 아우르고 있기 마련이다. 이 책에서는 인간이라면 누구나 느낄 법한 감정들 가운데 삶을 어둡게 만드는 부정적 감정들을, 그중에서도 철학적 함축을 강하게 띠고 있는 네 가지 감정들—자기경멸, 슬픔, 외로움, 열등감—을 이야기할 생각이다. 이 감정들이 철학의 언어로 소개되는 동안, 수치심과 죄책감, 불안과 권태, 절망과 퇴폐, 그리고 숭고와 성스러움 같은 유관 감정들이 여기저기서 산발적으로 언급되기도 할 것이다. 그렇게 불행의 감정들을 얼마간 추스르고 나면, 인간의 삶을 행복하게 하는 감정들에 관해서도 이야기할 때가 올 것이다. 인간의 불행에 대한 집요한 응시에도 불구하고, 인간이 불행해지기 위해 태어난 것은 아니라고 나는 믿는다.

목차

I

자기경멸에 관하여

인간은 본능적으로 살기를 원한다.
이 자명한 생물학적 존재론의
보편원리에도 불구하고, 만약 어떤
생명체가 존재와 생명을 거부하고
무와 죽음을 원한다면, 쾌락과
행복이 아니라 고통과 불행을
바란다면 대체 그 이유는 무엇인가?

철학에 대한 세간의 무관심은 정당한 것이다. 위중한 생활의 요구 앞에서 불요불급한 사변을 논하는 것은, 침몰하는 배 위에서 세계 평화와 인류의 미래를 논하는 것만큼이나 공허한 일이다. 철학을 위해 목숨을 바친 소크라테스적 숭고는, 그가 죽은 후 그의 부인과 어린 자녀들이 견뎌야 했을 고통을 감안한다면, 비극적 영웅이 되고 싶었던 어느 무모한 사내의 지적 허영에 불과할지도 모른다. 생각해보라. 설마 하니 진리가 소크라테스의 집요한 변증과 죽음속에만 있고, 무책임한 가장이 죽고 난 후에도 모진 목숨을 부지하기 위해 노심초사했을 그의 아내와 자식들의 생활

속에는 없었겠는가. 때론 구차한 삶을 초연히 포기하는 것이, 구차한 줄 알면서도 그 남루한 삶을 끝까지 붙들고 지켜내는 것보다 더 그럴듯해 보이고 수월한 일이지 않던가. 흔히 말하듯, 철학이 외면당하는 것은 정작 생사가 걸린 문제를 내팽개쳐두고 대수롭지도 않은 문제들을 죽고 사는 일처럼 파고드는 강박 때문이 아닌가. 끊임없이 자신의 존재의미를 변론하지 않으면 연명키 어려운 우리 시대 철학의 위기를 타개하고 싶다면, 그러므로 구구한 변명을 늘어놓기보다는 철학이 어떻게 생사가 걸린 문제가 되는지를 말해주는 편이 현명할 것이다.

언제 철학은 생사의 문제가 되는가. 삶의 이유를 물을 때, 존재의 의미에 관해 질문을 던질 때다. 삶의 요구에 조건 없이 순응하던 인간이, 인생이 과연 살 만한 가치가 있는 것인가를 되물으며 자살을 인생 최대의 현안으로 떠올리게 될 때,[1] 그때 철학은 맹목적 승인 아래 존재했던 삶을 물음에 부치며 삶 자체보다 위중한 사안으로 모습을 드러낸다. 존재에 대한 의문이 곧 철학이라면, 삶에 대한 회의와 죽음을 향한 잠재적 욕망 속에서 철학은 이론이기 이전에 시원적 삶이자 근원적인 존재의 양식으로 활성화된다.

이렇게 활성화되는 인식론적–존재론적 사태, 이 사태를 철학자들은 '경이'라고 불렀다.[2]

그러니 철학이란 무엇인가. 경이와 더불어 탄생하는 의식의 지평이다. 경이란 또 무엇인가. 구체적 대상이나 그러한 대상 일반으로서의 세계에 빠져 있던 주체가, 그 자질구레한 존재와 의식의 지평을 뛰어넘어 있는 것 전체를 마주하게 될 때 열리는 새로운 존재의 지평이자 의식의 지평이다. 전체로서의 존재. 그리고 그 존재와 맞닥뜨린 정신. 이 양자의 운명적 대면 속에서 정신은 그가 머물렀던 대상의 세계를 훌쩍 넘어서고, 존재는 그런 정신의 면전에 배후를 가늠할 수 없는 미지의 사태로 까마득히 펼쳐 널린다. 존재하는 모든 것들과 달리 더는 무어라 설명할 수 없는 이 초유의 사태 앞에서 인간은 놀라게 되고, 놀란 가슴을 쏠어내리며 이렇게 묻게 된다. 존재란 무엇인가? 존재의 의미, 혹은 이유에 관한 이 짤막한 물음과 눈이 마주친 순간, 철학은 인간의 운명이 된다.

그러나 철학의 기원으로 활성화되는 이 '경이'의 내부를 좀 더 냉정한 시선으로 들여다보면, 그것은 철학사가 전하는 저 격조 높은 호기심이나 경탄이라기보다는, 자신의 삶과 존재에 대한 '환멸'이나 '경멸'³에 더 가까워 보인다. 단한 번도 의문의 대상이 되지 않았던 존재의 타당성이 일순간 무너져내릴 때, 우리를 엄습하는 것은 삶과 무관히 묻고답할 수 있는 지적 궁금증이라기보다는, 기성의 존재와 삶전체를 허물어뜨리는 실존적 사건이자 형이상학적 격변이기 때문이다. 설령 순수한 이론적 관심의 가능성을 인정하더라도, 철학은 더 빈번하게 자기 자신에 대한 실망과, 삶에대한 환멸과, 세계에 대한 혐오 속에서 잉태되지 않던가.

그러므로 철학의 시작은 '경이'가 아니라 '경악'이다. 철학이 이론이기 이전에 삶과 세계를 바라보는 근원적 시선이자 태도를 의미하는 것이라면, 의심 없이 받아들이던 존재를 더는 의심 없이 받아들일 수 없는 도저한 회의의 심연이자 그로부터 스며나오는 불안과 좌절의 사태라면, 철학은 한가로운 지적 호기심을 넘어 소스라치게 놀란 영혼의총체적 위기 속에서 터져나오는 절박한 물음이자 새로운삶의 방식이기 때문이다. 그리고 이것이 '경이'라고 명명돼왔던, 철학의 탄생을 매개하는 정신현상을 자기경멸이라는 이름 아래 되짚어봐야 하는 이유다.

그러나 경악과 자기경멸⁴이 철학의 또 다른 기원이라는

이 글의 주장이 사실이라 해도, 그 사실만으로 우리가 이 감정에 주목해야 할 충분한 이유가 확보된 것은 아니다. 철학은 말이나 개념 그 자체로 신성화될 수 있는 것이 아니라, 우리를 근원적 진실로 인도하는 한에서만 자신의 가치를 입증하는 것이기 때문이다. 철학의 원형적 정신현상으로서 자기경멸의 감정에 담긴 진실은 무엇인가. 이 감정은 어떻게 발생하고 또 극복될 수 있는가. 그리고 이 감정으로부터 우리가 배워야 하는 것은 무엇인가. 이런 일련의 물음들에 쫓겨 문제의 감정 내부로 깊숙이 들어가봄으로써, 우리는 철학에 대해서뿐 아니라 우리 자신과 세계에 대해서도 얼마간 더 나은 이해를 얻을 수 있게 될 것이다.

이렇게 자기경멸에 대한 논의의 필요성이 해명되었다 해도, 이 철학적 감정을 어디서부터 어떻게 설명해야 할 것인가. 이 두 번째 질문이 논의의 순서와 방법을 결정한다. 이와 관련하여 우리가 주목해야 하는 것은, 자기경멸의 감정이 경이에 대한 철학자들의 설명처럼 정련된 형이상학적 사유의 형태로 주어지지는 않는다는 사실이다. 오히려 그것은 생활세계의 공간 속에서 겪게 되는 구체적인 경험과 더불어 발생하는, 모호하고도 강렬한, 깊고 근원적인 내면적 사건에 더 가깝다. 물론 그러한 사건이 매우 다양한 계기를 통해 여러 가지 형태로 촉발된다는 것 또한 중요한 사실이다. 그러한 한에서—그것이 전쟁이든, 재난이든, 가난이든, 질병이든, 실연이든, 실직이든, 배신이든, 죽음이든, 그것도 아니면 이 모든 것들이 불러일으키는 '참을 수 없는 존재의 가벼움'이든 간에— 주관적이고 우연적인 개별 사례들을 열거하는 것으로 이야기를 시작하는 것은 학문적 논의를 위한 최소한의 객관성을 담보하기 어려울 것이다. 그러므로 자기경멸에 대한 논의의 단초로서 다루어질 대상은 일상의 공간 속에서 마주칠 수 있는 구체적 경험과 관련된 동시에, 문제의 감정 속에 함축된 보편적 진실의 일단을 드러낼 수 있는 것이 아니면 안 된다.

이를 위해 이 글이 채택한 것은 마조히즘과 마조히즘의 연장선상에서 바라본 사디즘 및 나르시시즘에 대한 프로이트의 입론이다. 이 병리적 감정들에 대한 철학적 성찰이 미흡한 대로 자기경멸의 철학적 함의를 심층적으로 분석하고 해명하기 위한 실마리가 되어주리라는 짐작이 선택의 이유였다. 프로이트에 관한 철학적 성찰을 통해 추후의 논의를 위한 이론적 발판이 마련된 후에는, 세 가지 신화에 나타난 자기경멸의 감정을 유형화하고 이를 형이상학적 관점에서 해석해봄으로써 자기경멸의 철학적 함축을 본격적으로 해부한다. 이러한 시도를 통해, 우리는 자기경멸을 넘어 성스러움으로 나아가는 한 가지 가능성을 발견하게 될 것이다.

1.
쾌락과 고통의
변증법

인간은 본능적으로 살기를 원한다. 본능이란 무엇인가. "몸속으로 끊임없이 흐르는 자극의 근원이 심리적으로 표현된 것"[5]이다. "어떤 기관에서 일어나는 흥분과정"[6]이자, 본능의 근원에 있는 자극의 상태를 제거함으로써 달성되는 만족을 얻기 위해 압력을 행사하는, 지연되거나 굴절될 수는 있어도 근본적으로 제거될 수는 없는 집요한 힘이요 충동이다.[7] 이것이 본능에 관한 프로이트의 설명이다. 그의 말대로 살아 있는 것들의 생존을 도모하기 위해 내부로부터 가해지는 물리적 자극과 그것의 해소를 압박하는 충동은 취향이나 선택의 문제가 아니다. 그 힘은 생존의 부가

물이 아니라, 생존을 가능하게 하는 구성요건이자 생존하기 위해 충족되지 않으면 안 될 근본조건이다. 생명이 선택 이전에 주어지는 '생의 명령'[8]이자 존재의 강요라면, 본능은 누구라도 예외 없이 복종해야만 하는 보편원칙이다. 존재가 선택 이전에 강요된 그 무엇이고 생명이 동의에 앞서 강제된 명령이기에, 모든 생명은 살아 있는 한 그 명령의 실체와도 같은 본능의 힘 아래 복속되어 살아가야 할 운명인 셈이다. 그것이 본능 속에 담긴 첫 번째 존재론적 함축이며, 살고자 하는 우리 자신의 본능을 통해 확인되는 생의 제1공리다. 또 한 가지. 그 본능의 목표가 만족이고, 만족이 쾌락과 사실상 동일한 것을 뜻하는 한, 인간의 정신을 지배하는 원초적인 존재의 목표는 쾌락이다. 아리스토텔레스의 윤리학을 연상시키는, 이른바 '쾌락원칙'[9]으로 명명되는 이 두 번째 원리는 그렇다면 생의 본능 속에 담긴 제2의 존재론적 함축으로 손색이 없으리라.

본능의 이 두 가지 원리에 조응하여, 프로이트는 '유희 본능'이나 '사교 본능' 따위의 파생적 본능이 아니라, "더 이상 세분화될 수 없는 원초적 본능",[10] 곧 인간의 삶과 존재를 규정하는 가장 근원적인 한 쌍의 본능을 가정한다. 단지 가설일 뿐이라는 전제하에 프로이트가 제시했던 이 원초적 본능의 이름은 각각 '자기보존 본능'을 뜻하는 '자아 본능'과, 우리 모두가 알고 있는 '성적 본능'이다.[11] 자기보존 본능이 생명의 시작과 더불어 주어지는 자명한 원리와 같다는 점에서, 그것이 원초적 본능에 속한다는 데는 재론의 여지가 없어 보인다. 그렇다면 성적 본능은? 이 본능의 근거를 대는 일도 역시 어려운 일은 아니다. 그러나 프로이트의 주장에 남다른 구석이 있다면, 성적 본능이 "유년기에는 존재하지 않고, 성숙과 밀접한 연관이 있는 사춘기에 시작되며, 이성이 내보이는 매력에 불가항력적으로 이끌릴 때 나타난다는"[12] 일반적 통념과는 달리, 인간은 처음부터 이미 '성 본능의 배아를 가지고 태어난다'[13]는 다소 파격적인 믿음에 있다. 상궤를 벗어난 듯한 그의 주장은, 우리가 프로이트를 따라 '신체기관을 통한 쾌감'[14]의 추구를 성적 본능의 본질로 이해할 때 무리 없이 수용할 만한 가설로 바뀐다. 예컨대 어머니의 따뜻한 젖을 빨며 얻게 되는 생리적 만족감과 아이의 입술에 전해지는 '감각적 자극의 쾌감'[15]은, 자기보존 본능과 불가분하게 결합돼 있는 원초적 성 본능의 존재를 방증하는 근거로는 충분해 보인다. 손

가락을 빠는 아이들의 행동에서 확인되는 것처럼,[16] 아이가 성장함에 따라 성적인 만족의 반복에 대한 욕망은 양분 섭취의 필요에서 점차 분리되는 듯하지만, 뿌리에서부터 하나로 뒤얽혀 있는 자아 본능과 성 본능은 일생을 통해 긴밀히 상호작용하면서 인간의 삶을 지배하는 근원적 욕망으로 남는다.[17]

주어진 생명을 지키려는 욕망과, 생명의 환희에 도달하려는 욕망. 철학의 언어로 다시 말한다면, 자신의 존재에 대한 단적인 긍정과, 그 존재에 대한 긍정을 뒷받침하는 사건을 통해 실현되는 자기목적적 사태로서의 행복에 대한 열망. 거대한 욕망에 이끌려 인류 전체가 써내려가는 이 생명의 드라마에 그러나 뜻하지 않은 사건이 발생한다. 사건의 개요는 대략 다음과 같은 질문으로 요약된다. 무의식적 본능을 토대로 구축되는 이 자명한 생물학적 존재론의 보편원리에도 불구하고, 만약 어떤 생명체가 존재와 생명을 거부하고 무와 죽음을 원한다면, 쾌락과 행복이 아니라 고통과 불행을 바란다면 대체 그 이유는 무엇인가? 이것이 마조히즘에 관한 프로이트의 고찰 속에서 던져진 근원적 질문[18]이고, 자기경멸과 관련하여 우리가 주목해야 할 문제적 사안이다.

생명원칙과 쾌락원칙에 지배되는 인간 정신이 그 원칙에 정면으로 배치되는 목적을 지향하는 마조히즘의 자기모순적 역동을 이해하기 위해, 우리는 다시 본능과 나르시시즘, 그리고 자아이상과 사디즘에 관한 프로이트의 설명으로 거슬러가야 한다.

이미 말한 것처럼, 인간의 원초적 본능은 어머니와의 신체접촉과 함께 이루어지는 양분의 섭취 및 그에 따른 만족감, 그리고 그 과정에서 수반되는 감각적 쾌감(으로서 성적 쾌락)을 통해 깨어난다.[19] '쾌락의 근원을 향한 자아의 관계'[20]를 사랑이라 불러도 좋다면, 본능적으로 자신의 생존에만 관심하는 유아가 보존본능의 충족과 함께 경험하게 되는 신체적 쾌감은 성적 만족의 원형이자 인간이 배우는 최초의 사랑이 된다. 외부세계에 대한 명확한 인식이 존재하지 않는, 그래서 오직 자기 자신을 대상으로 삼는 생물학적 자아의 사랑. 이를테면, 자기 안에 빠져 있는 자아가 쾌락을 누리는 자신을 긍정하고 존재에 만족을 느끼는 자기몰입의 사태. 이것이 바로 모든 인간이 경험하게 되는 무의식적 존재론으로서의 나르시시즘이다. "나르시시즘은 성도착이 아니라 모든 살아 있는 생명체가 어느 정도 당연히 보유하고 있는 자기보존 본능이라는 이기주의를 리비도가 보완해주는 것"[21]이다. 이 자연발생적 나르시시즘 안에서 하나를 이루고 있는 자기보존 본능 및 성적 본능은, 그로써 자기 존재에 대한 근원적 만족감을 바탕으로 촉발되는 존재의 기쁨과 긍정을 통해 존재를 사랑하고 적극적으로 추구하는 생명 본능의 원형을 확립한다.[22] 그러나 다른 한편으로, 나르시시즘이 그가 누리는 존재적 희열의 원천인 어머니를 향한 것이기도 할 때, 이 사랑은 한갓된 자기애라기보다는 자아와 대상 간의 완전한 합일을 토대로 한 시원적 사랑의 무의식적 원형처럼도 보인다.

자신만을 사랑하고 외부세계에 무관심한 나르시스적 자아에게 중요한 것은 자신의 존재를 흡족한 방식으로 존속 가능하게 하는 것들이 동반하는 전형적 상징으로서의 쾌락이다. "그러므로 이 시기 동안 자아(주체)는 쾌락과 일치하게 되고 외부세계는 무관심(달리 말하면 자극의 근원으로서의 불쾌)과 일치하게 된다."[23] 그러나 인간이 세계 안에 있고, 그의 자아도취적 열락이 타인의 헌신과 희생을 근거로만 가능하다는 데서 나르시시즘은 한계를 맞는다. 자기

자신과 다른 타자 및 외부세계가 존재한다는 사실을 깨닫
게 된 자아는 이제 사랑과 미움의 두 가지 태도로 그 세계
에 응대한다.

"순수한 나르시시즘의 단계를 지나 대상이 출현하는 단계로
들어서면서 자아와 대상의 관계는 그 대상을 자아 가까이로 운
반하여 자아 속에 병합시키려는 운동 충동이 일어난다. 이럴
때 쾌락을 주는 대상이 발산하는 힘을 우리는 〈매력〉이라고 부
르며, 우리는 그 대상을 〈사랑한다〉고 말한다. 거꾸로, 만일 대
상이 불쾌의 근원이 되면 그 대상과 자아 간의 거리를 넓히고,
대상과의 관계에 있어서 자극을 발산하는 외부세계에서 도피
하려는 초기의 노력을 반복하여 시도하려는 성향이 나타난다.
이때 우리는 대상에 대한 〈반감〉을 느끼며 그 대상을 미워한
다. 그리고 이 미움은 나중에 대상을 공격하고자 하는, 즉 대상
을 파괴하고자 하는 성향으로까지 발전하게 된다."[24]

성장과 함께 외부세계의 영향이 자아의 대응능력을 넘
어서게 되면서, 주관적 쾌불쾌를 기준으로 모든 것을 판단
하는 나르시시즘의 세계는 결국 종언을 맞는다. 이에 따

라 자기보존과 자기보존에 조력하는 성 본능의 발현인 쾌락원칙은 외부세계의 영향으로 인해 현실원칙으로 변형된다.[25] 자기보존 본능과 성 본능의 결합 속에서 발생하는 자기애, 곧 나르시시즘의 대상은 일차적으로 자신의 몸과 자아일 테지만, 동시에 그러한 자기애를 실질적으로 뒷받침하는 토대로서의 어머니다. 자신과 타인의 구분이 존재하지 않는 원초적 합일 속에 잠긴 채 오이디푸스처럼 무심코 어머니를 사랑하게 된 이 나르시스적 자아의 꿈은, 그러나 아버지와 아버지로 대변되는 외부세계의 압력, 곧 문화적·윤리적 이념이나 양심,[26] 혹은 종교적 가르침이나 학교교육[27] 등을 통해 억압된다. 외부세계로부터 가해지는 이 억압으로 인해 곤경에 처해진 자아는 자기보존 본능에 따라 (생존에 위협이 되는) 오이디푸스적 욕망(쾌락원칙)을 현실원칙으로 대체한다.[28] 자아는 아버지와의 동일시 및 자신의 성적 본능에 대한 반동형성을 통해 이드의 리비도[29]적 충동을 공적으로 승인된 가치들로 전환한다.[30] 이렇게 탄생한 자아이상은 자아 속에서 활동하며 자아를 감시하고 처벌하는 초자아로 자리 잡는다.[31] 자기보존과 존재의 희열을 추구하는 이드의 원초적 본능이 외부세계와 상호작용하면서 자아와 초자아로 발전하게 되는 자아의 성장과정은, 이처럼 자아가 나르시시즘에서 벗어나게 될 때 비로소 가능해진다.[32] 그러나 성장을 위해 불가피한 성적 본능의 억압 과정에서 '자아의 포괄적인 통일체'에 편입되지 못하고 무의식 속에 억눌린 채 고여 있는 강렬한 본능적 열망은 우회적이거나 변칙적인 방법을 동원해서라도 어떤 식으로든 만족을 추구하려 든다.[33] 이 은폐된 욕망은 억압에 실패하는 경우 신경증이나 성도착을 유발하는 요인이 되고, 성공적으로 억압되는 경우 인간을 문화적으로 고양시키는 원동력이 된다. 그러나 어떤 경우든, 억압된 욕망을 완전하게 만족시키는 일은 불가능으로 남는다.

"인간의 문명 속에 있는 매우 고귀한 것들이 모두 이러한 본능적 억압에 기초하고 있는 것이다. 억압된 본능은 완전한 만족을 향한 추구를 절대로 멈추지 않는다. 목적은 만족의 첫 경험을 반복하는 데 있을 것이다. 어떠한 대리표상이나 반동형성도, 어떠한 승화작용도 억압된 본능의 끈질긴 긴장을 제거하는 데 충분하지 못할 것이다. 이미 얻은 지위에 멈추기를 허용치 않고 어느 시인의 표현대로,〈억누를 수 없이 계속 앞으로 밀어

붙이는〉 추진력을 제공하는 것은 바로 〈요구되는〉 만족 속에서 느끼는 쾌락과 실제로 〈성취한〉 것 사이의 양적 차이다. 완전한 만족에 이르는 역행의 길은 억압을 유지시키는 저항에 의해서 방해를 받는 것이 원칙이다. 그러므로 아직 성장이 보장되는 방향으로 전진해 나가는 것 외에는 다른 대안이 없다. 그 과정이 결말로 연결된다거나 목표에 닿을 수 있다는 전망도 없지만 말이다."[34]

억압에 의해 불쾌의 근원으로 뒤바뀐 잃어버린 쾌락은 이제 '쾌락으로 감지될 수 없는 쾌락'[35]으로 전락한다. 자신이 누렸던 자기애적 만족을 상실하게 된 인간은 그에 대한 보상으로 이상적 자아를 통해 나르시시즘을 대체하려 한다. 그러나 그가 현실원칙에 의해 승인된 형태로 재탄생한 욕망의 대체물인 자아이상에 다가선다 해도, 그것은 억압된 무의식적 욕망의 그림자에 지나지 않는다. 아무리 노력해도—아니 노력하면 할수록—, 인간은 '혹독하고 잔인하며 무정한'[36] 초자아의 가혹한 비판과 공격적인 태도로 인해 끝없는 '무의식적 죄의식'[37]에 시달리기 시작한다. 자아를 향한 초자아의 이런 냉혹하고 파괴적인 태도가 바로 초자아의 사디즘[38]이라면, 이 사디즘의 위협에 내몰린 자아가 죄의식을 해소하려 쾌락이 아닌—죄의 처벌과 속죄를 위한— 고통 속에서 만족을 느끼는 도착된 욕망이 마조히즘이다.[39] 이렇게 탄생한 마조히즘은, 결국 자기 존재에 대한 만족과 그 만족이 주는 존재의 희열을 통해 충족되었던 생명본능을 정면으로 부정하기에 이른다. 초자아의 사디즘이 불러일으키는 자신의 존재에 대한 수치와 혐오, 그리고 자기경멸은, 자학과 형벌과 고통을 자처할 뿐만 아니라 '자기 자신의 존재 자체'[40]까지도 파괴하려는 근원적 욕망으로 비화된다. 마조히즘의 이 자기모순적 욕동 속에서, 애초에 존재에 대한 긍정과 생의 희열로 충만했던 이드의 생명본능은, 자기경멸과 고통을 지나, 존재를 버리고 무로 회귀하려는 충동으로서 죽음 본능으로 뒤바뀐다.[41]

2.
자기경멸의
세 가지 유형

살고자 하는 욕망. 그리고 (살고자 하는 욕망으로서) 자기
보존 본능이 대변하는 존재에의 의지를 뒷받침하는 근거
인 성적 본능이 손에 넣으려고 하는 생의 희열과 존재의 기
쁨. 이것이 인간 존재를 규정하는 두 가지 본능이자 근본원
리다. 이 두 가지 본능은, 갓 태어난 인간에게 나르시시즘
의 형태로 성취된다. 나르시시즘은 오직 자신의 존재와 그
존재의 열락을 지향하는 자아도취적 존재양식이다. 타인
에 대한 사랑도 결국 자기애의 연장에 불과하다는 점에서,
자기애적 인간에게 타인에 대한 사랑과 자신에 대한 사랑
은 구분되지 않는다. 이 자기애가 외부현실의 압력으로 인

해 자아이상으로 대체되고, 그의 자기애는 외부세계나 외부세계가 유발하는 불쾌 일반에 대한 반응으로서의 미움과 함께 억압된다. 사디즘의 원천이 되었던, 애초에 외부세계를 향해 있던 그 미움은 억압과 더불어 이제 자기 자신을 향하게 되고, 자아는 무의식적 죄의식의 압박에 시달리게 된다. 이 죄의식을 해소하기 위해 자아는 끊임없이 이상을 추구하고 그 이상에 다가서기 위하여 도덕명령을 엄수하려 하지만, 결코 도덕법칙과 완전하게 하나가 될 수 없는 근원적 한계를 절감하게 될 뿐이다. 죄의식은 점점 더 깊어져간다. 이 죄의식은 타인을 향해서는 도덕적 사디즘이 되고, 자기 자신을 향해서는 도덕적 마조히즘이 된다. 이로인해 자아이상을 추구하는 엄숙주의자는 가혹한 비판의식과 도덕적 우월의식에 사로잡혀 타인을 경멸하거나 비난하기를 서슴지 않지만, 그 비난의 강도만큼 죄의식의 깊이도 더해간다. 그가 윤리적으로 완벽해지려 하면 할수록, 결코 소멸되지 않는 자기 안의 억압된 욕망과 그 욕망에 비례하는 엄격한 도덕법칙, 그리고 죄의식의 무게는 끝없이 가중된다. 그 거대한 압력으로 인해 촉발되는 고통은 고스란히 자기 자신과 타인에 대한 윤리적 경멸이나 우월의식, 나아가 불완전한 삶 자체에 대한 초인적 경멸로 귀결된다. 그러나 아무리 숭고한 초인의식도 결국 억압을 통해 변형된 자기애를 윤리적 측면에서 미화된 방식으로 충족시키려는 기만적 의도에 지나지 않는다. 이로 인해 자신에 대한 자부심과 우월의식의 배후에서 자신의 위선에 대한 무의식적 혐오와 경멸은 더욱 심화된다. 그 사실을 자각하고 있는 자아가 스스로를 향해 무의식 깊은 곳으로부터 느끼는 최후의 감정. 그 감정이 마조히즘이며, 마조히즘을 지배하는 죽음 본능이다.

그러므로 죽음 본능은, 일차적으로는, 외부와 내부에서의 자극과 긴장이 초래하는 불쾌로 인해 유발되고 초자아의 억압을 통해 증폭되는 자신과 타인, 아니 세계 전체에 대한 미움으로부터 야기되는 삶과 존재에 대한 극도의 반감을 뜻한다. 이러한 반감이, (자신의 삶과 존재를 긍정하게 하는 계기인) 쾌락의 부재로 인해 존재의 필연성과 당위성을 설명할 길 없는 무력감과 회의감 속에서 다시 무의 상태로 회귀하고 싶은 무의식적 충동이나 경향으로 심화될 때 비로소 (생명 본능에서 유래하는 역설적 본능으로서) 죽음 본능이 되는 것이다. 그런 한에서 마조히즘은 성욕의 도착이 아니라, (자기보존 본능과 성 본능의 종합인) 생명 본능이 쾌락과 고통이라는 상징을 통해 학습하게 되는 존재론적 이념의 도착이다. 이것이 자기경멸을 주제로 한, 프로이트의 마조히즘 해석에 관한 비판적 독해의 개요다.[42]

마조히즘에 관한 프로이트식 해명의 이론적 유효범위가 어디까지인지 확언할 수 없더라도, 프로이트의 입론에 담긴 통찰의 깊이와 설득력을 전면적으로 부인하기는 어려워 보인다. 그럼에도 이 글의 논제와 관련하여 다음의 몇 가지 문제적 사실들은 재고를 요한다.

가장 먼저 눈에 들어오는 것은, 인간의 정신적 삶을 구성하는 모든 이상이나 이념이 무의식적 욕망의 변형에 불과하다는 프로이트의 신념[43]이다. 그러나 심리학주의를 비판했던 후설의 말처럼, 인간의 사고작용과 무관하게 존재하는 이념적 실재들, 곧 수나 명제, 진리, 이론 등은 인간의 심리작용에 관한 내용을 포함하지 않는다.[44] 예컨대 '동일률'이나 '모순율', 숫자 '4'나 '2+3=5', 혹은 피타고라스 정리와 같은 진리[45]는 이드의 욕망과 무관하게 독립적으로 존재하는 고유한 실재다. 프로이트의 주장대로 만약 모든 것들이 본능적 욕망의 부산물이라면, 그가 제창한 정신분석을 포함하여 모든 학문은 무효화되고, 선험적 진리는 한낱 우연으로 전락하게 될 것이다.

설령 인간의 모든 정신적 질서가 무의식의 산물이라는 그의 주장이 사실이라 해도, 여전히 문제는 남는다. 예술도 윤리도 종교도 모두 허상에 불과하며 이드의 그림자에 지나지 않는다면, 그리하여 인간 정신의 실체와 본질은 이드 안에서 용암처럼 들끓는 즉물적 욕망에 지나지 않는다면, 왜 우리는 그 사실에 대한 깨달음 이후에도 여전히 자책과 죄의식으로부터 해방될 수 없는가? 왜 우리는 일체의 정신적 가치들이 거대한 착각이자 집단적 망상이라는 사실을 알게 된 이후에도 도덕과 양심의 멍에를 벗어버릴 수 없는가? 정신분석의 폭로 이후에도 여전히 인간의 정신적 가치가 도덕적 구속력을 발휘하고 있다면, 그리고 그것이 인간의 문화적 타성에만 기인하는 것이 아니라면, 그것은 가치론적 지평이 결코 무효화될 수 없는, (이를테면 이드의 심연 속에 존재하는 무한한 가능성 내부에 잠재돼 있는) 인간 의식의 선험적 범주와 같은 것임을 말해주고 있는 것은 아닌가? 다시 말해 "정신기관을 채우고 있는 거의 모든 에너지는 타고난 본능충동에서 생긴다"[46]는 프로이트의 주장은,

한편으로는 고차원적인 정신적 가치의 심리학적·생물학적 환원 가능성[47]을 의미할 수도 있지만, 다른 한편으로는 '생명 본능과 죽음 본능이 공존하며 투쟁하는 이드'[48]의 무의식적 공간과, 그 안에 들어 있는 무의식적 욕망의 깊이가 그의 추정과 달리 가치판단의 가능한 층위를 모두 아우를 수 있을 만큼 다층적이며 다의적인 것일 수 있음을 암시하는 것은 아닌가? 그렇다면 무의식은 한갓된 동물적 충동의 저수지가 아니라, 물질성과 정신성을 아우르는, 매우 포괄적인 의미에서의 그 어떤 근원적인 존재론적 가능성은 아닌가?

설령 프로이트의 마조히즘 분석이 이드와 무의식에 의한 생물학적·심리학적 환원주의에 머물러 있다 해도, 경험적 지평에서 자기경멸의 발생 기전을 이해하는 데 기여하는 바는 분명해 보인다. 그러나 그의 공헌을 기꺼이 수납한다 해도, 이 글의 논의를 위해 프로이트를 넘어 자기경멸의 감정 속에 함축된 존재론적 초월과 가치론적 고양을 가능하게 하는 형이상학적 지평의 문을 개방해야 할 필요는 미결된 과제로 남는다. 애초에 우리의 목표가 정련된 철학적 사유의 형태로 주어지는 자기경멸이 아니라 생활세계 내에서 실존적 체험을 통해 주어지는 구체적 자기경멸의 사례로부터 시작하는 것이었다 해도, 경험적 차원에 머물러 있는 정신분석의 해명만으로 그 감정의 전모를 철학적으로 규명하는 것이 어렵다면 말이다. 이로부터 우리는 구체적 경험을 바탕으로 하면서도, 그 속에 존재론적 초월의 가능성을 정당한 것으로 용인하는 다소 모순된 두 가지 요건을 충족시킬 만한 새로운 대안사례를 모색하지 않으면 안된다.

필자는 이러한 과업의 수행을 가능하게 하는 한 가지 방법으로 신화적 상징을 통해 우회적으로 이야기되는 자기경멸의 사례를 택하기로 한다. 신화적 상징은 (1) 구체적인 경험적 계기를 실마리로 하되, (2) 그 계기가 지금 여기에 존재하지 않는 자기 너머의 초월적 대상을 가리키는 자기부정적·자기초월적 약호로서 기능하는 성격을 띠고 있기 때문이다.[49] 이로써 자기경멸에 관한 두 번째 논의는, 신화적 상징을—주로 리쾨르와 칸트의 사유에 의탁하여— 철학적으로 재음미하는 일이다. 이 작업은 두 가지 계기를 담는다. 하나는 자기경멸이라는 병리적 감정을 세 가지 신화를 바탕으로 유형화해보는 것이고, 다른 하나는 그 유형화

과정 속에서 자기경멸의 윤리형이상학적 함축을 도해하며
그 감정의 극복 가능성을 모색하는 것이다.

아담의 윤리학과 원형적 자기경멸

다시 시작하자. 자기경멸이란 무엇인가? 악의 체험으로
부터 발생하는 자기고백이다. 악이란 무엇인가? 리쾨르에
따르면, "악ㅡ흠이나 죄ㅡ이란[…] 성스러운 것과의 위기
체험"[50]이다. 그렇다면 "성스러운 무엇과의 관계가 단절될
위협"[51] 속에서 피어오르는 깊고도 강렬한 감정의 고백, 그
것이 자기경멸이다. 그러나 악의 체험에서 돋아나는 자기
고백은, 리쾨르의 말처럼, 원죄론 같은 사변적 이론의 형태
로, 정돈된 사유 안에서 발생하지 않는다. 그것은 "더 낮은
차원의 체험 세계로부터",[52] 곧 '흠'이나 '죄'의 단계를 거쳐
'허물'의 형태로 발전하는[53] 원시적이고 원초적인 체험에
서 유래한다. 칸트는 인간의 근본악을 이야기했지만, 개인
의 양심과 자율적 존재의 실천이성을 통해 주어지는 도덕
명령은 원초적 악의 체험을 규정짓는 원형적 계기는 아니

다. 그것은 경험에 앞서 존재한다는 의미에서 물론 선험적인 것이지만, 원초적 경험 이후 철학적 반성을 통해 추후에 조명된 것이다. 윤리적 행위의 토대인 자유의 이념과 행위의 보편적 법칙으로서 도덕명령에 도달하기 이전에, 인간의 윤리의식을 매개하는 원형적 체험이 앞질러 존재한다. 그것은 '갈피를 잡을 수 없이 복잡하고 의문투성이인 느낌에 사로잡힌 채 두려움과 걱정에 휩싸여'[54] 쏟아내는 원초적 체험의 고백을 통해, '상징'의 형태로 표현된다.

그 원형적 체험의 상징을 리쾨르는 '흠'이라고 부른다. 우리는 두 가지를 물어야 한다. 첫째, '상징'이란 무엇인가? 둘째, '흠'이라고 하는 상징은 무엇을 뜻하는가? 상징이란 "자기 본래의 모습을 뛰어넘어 무한한 의미를 품는"[55] 세계 속의 사물들— 예컨대 해, 달, 물, 산, 바위, 나무[56] 등— 을 통해 초월적인 무언가를 드러내는 표현양식이다. "의미를 전달하는 표시물"[57]이자 "자기를 넘어 무언가를 가리킨다"[58]는 점에서 상징은 기호와 같지만, 뜻하고 지시하는 대상이 분명하게 드러나지 않는다는 점에서 기호와 다르다. 이 모호하고 강렬한 의미작용이 가능한 것은, 이미 우주가 이루 말할 수 없는 그 무언가를 뜻하고 있기 때문이다.

"우주는 우리가 그것의 의미를 알려고 하기 전에 이미 무엇을 뜻하고 있다. 우주는 인간이 알려고 하는 총체적인 그 무엇을 처음부터 뜻했다. […] 그러나 그 뜻은 결코 알 수 없다. 뜻하여지지만 결코 도달할 수 없는 그러한 총체성은 결국 그 총체적 시니피앙의 기호 역할을 하는 성스런 사물들을 통해서만 접하게 된다."[59]

그렇다면 '흠'이 악을 상징한다는 것은 무엇을 말하는가? 악의 체험에 관한 원초적 상징으로서, '흠'은 때가 묻어 부정하고 더러운 상태를 뜻한다. "물리적 얼룩을 통해……성스러운 무엇 앞에서 때 묻고 더러워져 있는 사람의 상황"[60]이 흠과 부정이라는 상징이 뜻하는 바지만, 그것은 아직 윤리적 차원에서 인격적 책임 주체의 명시적 의도와는 상관없이, 물리적 사건이나 행동 수준에서 벌어지는 금기의 훼손에 그친다.[61]

원시종교의 주술적 터부와 맞물려 있는 물리적 오염으로서의 악은 처벌에 대한 두려움을 통해 주관적 사건으로 내면화된다. 흠과 부정이 그에 상응하는 고통과 수난을 부른다는 응보의 인식으로 인해 두려움이 생기고, 이 두려움

을 거치면서 물리적 사건이 윤리적 의미를 띠게 되는 것이다.[62]

"흠에 대한 응보는 고난을 낳는다. 그리하여 응보를 매개로 모든 물리적 질서가 윤리적 질서로 둔갑한다. 고난이라는 악이 결국 잘못이라는 악과 결부된다. 악이라는 말이 애매한 까닭이 거기에 있다. 곧 흠의 의식이 두려움과 떨림 속에서 인식하는 보복의 법칙 때문에, 오늘날까지 악이라는 말이 두 겹의 뜻을 지닌다. 고난도 악이다. 그것은 저지른 악의 결과다. 고난을 마치 흠 있는 행위 때문에 받는 벌로 생각한다. 여기서 다시 한번, 흠의 세계는 윤리와 물리가 나누어지기 이전의 세계다. 고난이 윤리적 의미를 담고 있으며 윤리가 육체적 고통과 혼동되고 있다."[63]

악과 불행이, 그리하여 '물리와 윤리'가 구분되지 않은 이 원시적 악의 상징 속에서도, 두려움은 상징의 힘을 통해 한갓된 물리적 지평을 뛰어넘어 윤리적·실존적 함축을 끌어들인다. 응보에 대한 두려움을 거쳐 윤리적 성격을 띠게 되는 물리적 사건들은, "고통이나 죽음에 대한 무서움을 넘어, 실존이 왜소하게 되고 인격이 파괴되는 데 대한 두려움"[64]의 지평으로 옮아간다. 이 중층적 감정의 역학 속에서, 금기의 훼손으로 인해 더렵혀진 자신의 부정한 존재를 복원하기 위한 상징적 행위로서 정화의 제의가 탄생한다.[65] 그렇게 응보의 두려움과 주술적 정화 제의 속에서 흠은 악의 상징이 되고, 그 상징의 공간 속에 흠을 악이 되게 하는 우주적 성스러움도 흠의 건너편에 자리를 잡는다.[66] 성스러움이 없다면, 흠도, 금기도, 부정도, 악도 모두 불가능하기 때문이다.

이 흠의 상징이, 인격화된 신성과 마주 선 인간의 실존적 현실에 대한 총체적 자각으로 발전하면 '죄'라는 상징이 된다.[67] 밖에서 오염시키는 '흠'과 달리, 죄란 거룩하고 숭고한 신과의 대면으로 인해 폭로되는 인간 실존의 문제적 내부상황을 뜻한다. 자신의 실존적 현실에 대한 이러한 자각이 윤리와 양심의 형태로 개인에게 내면화될 때, 죄는 악을 의미하는 가장 발전된 단계의 상징인 '허물'이 된다.[68]

이 일련의 악의 상징들에 대한 해석을 통해 "흠과 죄와 허물로 얼룩진 현실과, 순결한 피조물인 인간의 본래적 현실 사이의 불일치라는 수수께끼",[69] 요컨대 "인간 실존의 수수께끼"에 관해 무언가를 설명해보려는 시도가 이야기 형태로 발전한 것이 아담 신화다.[70] 그러나 우리의 관심은 무엇보다 신화의 상징 언어를 통해 표현되는 자기경멸의 감정과 그 감정의 발생기전을 철학적으로 해명하는 일이다. 알다시피 아담 신화의 내용은 '신의 금지명령'(창세기 2장 15~17절)과 '뱀의 유혹'(3장 1~5절), '금지명령의 위반'(3장 6절)과 그로 인한 '수치심 및 죄책감'(3장 7~8절), '신의 책망과 저주'(3장 9~17절) 그리고 '낙원에서의 추방'(3장 22~24절)으로 구성된다.[71] 그렇다면 이 신화 속 어디에서 우리는 자기경멸의 뿌리를 캐내야 하는가. 모든 신화가 성스러운 것과의 관계를 모태로 한다면,[72] 아무래도 '성스러움'이 해석의 한 축을 담당해야 할 것이다. 그러니 신화 속의 무엇이 성스러운가? 아담 신화에서, 성스러움을 대변하는 신화소는 신(의 금지명령)일 것이다. 인간은 신성한 존재로부터 주어지는 명령을 어김으로써 타락하고, 악한 존재가 된다. 자기경멸이 악의 체험에서 발생하는 존재론적 자기고백이라면, 이 악은, 근본악에 대한 칸트의 설명처럼, 아담이 금지명령을 외면하듯 신성의 지시규정인 도덕법칙을 외면함으로써 야기되는 것인가? 그래서 모든 인간의 근본악은 금지명령이나 도덕법칙이 아니라 자기애적 욕망을 의지의 준칙으로 삼는 인간의 자유에—자유라는 자연본성 안에—, 다시 말해 '악으로의 자연본성적 성벽'으로서 '심정의 전도성'[73]에서 유래하는 것인가? 그러나 이러한 설명은 감각충동이 아니라 도덕법칙을, 선악과에 대한 금지된 욕망이 아니라 신의 명령을 따를 수도 있었던 자유에 최종적인 책임을 돌림으로써, 결국 그 악의 기원을 미궁에 빠뜨린다. 만약 악의 근거가 자유의지의 준칙에 있다면, 그리고 자유의지가 준칙을 택하는 주관적 근거나 원인 또는 이유를 인식할 수 없다면—요컨대 "그로부터 도덕적 악이 우리 안에 최초로 나타날 수 있었던 어떤 이해가능한 근거도 없다"[74]면— 왜 인간이 선이 아니라 악을 택했는지 말할 수 없기 때문이다.[75]

하지만 신화 속의 금지명령을 주의 깊게 들여다보면, 이 악의 신비를 해명해줄 결정적 단서 하나가 눈에 들어온다. 금지하는 명령을 통해 금지된 것이 사실상 '선악을 아는 능력' 그 자체라면,[76] 이 금지명령은 그것이 금지하는 것을 인간으로부터 금하고 차단하는 것이 아니라 오히려 그 명령의 발화와 더불어 그것이 금지하는 것을 현실화한다. 오이디푸스를 위한 신탁이 오이디푸스가 저지른 범죄의 기원이 된 것처럼, 아담을 향한 신의 금지명령이 금지된 명령을 위반하는 기원이 되는 역설. 이 역설의 경위를 파악하는 것이 결국 성스러움을 축으로 회전하는 신화 속에서 자기경멸이 탄생하는 경위를 파악하는 것이다.

신성의 현현이 곧 금지명령이자 신성한 터부의 근원이 된다면,[77] 의외로 사정은 간단해진다. (금지의) 명령으로, 그리하여 도덕법칙으로 현현하는 신성과의 대면이 그 자체로 선악을 알게 하는, 선(신)과 악(인간)의 질적 차이에 대한 인식으로 인해 존재론적 위기감을 유발하는 사건이었기 때문이다. 이것은 결국 신성성과 인간 품성의 무한한 거리[78](에 대한 자각)가 그 자체로 '흠'과 '죄'와 '허물'의 상징 속에 서려 있던 악의 체험을 촉발하는 근원이자 인간의 본성 안에 자리한 근본악의 원천임을 뜻한다. 그리고 그 거리에서 우리가 붙들고 씨름하는 문제적 감정인 자기경멸이 원형적 형태로 발생한다.[79]

이렇게 보자면 인간의 근본악은 칸트의 설명처럼 자유의지가 내면의 동기를 준칙으로 채택함에 있어 발생하는 윤리적 전도라기보다는, 도덕법칙과 이드적 욕망이 공존하는 인간 품성 및 신성성의 근원적 합치 불가능성에 기인하는 존재론적 괴리에 그 본질이 있는 듯 보인다. 그 괴리를 도덕법칙에 대한 충정으로 극복하려는 초인적 의지는, 그런 윤리적 의도에 저항하는, 살아 있는 한 결코 완전히 해소될 수 없는 감성적 충동으로 인해 좌절된다. 때문에 인간의 윤리적 의지는 제아무리 순전한 이성의 객관적 법칙에 대한 복종의 형태를 띠고 있더라도, 법칙을 의무이자 강요로 경험하게 된다.[80] 마치 금지명령으로 현현하는 신성이 이내 저주가 되고, 그 저주를 듣게 된 인간이 자유의지의 노역을 통해 영원히 가닿을 수 없는 성스러움에 도달하기 위해 죽을 때까지 수고해야 하는 암울한 미래를 예고하듯 말이다. 그리하여 자신의 이상에 가까이 가려 하면 할수록 무의식적 죄의식만 깊어 갔던 프로이트의 저주는, 신의 명령을 어기고 두려움과 죄책감 속에서 저주를 받은 후 낙원에서 추방되는 인간의 비극적 운명을 이야기하는 신화적 상징의 데자뷔로 읽힌다. 의지와 법칙이 하나였던, 아니 의지도 법칙도 없이 순진무구하게 존재했던 저 나르시시즘의 유아처럼 순결의 낙원에 머물렀던 인간은 이제 그곳에서 추방된 후 영원히 돌아가지 못한다.

이상이 아담 신화를 통해 확인된 자기경멸의 대략적 소묘다. 신의 음성을 듣고, 자신의 벗은 몸이 부끄러워 숨을 곳을 찾는 저 아담의 심정.[81] 성스러움과의 대면 속에서 자기존재에 대한 부정적인 가치론적 인식 및 평가, 그리고 존재론적 회복이나 고양의 욕망을 동반하는 이 존재론적 감정을 원형적 자기경멸이라 부르자. 이로써 우리는 신화의 상징 언어를 통해 표현된 원형적 자기경멸의 발생기전을 대략 확인한 셈이다.

사탄의 윤리학과 악마적 자기경멸

한 가지 더 중요한 문제가 남아 있다. 자기경멸이 존재의 목적일 수 없다면, 자기경멸은 자기경멸에만 머물러서는 안 된다. '흠'과 '부정'으로 상징되는 악의 체험이 정화의 제의를 낳고, '죄'로 상징되는 악의 체험이 회개를 낳으며, '허물'로 상징되는 악의 체험이 양심에 따른 반성과 윤리적 격률에 따른 행위를 낳았던 것처럼, 자기경멸은 부정하고 죄악된 존재를 넘어 순결하고 성스러운 존재로 거듭날 길을 찾아 나서지 않으면 안 된다. 그렇다고 한들, 대관절 어떻게 잃어버린 존재의 신성을 되찾을 수 있단 말인가? 거룩한 신의 얼굴을 본 자들이 죽음을 예감하듯, 성스러움과 대면한 인간은 이미 돌아올 수 없는 강을 건넌 것이 아닌가? 성스러움과 대면한 인간이 성스럽지 못한 자신의 실체를 보게 되었을 때, 그래서 자기경멸에 빠지게 되었을 때 이성과 속 사이에 가로놓인 심연을 가로지를 방법이 과연 있겠는가?

　인간 이성을 신뢰했던 칸트는 자유가 그 길이라고 답했다. 만약 우리가 인간이라는 욕망의 도가니 속에서 들끓는 자기애적 충동으로부터 벗어날 수 있다면, 존재 자체와 마찬가지로 뿌리 깊은 이드적 욕망을 넘어설 수 있다면, 그리하여 우리 안에서 끊임없이 추근거리는 모든 경험적 제약으로부터 자유로울 수 있다면, 우리는 우리 안에 있는 신성의 명령―곧 실천이성의 순수한 격률―과 일치를 이룰 수 있기 때문이다.[82] 그 의지가 경험적 인과계열의 구속 아래 있는 타율적 존재들과 달리, 보편타당한 행위의 원리를 스스로에게 법칙이자 의무로서 부과할 수 있는 이성적 존재의 고유한 행위능력인 자율과 자율의 존재근거인 자유는,

그렇게 해서 신성의 표현인 도덕법칙을 순수하게 실현하는 토대일 수 있는 것이다.[83] 자유가 없었다면 윤리도, 윤리가 대변하는 성스러움도 없었을 것이므로, 자유는 신성이 인간 속으로 들어와 자기경멸을 일깨우는 문이자, 인간이 자기경멸을 넘어 성스러움으로 되돌아가는 창이다.

이것으로 아담의 타락에서 시작된 자기경멸의 드라마는 해피엔딩으로 막을 내리는 것일까? 자율적 존재인 우리 인간은 이제 자신의 자유를 행사함으로써 악이 아니라 선을 선택하기만 하면 되는 것일까? 유감스럽게도 이 자유가— 이론적으로도 경험적으로도— 결코 증명될 수 없다는 사실이 자기경멸을 넘어 성스러움으로 가는 길목을 가로막는다.

"초감성적인 것(자유라고 하는 개념적으로 파악 불가능한 속성 안에 은폐되어 있는 것인, 우리 안의 도덕성의 주관적 원리), 예컨대 순수한 종교의 마음씨에 관해 말할 것 같으면, 이에 대해서는 우리는 이 마음씨의 법칙 이외에는— 이것 자체로 이미 충분한 것이지만— 인간 안에서의 원인과 결과의 관계에 관계되는 것을 아무것도 통찰하지 못한다. 다시 말해 우리는 감성세계 안

에 있는 사건들로서의 행위들의 가능성을 인간의 도덕적 성질
로부터, 그것들에 귀책하는 것으로서 설명할 수가 없다. 왜냐
하면 바로, 그것은 자유로운 행위들인데, 모든 사건들의 설명
근거들은 감성세계로부터 취하지 않으면 안 되니 말이다."[84]

자유의 이념은 아름답지만, 그 이념의 그림자엔 모든 것
이 이드의 욕망으로 환원되는 프로이트의 망령이 어른거
린다. 그 망령은 우리가 순수한 자유에서 발원한다고 믿었
던 고매한 윤리적 실천이 사실은 우리의 감성적 충동과 자
기애적 욕망을 우아하게 충족시키기 위한 세련된 자기기
만에 불과하다고 말한다. '그것 자체로 이미 충분한' 도덕
법칙에 따르는 자유가 결국 초자아를 통해 자아를 통제하
는 무의식의 꼭두각시에 불과하다면, 모든 윤리는 환상이
고, 성스러움에 대한 희망은 착각일 뿐. 이 "선에 대한 우리
의 전적인 무능력에 대한 표상, 그리고 악의로의 퇴락에 대
한 불안"[85]으로부터, 자기경멸 너머의 가능성에 대한 회의
와 성스러운 본성의 회복에 대한 불신이 싹튼다. 순수를 향
한 결벽적 집착에 비롯된 것처럼 보이는, '결코 자기 자신
을 신뢰하지 않는 자기경멸' 속에서 태어나는 것은, "끊임

없는 불안함 속에서 초자연적인 조력을 찾아 두리번거리는" '노예적 성정의 우상숭배'[86]가 아니면, 자유의 가능성에 대한 극단적 회의의 끝에 발생하는 윤리에 대한 냉소다. 그 집착과 회의와 냉소의 강도에 비례하여 끝없이 고조되는 자유와 성스러움에 대한 의심. 그와 더불어 깊어만 가는 자기경멸의 무한한 증폭과 모든 인간을 향한 무차별적 비판과 증오. 이것이 두 번째 신화 속에서 우리가 발견하는 악마적 자기경멸이다.

"우스라는 곳에 한 사람이 있었는데 그의 이름은 욥이었다. 그는 완전하고 진실하며 하느님을 두려워하고 악한 일은 거들떠보지도 않는 사람이었다. 그의 슬하에는 아들 일곱과 딸 셋이 있었다. 그에게는 양이 칠천 마리, 낙타가 삼천 마리, 겨릿소가 오백 쌍, 암나귀가 오백 마리나 있었고 종들도 매우 많았다. 그는 동방에서 으뜸가는 사람이었다. 그의 아들들은 번갈아 가며 자기 집에서 잔치를 차리고 세 누이도 불러다가 함께 먹고 마셨다. 이런 잔치가 한차례 돌아가고 나면 욥은 그들을 불러다가 몸과 마음을 깨끗이 하게 하고 아침 일찍이 그들 하나하나의 몫으로 번제를 드렸다. 아들들이 속으로 죄를 짓고 하느님께 욕을 돌렸을지도 모를 일이었으므로 그렇게 했던 것이다. 욥이 하는 일은 언제나 이러하였다.

하루는 하늘의 영들이 야훼 앞에 모여왔다. 사탄이 그들 가운데 끼여 있는 것을 보시고 야훼께서 사탄에게 물으셨다. "너는 어디 갔다 오느냐?" 사탄이 대답하였다. "땅 위를 이리저리 돌아다니다가 왔습니다. 야훼께서 사탄에게, "그래, 너는 내 종 욥을 눈여겨보았느냐? 그만큼 온전하고 진실하며 하느님을 두려워하고 악한 일은 거들떠보지도 않는 사람은 땅 위에 다시 없다." 하고 말씀하시자, 사탄이 야훼께 아뢰었다. "욥이 어찌 까닭 없이 하느님을 두려워하겠습니까? 당신께서 친히 그와 그의 집과 그의 소유를 울타리로 감싸주시지 않으셨습니까? 그가 손으로 하는 모든 일에 복을 내려주셨고 그의 가축을 땅 위에 번성하게 해주시지 않으셨습니까? 이제 손을 들어 그의 모든 소유를 쳐보십시오. 그는 반드시 당신께 면전에서 욕을 할 것입니다." […] 또다시 하늘의 영들이 야훼 앞에 모이는 날이 왔다. 사탄이 그들 가운데 끼여 있는 것을 보시고 야훼께서 사탄에게 물으셨다. "너는 어디 갔다 오느냐?" 사탄이 대답하였다. "땅 위를 이리저리 돌아다니다가 왔습니다." 야훼께서 사탄에게, "너는 내 종 욥을 눈여겨보았느냐? 그만큼 온전하고 진실하며 하느님을 두려워하고 악한 일은 거들떠보지도 않는 사람은 땅 위에 다시 없다. 그는 여전하지 않느냐? 네가 나를 충동하여 그를 없애려고 했지만 다 헛일이었다." 그러자 사탄이 대답하여 아뢰었다. "가죽으로 가죽을 바꿉니다. 사람이란 제 목숨 하나 건지기 위해 내놓지 못할 것이 없는 법입니다. 이제 손을 들어 그의 뼈와 살을 쳐보십시오. 제가 보장합니다. 그는 반드시 당신께 면전에서 욕을 할 것입니다."[87]

알다시피 욥에 관한 신화의 주제는 고통받는 의인에 관한 윤리적·신정론적 재고다.[88] 그러나 우리가 주목해야 하는 것은 죄악과 고난 사이, 주술적인 응보의 도식 속에 머물러 있던 인류가 무죄한 자의 고통이라는 현실에 눈뜨며 신정론적 질문을 던지게 되는 정신사적 과정의 배후를 추적하는 것은 아니다. 우리의 문제는 욥에 대한, 아니 욥의 윤리성에 대한 사탄의 냉소[89]가 자기경멸과 관련하여 어떤 메시지를 우리에게 던져주고 있느냐 하는 것이다. 사탄의 뒤틀린 심사에서 가장 먼저 확인되는 것은,―그가 신과 끊임없이 대화를 나누고 있다는 점에서―신성의 가능성은 인정하면서도,―그가 끊임없이 욥의 진정성을 의심한다는

점에서—더 이상 인간적 자유를 통한 성스러움의 실현 가
능성을 믿지 않는다는 것이다. 자유의 증명 불가능성에 대
한, 다시 말해 인간의 선의에 개입돼 있는 은밀한 이기심과
기만적 자기애의 가능성에 대한 사탄의 통찰은, 결국 자유
도 윤리도 그리고 성스러움도 모두 거짓이라고 선언하기
에 이른다.

  자유와 성스러움에 대한 이 철저한 부정 속에서, 이제 자
기경멸을 넘어 성스러움의 회복을 매개하는 계기로서의
윤리적 실천에 대한 사탄의 저주는, 엄혹한 초자아의 비판
처럼 인간이 자신의 자유를 근거로 결코 달성할 수 없는 무
한한 요구이자 단죄로,[90] 그리하여 그 명령에 따르면 따를
수록 더욱더 죄의식과 자기경멸이 심화되는, 인간을 정죄
하고 위축시켜 자학과 죽음으로 몰아가는 강박적 율법의
식의 화신처럼 보인다. 이 악마적 자기경멸 속에서 길은 여
럿으로 갈린다. 첫째, 극단적 허무주의와 그로부터 유발되
는 존재에 대한 부정 및 거부행위로서 죽음(자살)에의 충
동. 둘째, 존재에 대한 근원적 회의와 불안을 즉물적 쾌락
에 대한 집착으로써 망각하거나 외면하려는 의도에서 발
생하는 양가적 감정으로서의 자학적 쾌락주의 혹은 퇴폐

주의로서의 마조히즘―또는 절망과 체념에서 비롯된 퇴폐적 쾌락에의 집착과 다양한 형태의 중독. 셋째, 자유와 윤리의 불가능성에 대한 선언과 함께 모든 것을 신의 은총의 문제로 돌리는 이른바 '굽실거리는 종교망상'.[91] 넷째, 윤리에 대한 회의를 "세상을 위하여 자기를 버리고 자기 자신을 희생하는"[92] 극단적인 윤리성의 형식을 통해, 혹은 "세계 최선을 이루어내는 현저한 기여"를 통해 극적인 방식으로 타개해보려는 '덕의 망상'.[93]

생각건대 악마적 자기경멸에 가장 유력한 길은, 좌절된 선의지를 보상하려는 과장한 피해의식 속에서 자유와 윤리를 부정하고 경험과 쾌락원칙에 지배되는 세속의 질서를 존재의 유일한 원리로 주장하면서, 모든 성스러움의 추구를 비웃으며 정의나 진리를 말하는 자들의 위선과 거짓을 폭로하고, 그 폐허의 공간 속에서 피어오르는 거대한 공허와 허무를 채우기 위해 죽음을 되뇌거나, 자학적이고 강박적인 쾌락과 욕망에 집착하는 것처럼 보인다. 악마는 처음부터 악마로 태어나는 것이 아니라, 신성에 대한 극단적 열망과 그 열망의 실현불가능성으로 인한 심리적 상처를 해소하려는 절박함에서 서서히 악마로 변해가는 것이다.

자신이 극단적으로 추구하던 진리의 불가능성에 대한 깊은 배신감 때문에, 악마는 짐짓 과장된 태도로 윤리와 성스러움을 철저히 배반하고 외면하려 한다. 그러나 그가 자신의 절망과 타락을 진리의 부재를 근거로 정당화하려 하면 할수록, 그 부재를 통해 자신의 존재를 집요하게 알려오는 성스러움의 가능성에 부대껴 더 초라해지고 더 악마적인 존재로 변해간다. 이 도착된 욕망의 위안을 얻으며, 끝없는 자기경멸의 나락으로 떨어지는 존재. 그리고 그런 자신뿐 아니라, 세상 모든 인간의 위선을 비웃고 조롱하면서 그들 모두를 절망의 구렁텅이로 밀어 넣으려는 사악한 의지의 화신. 이것이 바로 악마적 자기경멸의 맨얼굴이며, 퇴폐적 자기경멸의 길이다.

웅녀의 윤리학과 창조적 자기경멸

악마의 고발과 함께 막다른 길로 접어든 자기경멸의 전망은 비관적이다. 그러나 이것으로 끝인가? 악의 체험과 그로 인한 죄의식, 자기 존재의 추락을 우두커니 바라보며 느끼는 자기경멸, 그리고 거기에서 비롯되는 자학적 고통과 절망으로 인해 도착적 쾌락을 병적으로 추구하는 악마적 퇴폐주의가 자기경멸의 감정을 위해 준비된 최종심급인가? 칸트의 말대로 '작용인으로서의 자유가 도덕법칙의 성립을 위한 존재근거로 요청될 뿐 그 가능성이 우리가 사는 감성 세계에서 결코 확증될 수 없는 것이라면,'[94] 그리하여 그것이 "감성세계에 속하는 존재자의 인과성의 초월적 술어"[95]가 아니라 단지 "심리학적 속성"에 불과한 것이라면, 결국 "어떠한 경험적 규정 근거도 가정하지 않는 도덕법칙 자체를 부정하는"[96] 것은 우리에게 불가피한 결말인가?

설령 이러한 회의를 용납한다 해도 풀리지 않는 의문들은 남는다. 먼저 사탄의 경우. 왜 사탄은 자유를, 나아가 윤리와 성스러움의 실현 가능성을 부인하면서도 여전히 욥을 '윤리적으로' 비판하고 있는가? 윤리에 대한 철저한 회의와 부정 속에서 스며나오는 사탄의 이 어쩔 수 없는 '윤리적 관심'은 어디에서 유래하는가? 윤리의 불가능성에 대한 확신 속에서, 사탄은 인간적 자유와 그 자유를 통해 이행되는 도덕적 실천에 대한 회의와 조롱, 멸시와 냉소를 통해 그가 부정한 진리의 역설적 수호자로 등장하지 않는가?

그는 모든 진리의 사례들을 검열하고, 그 한계와 불순성을 폭로하면서 윤리에 대한 비판과 부정의 화신으로 변모하지만, 그가 자유와 윤리를 부정하면 할수록, 그는 도덕법칙의 절대성과 필연성을 더욱더 적극적으로 옹호하는 것처럼 보이지 않는가?

이렇듯 자신이 부정하는 자유와 도덕에 대한 사탄의 숨은 관심을, 칸트는 '도덕적 감정'이라고 했다. 그러니까 사탄의 감정 같은 것은, "도덕법칙이 의지에 행사한 영향의 주관적 결과"[97]로 나타나는 윤리에 대한 어쩔 수 없는 관심, 혹은 "법칙에 대한 그러한 관심을 갖는 능력"[98]의 표징이라는 것이다. 하기사 '도덕법칙이 유발하는 겸허와 존경',[99] 혹은 '법칙의 준수와 위반으로 인해 발생하는 만족과 불안'[100] 같은 이러한 관심이 아니었다면, 자유와 도덕의 불가능성에 대한 악마의 회의로부터 유래하는 비난과 증오, 그리고 경멸의 감정은 아마도 불가능했을 것이다. 사탄에게 가능한 최후의 도덕감정일 자기경멸(과 혐오와 적개심과 증오와 질투와 끝없는 회의와 의심)은, 그 감정이 표면적으로 부정하는 듯 보이는 성스러움의 가능성을 오히려 증언하고 있었던 셈이다.

만약 악마적 자기경멸이 오히려 자유와 성스러움의 이념에 대한 우회적 증언이라면, 이제 우리는 자유와 자유 안에서 실현될 성스러움을, 칸트 식으로 말해서 "선의 근원적 소질의 회복"[101]을 기대해도 좋은가? 우리가 순전한 자유의 가능성에 대한 회의의 심연을 건너, 결코 부인할 수 없는 신성의 가능성으로 되돌아온 것이 맞다면 말이다. 그러나 자기경멸 속에 뿌리내린 '윤리적 관심'을 부인할 수 없더라도, 우리 인간의 "심정의 깊이(즉, 그 준칙들의 주관적인 제일 근거)는 그 자신에게도 탐구 불가능한 것"[102]으로 남는다면, 그리하여 "직접적인 의식을 통해서든 그가 지금까지 해왔던 품행의 증거를 통해서든"[103] 그때그때 성스러움을 향한 인간적 자유의 존경과 열망이 참된 것인지는 끝끝내 확신할 수 없는 것이라면, 결국 우리는 다시 원점으로 돌아온 것이 아닌가? 자유와 신성의 가능성은 그저 가능성으로만 남고, 우리 인간은 그 가능성과 현실성 사이에 존재하는 거대한 미궁 속에 갇힌 채 자기경멸을 곱씹으며 서서히 악마가 되는 것은 아닌가? 이 물음에 대한 대답을, 우리는 이제 곧 살펴보게 될 세 번째이자 마지막 신화 속에서 찾아보려 한다.

"옛날 환인(桓因)의 서자 환웅(桓雄)이 자주 천하에 뜻을 두어 인간 세상을 얻기 원했다. 아버지가 아들의 뜻을 알고 내려다 보았더니 (그 땅에는) 세 가지 위험이 있었으며, 태백산이 인간 세상을 널리 이롭게 할 만한 곳이었다. 그래서 천부인(天符印) 세 개를 주고 가서 다스리게 했다. 환웅이 3천 무리를 이끌고 태백산(太白山) 마루 신단수(神壇樹) 아래 내려와 그곳을 신시(神市)라 했으니, 이분이 바로 환웅천왕이다. 풍백(風伯), 우사(雨師), 운사(雲師)를 거느리고 곡식, 인명, 질병, 형벌, 선악 등을 주관하면서, 인간의 360여 가지나 되는 일을 모두 맡아 다스렸다. 세상에 살면서 다스려 교화하였다.

이때 곰 한 마리와 범 한 마리가 같은 동굴에 살면서 항상 신웅 환웅에게 빌어 사람으로 변화하기를 원했다. 그러자 신인이 신령스러운 쑥 한 다발과 마늘 스무 개를 주면서 '너희들이 이것을 먹고 백일 동안 햇빛을 보지 않으면 곧 사람의 모습을 얻을 수 있다'고 말했다. 곰과 범이 이것을 얻어먹으면서 삼칠일을 참은 끝에 곰은 여자의 몸을 얻었지만, 범은 참지 못해 사람의 몸을 얻지 못했다⋯⋯."[104]

이 신화가 자기경멸 너머의 가능성을 묻는 우리에게 줄

수 있는 희망은 무엇이고, 그 희망의 근거는 또 무엇인가? 신성의 현현을 상징하는 공간(태백산), 우주의 중심을 상징하는 사물(신단수), 고대 부족들이 숭배하던 토템(곰과 범)과 두 부족의 경쟁 및 승패 등에 관한 논의 따위는 우리의 관심사가 아니다.[105] 우리의 관심을 끄는 것은 오히려 인간이 되기를 빌었던 곰과 범이, "창조 이전의 모태, 질서 이전의 혼돈"[106]을 상징하는 제의적 공간 속, 즉 동굴 속에서, 신성의 명령을 상징하는 '쑥과 마늘' 그리고 '백 일간 햇빛을 피하는 것', 요컨대 "질적 변화를 거쳐 새로운 존재를 획득하게 하는 통과제의"[107]로서의 터부에 복종함으로써 곰은 인간이 되고, 그러지 못한 호랑이는 인간이 되지 못했다는 것이 이 서사의 상징적 함의다. 우리가 새로운 존재가 되기를 빌었던 곰의 '기원'과, 신성의 명령에 대한 '복종'과, 인간으로의 '변화'를, 칸트식으로 대략 '경험계를 초월해 있는 예지계로부터 주어지는 도덕법칙의 명령에 대한 존경을 통해 실현되는 선의 성취이자, 본래적 존재의 실현'으로 읽어도 좋다면, 우리는 자기경멸과 관련하여 우리가 던진 최후의 질문을 위한 답을 얻은 것으로 생각할 수도 있을 것이다.

그러나 우리의 질문은 '자기경멸을 넘어 우리가 가려는 곳이 어디인가'가 아니라 '그것이 어떻게 가능한가'다. 만약 성스러움의 회복이, 우리가 자기애의 감성적 충동에서 비롯된 그 어떤 동기들과도 혼동하지 않은 채 도덕법칙을 "오직 그 자신만으로 충분한 의사규정의 동기로서 준칙 안에 채용"[108]할 때 가능한 것이라면, 그러나 "악한 인간의 마음씨로부터 선한 인간의 마음씨로의 전환"[109]을—혹은 "마음씨의 신성성의 준칙으로의 이행"[110]을— 뜻하는 그러한 변화에 대하여 "직접적인 의식을 통해서든 그가 지금까지 해왔던 품행의 증거를 통해서든"[111] 누구도 확신할 수는 없는 것이라면, 결국 신화도 칸트도 정작 중요한 사안에 관해서는— 인간이 참 인간이 되는 기적이 어떻게 가능한지에 관해서는— 아무것도 말해주지 않은 것이나 마찬가지다.

만약 우리가 '선의 회복'을 가능하게 하는 내면적 변화에 대한 확신에 이를 수 없음에도 불구하고, "그러한 변화로 인도하는, 근본적으로 개선된 마음씨에 의해 그에게 제시되는 길에 자기의 힘을 사용해서 이를 것을 희망할 수 있어야 한다"[112]면, 그리고 그 희망의 본질이 결국 '그 자체로 윤리인 도덕법칙에 대한 존경'[113]의 진정성 여부에 있는 것이라면, 결국 문제는 그러한 존경을 가능하게 하는 도덕법칙의 현현이 어떻게 가능한가를 설명하는 데 있을 것이다. 그것은 한편으로 '악으로의 성벽에 대한 부단한 저항'[114]도 필요하지만, 무엇보다 존경의 대상이 되는 도덕법칙의 현현이 어떠한 방식으로 이루어지느냐에 따라 달라지는 것처럼 보이기 때문이다. 존경이란 인간의 자의에 따라 할 수도 안 할 수도 있는 문제라기보다는, 존경의 대상이 발산하는 힘과 능력에 의해 자기도 모르게 '되는' 것이니 말이다. 어쩌면 사탄의 좌절은, 임의로 소환될 수 없는 존경의 대상으로서 신성을 순수하게 자력으로 성취하려는—아니, 그럼으로써 그 스스로가 신성이 되려는— 의도에서 비롯된 것인지도 모른다.[115] 그러므로 우리의 마지막 질문은 이것이다. 악한 마음씨를 선한 마음씨로 변화시키는 성스러운 도덕법칙은 어떻게 현현하게 되는가? 인간의 존재를 고양시키고, 자기경멸을 넘어 성스러움에 이르게 하는 신성의 현현은 어떻게 가능한 것인가? 이하에서 우리는, 이러한 방식으로 현현하는 도덕법칙을 죽음의 법칙과 대비되는 것으로서 생명의 법칙으로 규정한 후, 그러한 생명의 법칙이 어떻게 현현하게 되는 것인지를 간략히 설명함으로써 자기경멸의 전후와 안팎을 넘나들었던 우리의 여정을 마무리하도록 하자.

3.
자기경멸을 넘어
성스러움으로

철학의 기원이 경이냐 혹은 경멸이냐는 중요한 문제가 아니다. 경이든 경멸이든, 그것이 존재의 목적은 아니기 때문이다. 중요한 것은 그것이 '왜' 그리고 '무엇을 위해' 발생하는가이다.

지금까지의 논의를 근거로 하자면, 인간의 존재를 근원적 차원에서 운동하게 하는 형이상학적 감정으로서 자기경멸은 성스러움과의 관계를 드러내는, 아니, 성스러움과 우리 사이의 거리를 선연히 드러냄으로써 우리가 다시 성스러움으로 되돌아갈 것을 호소하는 존재론적 호명처럼 읽힌다. 그런 한에서 자기경멸은 신성의 부재를 통해 신성의 존재를 고지하는 형이상학적 알리바이이자, 성스러움으로의 귀환을 촉구하는 상징적 기표인 셈이다. 그 신성의 부재로 인해 우리 안에서 발생하는 존재의 균열이 우리를 충동하여 떠나게 하는 존재의 모험. 그 모험이 곧 철학이다.

그러나 성스러움의 현현이 우리 모두가 아는 자기경멸의 기원이라 해도, 나는 성스러움이 인간을 억압하거나 인간에게 존재론적 모멸감을 주고 싶어 하는 힘이라고는 생각지 않는다. 그 성스러움이 성스러움인 것은, 오히려 사랑이나 자비 때문이라고 나는 믿는다. 이유는 이렇다.

우리는 인간이 존엄하다고 믿는다. 왜 존엄한가? 자유롭기 때문이다. 모든 경험적 제약과 조건을 넘어설 수 있기에 존엄하고, 그 제약을 초월하여 사유할 수 있고 행위할 수 있기에 존엄하다. 그런 능력을 우리는 자유라고 부른다. 그 자유가 인간 존재의 본질이고, 그 자유가 곧 존엄의 원천이다. 자유로운 존재가 존엄하다는 사실은 자유 자체를 통해서도 알려지지만, 자유를 제약하는 보편적 도덕명령에 의해서도 알려지기 마련이다. 행위의 필연적·보편적 원리로서 도덕명령을 배제할 때 인간의 자유는 악마적 자의로 변질된다.[116] 어떠한 보편적 실천원리도 거부하는 절대적 자의로서의 자유는 자유로운 주체들의 공존을 근본적으로 불가능하게 만들 뿐 아니라, 제멋대로 날뛰는 그 의지의 주체마저도 병들게 하기 때문이다. 그러니 자유에서 유래하는 인간의 존엄은 그가 도덕명령과 함께 있을 때라야 안전하게 보호받는다. 근원적 의미에서 도덕명령은, 그런 한에서 인간의 자유를 억압하기 위한 제약이 아니라 자유로운 인간 존재를 존엄한 그대로 지켜내기 위한 결연하고 신성한 의지의 발현인 셈이다.

도덕명령이 그러한 신성의 외화이거나 성스러움의 발현이라면, 성스러움은 자유로운 존재의 존엄을 정초하는 최후의 원리이자 근거일 것이다. 그런 한에서 성스러움은 자유를 제약하고 억압하는 율법으로서 자유를 구속하고 명령하는 힘으로 자유 위에 군림하는 폭압적 정의가 아니다. 성스러움은 스스로 자유를 존중함으로써, 자유로운 존재, 자유로운 타인을 존중하도록 가르친다. 만약 성스러움이 존엄의 원천이라면, 성스러움은 그 스스로 자유를 존중함으로써, 어떻게 자유로운 존재와 자유로운 타인을 존중해야 하는지 몸소 가르쳐줄 것이다. 만약 성스러움이 스스로 자유로운 존재를 존중하고 사랑하지 않는다면—즉, 성스러움이 실제로 그러한 존중과 사랑이 아니라면— 성스러울 수 없을 것이며, 존경의 감정을 불러일으킬 수도 없기 때문이다. 만약 누군가가 스스로는 지키지도 않는 규칙을 타인에게 강요한다면, 그의 명령이나 강제는 존경과 숭배의 대상이 아니라 조롱과 회피의 대상이 될 것이다. 만약 그렇다면 그것은 오히려 폭력이나 처벌의 공포로 인간을 위협하는, 두려움의 대상으로서 주술적 신비에 불과하거나, 인간을 억압하는 형식적인 도덕률에 불과할 것이다. 그러나 성스러움이 우리에게 존경의 마음을 불러일으킨다면, 그리하여 우리도 그 성스러움처럼 되고 싶은 마음이 들게 만든다면, 그것은 그 성스러움 자신이 먼저 타인을 존중하고 사랑하는 것이 무엇인지를 스스로의 실천을 통해 보여주었기 때문일 것이다. 이런 이유로 모든 이성적 존재자들에게 자신을 현시하는 성스러움은 한갓된 '문자'가 아니라 '영'이며,[117] 그 영은 아마도 사랑의 힘일 것이다. 순수한 사랑의 힘만이 모든 경험적 제약과 조건을 뛰어넘어 존재하는 것들을 존중할 수 있기 때문이다. 그러한 사랑의 힘으로 우리에게 나타나는 성스러움은 칸트가 되뇌던 것 같은 이성의 명령이나 의무는 아니다.[118] 오히려 성스러움은 우리를 위압도 강요도 없이 변화시키는 힘이자 우리를 고양시키는 자비로운 존재론적 근원의 에피파니다. 아마 칸트도 그 사실을 전혀 모르지는 않았을 것이다. 그래서 도덕명령을 마주할 때, 인간이 존경과 자기경멸과 겸허를 느낀다고 말했을 것이다. 말은 정의롭게 해도 실상은 제 욕심을 채우기에 바쁜 우리도 진정으로 선량하고 인자한 사람과 마주치게 되면 부끄러움을 느끼는 것처럼, 우리는 우리 안에서 성스러움과 만날 때 부끄러움을 느끼기 때문이다. 그리고 스스로를 높이려 했던 자기 자신이 얼마나 초라하고 보잘것없는지를 깨닫고, 겸허와 자신에 대한 혐오의 감정도 느끼는 것이다.

그러나 이렇게 아무것도 아닌 우리를, 초라하고 보잘것 없는 인간을 자유롭고 또 존엄한 존재로 존재할 수 있게 한 근원이 바로 그 성스러움이다. 그 성스러움이 우리를 그의 법칙과 원리에 따라 행위할 수 있는 존재로 일깨우지 않는 한, 우리는 자유로운 존재일 수도, 존엄한 존재일 수도 없기 때문이다. 하여 성스러움의 본성은 위압적인 도덕명령이 아니라 자비로움이다. 경멸할 만한 존재를 귀한 존재로 높여주는 인자와 겸손. 시비를 다투지 않는 너그러움과 사랑. 그 때문에 성스러움은 성스러움인 것이다.

그러므로 성스러움은 인간을 향한, 아니 세계 전체를 향한 조건 없는 사랑에서 온다. 자유가 그를 배반하고, 성스러움을 저버리며 저열한 쾌락을 위하여 자유를 허비한다 해도, 그는 자유의 타락 가능성과 타락의 현실성에도 불구하고 여전히 자유 안에 남아 성스러운 힘으로 자유를 지키고 보호하려 들기 때문이다. 정의를 강요하지 않아 정의롭고, 자기를 더럽힘으로써 순결하며, 성스러움을 버리고 부정한 것들을 사랑함으로써 성스러움은 진정한 성스러움이 되는 것이다. 사랑할 수 없는 것들에 대한 사랑, 비천하고 보잘것없는 것들에 대한 애정.[119] 밤하늘에 빛나는 별처럼 영원히 인간의 영혼 안에 머물 그 성스러운 도덕명령이 바로 그러한 사랑의 원천임을 믿을 때―아니, 그러한 사랑의 체험 속에서 도덕명령을 발견할 때―, 우리는 그 옛날 사람이 된 곰처럼 자기경멸을 넘어 새로운 존재로, 존엄하고 고귀한 존재로 거듭날 수 있게 될 것이다.

나는 두 가지 도덕법칙이 있다고 믿는다. 생명의 도덕법칙과 죽음의 도덕법칙, 혹은 성스러운 도덕법칙과 악마적 도덕법칙이 그것이다.[120] 바울이 말한 대로, 전자가 인간을 살리고 고양시키며 영혼 깊은 곳으로부터 변화시키는 거룩한 신성의 현현 그 자체라면, 후자는 이성의 한계 안에서 그 신성의 외피를 두르고 인간을 구속하고 억압하며 정죄하고 저주하다가 죽음에 이르게 하는 강권적 힘일 것이다.[121] 인간을 살리고 거룩하게 하는 이 생명의 법이 '보편타당한 정언적 격률'의 형식으로 해소될 수 없기에―달리 말하면 '선의 근원적 소질의 회복'의 타당성이 확증될 수 없기에―, 그 법의 현현이 기만적 자기애의 변형이거나, 스스로를 신성의 주인쯤으로 착각하는 '덕의 망상'으로 전락할 가능성은 여전히 남는다. 때문에 자기경멸을 넘어 성스러운 존재가 되기 위한 우리의 투쟁은, 만유에 대한 사랑에 우리의 전부를 건 존재론적 모험으로서 비약적 신뢰와 확신을 통해서만 감행될 수 있는 일생의 기획이다. 사랑을 통해 선악의 피안에 도달할 수 있다는 믿음과 용기가 없다면, 철학은 한낱 말장난에 지나지 않는다. 그 불가능한 미래를 위해 파수꾼으로 부름받은 자의 소명의식. 그것이 철학의 소명이고, 우리의 삶을 통해 실현해야 할 진정한 철학이다.

II

비극적 슬픔에 관하여

삶은 아무 이유 없이 와서 다만 소멸하기
위해 존재하는 것인가?
영문도 모른 채 왔다가, 대수롭지 않은
일들로 울고 웃다 때가 되면
어디론가 떠나가야 하는 우리의 삶은
대체 무엇을 위한 것인가?
인간은 다만 이유 없는 존재의 무의미함과
소멸하는존재의 허망함을 제 눈으로
목격하기 위하여 세상에 왔는가?
이유도 없이 왔다가 소멸하기 위하여
존재하는 덧없는 인생에 미련 따윈 두지
말라는, 고작 한 줄짜리 교훈을 배우기
위하여?

인간은 슬픔을 느낀다. 슬픔이란 무엇인가? 욕망의 좌절이라든가, 가치 있는 그 무언가의 상실에 대한 정서적 반응이다. 혹은 물리적 고통이라든가, 자신의 힘으로는 어쩔 수 없는 불행한 사건이나 사태로 인해 유발되는 부정적 감정이다.[1] 이것이 슬픔에 관해 우리가 말할 수 있는 전부라면, 슬픔과 철학은 그 어떤 필연적 연관도 맺고 있지 않은 듯 보인다. 그러나 행복이라고 해서 다 같은 행복이 아니듯, 슬픔이라고 해서 다 같은 슬픔은 아니다. 어떤 슬픔은 인간이 경험하는 일상적 희로애락의 경계를 넘어서서, 그 자체로 철학의 탄생을 매개하는 특별한 내면적 사건으로 발생한다. 이 글은 그런 슬픔에 관한 존재론적·미학적 고찰이다.

정확히 어떤 슬픔을 이야기하려는 것인가. 아직은 불분명하다. 그러나 앞서의 정의를 감안하여, 인간이 자신의 삶에서 가장 중요하거나 가치 있게 여기는 그 무엇이자, 그것의 상실이 인간의 힘으로는 어쩔 수 없는 불의의 사건처럼 발생하는 것이라면, 아마도 그러한 슬픔은 철학적으로 특별한 의미부여가 가능하기도 할 것이다.

이 슬픔의 기원은 무엇인가. 아직은 불분명하다. 그러나 그것이 가장 근원적인 슬픔을 유발한다는 점에서, 인간의 삶에서 가장 중요하거나 가치 있는 것인 동시에, 그것의 상실이 인간의 힘으로는 어쩔 수 없는 불가항력적 사건처럼 발생하는 그 무엇이라는 점만은 확인된 셈이다. 그것이 무엇인가? 삶 자체, 혹은 존재 그 자체가 아니겠는가? 어떻게 해서 우리의 삶과 존재는 저 근원적 슬픔의 기원이 되는가? 먼저 이에 관한 얼마간의 해명이 있어야 할 것이다.

누구도 자신의 존재 여부를 임의로 선택하지 못한다. 당사자의 의향과 무관히 일방적으로 시작되는 삶은— 적어도 그 삶의 주체가 그렇게 주어진 자신의 존재를 명시적으로 대상화하여 물음에 부치기 전까지―사실상 인과적으로 강제되는 하나의 물리적 사건에 지나지 않는다. 인간은 자유롭다지만, 이 원초적인 존재의 강요를 수용하지 않는 한 그의 자유도 성립되지 않는다. 맹목적이고 즉물적인, 가히 기계적인 이 생의 지평에서, 인간은 존재에 가해지는 쾌락과 고통에 조응하며 만족과 불만족의 표현으로서 기쁨과 슬픔을 경험하며 살아갈 뿐이다. 그러나 무반성적으로 승인된 생의 경내에서 명멸하는 쾌고의 표현이라 할 이 감정은, 주체의 자의식을 통해 비로소 자신의 존재가 총체적으로 대상화되고, 그 기원과 의미가 물음에 부쳐질 때 이전과 같은 직접적 효력을 더는 발휘하지 못한다. 생로병사의 고뇌 앞에서 자신이 가진 모든 것을 버리고 세속을 떠났던 석가모니처럼, '원인'은 있되 '이유'는 없이[2] 주어진 자신의 존재의미를 1차원적 쾌락과 행복이 모두 담보해줄 수 없을 때, 존재는 공허해지고, 존재의 의미를 상실한 주체는 슬픔에 빠진다. 의미를 잃은 인간은 존재를 잃고, 존재를 잃은 인간은 사실상 모든 것을 잃은 것과 다를 바 없기 때문이다. 이 속수무책의 사태는 운명처럼 찾아오고, 인간은 비극 속의 주인공처럼 어찌할 바를 모른다. 바야흐로 존재는, 그 존재의 이유와 목적을 해명해줄 수 있는 하나의 근원적 토대를 통해 전적으로 새롭게 재평가되거나 정당화될 것을 요구받는다. 여기서 비극이 태어난다.

그러나 이 실존적 위기와 더불어, 자신에게 강요되고 맹목적으로 수용된 존재를 원점으로 되돌린 후, 그 존재의 주체로서 자기 자신의 존재 여부를 물음에 부칠 때, 인간은 마치 존재 이전에 존재를 결정하는 것처럼 진정으로 자유로운 주체가 된다. 존재할 것인가, 말 것인가. 만약 존재한다면 왜, 무엇 때문에 존재해야 하는가. 무의미한 것으로, 그리하여 공허한 것으로 모습을 드러낼 때 존재는 슬픔과 허무의 원천이 되지만, 그 허무와 슬픔을 통해 인간은 명실상부한 존재의 주인이 되고, 자기가 되며, 비로소 자유가된다. 비극이 슬픔과 아울러 카타르시스를 선물하듯, 그렇게 인간을 자유로운 존재로 거듭나게 함으로써 슬픔은 철저한 상실감 속에서 오히려 인간 존재를 고양시키는 철학적 감정으로 발현한다.[3]

물론 자유를 획득하는 것만으로 존재의 문제가 종결되지는 않는다. 인간의 존재는 그 기원에 있어서도 문제적이지만, 죽음이라는 보편적 결말에 있어서도 역시 문제적이기 때문이다. 삶은 아무 이유 없이 와서 다만 소멸하기 위해 존재하는 것인가? 영문도 모른 채 왔다가, 대수롭지 않은 일들로 울고 웃다 때가 되면 어디론가 떠나가야 하는 우리의 삶은 대체 무엇을 위한 것인가? 인간은 다만 이유 없는 존재의 무의미함과 소멸하는 존재의 허망함을 제 눈으로 목격하기 위하여 세상에 왔는가? 이유도 없이 왔다가 소멸하기 위하여 존재하는 덧없는 인생에 미련 따윈 두지 말라는, 고작 한 줄짜리 교훈을 배우기 위하여? 이 비감한 질문이 불시에 인간을 엄습하는 존재론적 운명과도 같은 것이라면, 철학은 슬픔의 탯줄을 달고 태어나는 또 다른 삶의 가능성이거나, 강제된 존재의 배후에 은폐돼 있던 제 2의 존재양식처럼 보인다. 철학의 탄생을 알리는 이 전령과도 같은 슬픔 속에서, 인간은 숨어 있던 존재의 맨얼굴을 불시에 대면한다. 거기서 슬픔은 한낱 감정에 불과한 것이 아니라, 이미 그 자체로 하나의 철학적 사태에 육박하는 그 무엇으로 모습을 드러낸다. 무의미한 존재, 소멸하는 존재, 불완전한 존재, 허무한 존재. 존재의 이 일그러진 초상이 불러일으키는 비애와 슬픔이 없었더라면, 존재의 진실을 찾기 위한 인간의 집요한 질문도 없었을 것이다. 인간의 감정은, 그런 한에서 인간이 가야 할 길을 일러주는 이정표라 해도 좋을 것이다. 꼭 있어야만 하는 그 무언가의 부재 앞에서 우리가 느끼는 상실과 좌절은, 딴은 절망이나 체념의 이유가 되기도 하겠지만, 없는 그 무엇을 향해 움직이게 하는 동력이 되기도 하겠기 때문이다. 이런 슬픔을, 이 글에서는 비극적 슬픔이라 부른다.

그러니 비극적 슬픔은 우리에게 어디를 향해 가라고 일러주는 이정표인가? 이것이 이 장에서 묻고 답하려는 근본 물음이다. 그러나 이렇듯 특정하게 개념화된 슬픔의 감정에 관하여 본격적으로 논의하기 이전에, 우리는 먼저 우리가 느끼는 구체적인 '감정'과 '슬픔'이 어떻게 시작되는 것인지를 생각하지 않으면 안 된다. 비극적 슬픔이라는 조어를 통해 슬픔을 하나의 철학적 사태로 개념화할 수 있다 해도, 현실 속에서 그런 슬픔의 감정이 플라톤의 이데아처럼 하나의 정신적 실체로 주어지는 것은 아니기 때문이다. 오히려 그 감정은, 우리의 신체와 결합된 경험적 사건으로서만 발생하는 다종다양한 슬픔의 체험들 속에 이런저런 방식으로 뒤섞여 있다고 보는 편이 아마 더 적절할 것이다.[4] (유사한 맥락에서, 설령 일상적이고 흔한 슬픔의 감정일지라

도,─정도의 차이는 있겠으나─ 그 속에 모종의 존재론적 함축
이 서려 있을 것이라고 추정하는 것 또한 가능할 것이다.) 이러
한 이유에서, 본론의 전반부는 다마지오의 생물학적 감정
론을 중심으로 슬픔의 의미를 (생물)심리학적으로나 존재
론적으로 검토하는 데 할애하게 될 것이다. 아무리 고원한
감정도 몸을 떠나 존재할 수는 없는 것이라면, 이를 통해
우리는 우리에게 친숙한 슬픔의 감정이 왜, 어떻게 발생하
는지 보다 분명한 형태로 이해할 수 있게 될 것이다. 나아
가 슬픔에 담긴 존재론적 함축과 한계가 해명된 후에는, 오
이디푸스의 비극과 숭고의 감정에 대한 분석을 통해 비극
적 슬픔의 의미와 내부구조를 드러냄으로써, 슬픔 일반과
철학적 슬픔의 차이를 확인하게 될 것이다.

다음으로 이 슬픔이 인간에게 불가피한 것일 때, 이 슬
픔을 극복하는 방법은 무엇인가? 인간은 행복을 위해 산다
는데, 혹시라도 슬픔이 삶을 위해 주어진 최후의 것이라면,
인간의 삶은 그저 허망하고 무의미한 환상에 불과한 것인
가? 그게 아니라면, 우리는 어떻게 슬픔을 이기고 새로운
삶과 존재의 가능성을─다시 말해 비극적 슬픔 이후의 삶
에 대한 긍정과 기쁨의 가능성을─ 재발견할 수 있는가?

본론의 후반부에서는, 이러한 물음에의 한 가지 대답으로서 니체의 예술가 형이상학과 케노시스의 비극론을 검토한다.

1.
슬픔의
해부

살아 있는 모든 것들은 살기를 원한다. 삶을 향한 그들의 사랑은 타고난 것이다. 학습과 자발적 동의를 거쳐 지속적인 행위원리로 내면화되기 이전에, 나면서부터 발현되는 생래적 경향이자 태세로서의 이러한 능력을 우리는 본능이라고 부른다. 살고자 하는 본능은 어디에서 오는가? 물론 생명 그 자체로부터 온다. 사실상 동어반복이나 다를 바 없는 이러한 가정이 옳다면, 생존본능은 존재 자체만큼이나 근원적인 것이다. 왜 없지 않고 무언가가 있는가를 쉽게 설명할 수 없듯이, 왜 살아 있는 것들은—괴롭고 힘들며 결국 죽게 될 운명인데도 불구하고— 그렇게 살고자 하는지 쉽게 설명되지 않는다. 더는 설명할 수 없다면, 생명에 대한 우리의 사랑을 선택 이전에 주어진 존재와 마찬가지로 하나의 공리로서 받아들이기로 하자. 그리고 괜찮다면, 우리가 시작하려는 논의의 출발점으로 삼기로 하자.

그러니 우리는 살아 있는 인간의 무엇에 관해 말하려는 것인가? 슬픔의 감정이다. 감정이란 무엇인가? 슬픔을 말하기 전에, '생명'과 '감정' 사이에서 마주하게 되는 이 질문과 관련하여 다마지오의 입론은 마치 준비된 해명처럼 일사불란하다. 그에 따르면 감정이란 살아 있는 생명체로서 인간이 경험하는 생명상태에 대한 지각이자, 생명의 항상성을 유지하고 질적 상태를 개선하거나 최적화하기 위한 동력을 제공하는 내적 경향의 물리적·정신적 발현이다.[5] 하여 감정의 저변에는, 무엇보다 웃고, 울고, 분노하고, 두려워 몸을 떠는, 저 숱한 감정들의 물적 토대인 육체가 있다. 육체는 어떻게 감정이 되는가? 생각해보면 거의 모든 감정의 배후에 물리적 현상이 동반되고 있다는 사실을 떠올리기란 어렵지 않은 일이다. 사랑 때문에 심장이 두근대고, 슬픔 때문에 눈물을 흘리며, 긴장 때문에 땀을 흘리고, 근심 때문에 가슴이 답답한 것은, 감정이 마음만의 문제가 아니라는 사실에 대한 명백한 증언인 셈이다. 이처럼 우리의 몸속에서 "동시다발적으로 나타나는 신경 및 화학 반응은 일정 시간 동안 신체 내부 환경, 내장, 근골격계에 일정 유형의 변화를 가져"오고, "그 결과로 표정, 목소리, 자세, 특정 유형의 행동(달리기, 얼어붙은 듯 꼼짝 않기, 이성에게 구애하기, 자식 돌보기 등)이 나타나게 된다."[6] 감정이란 이와 같은 신체적 격동으로, 감정과 감정의 근간이 되는 관련 반응들은 넓은 의미에서 "생명활동을 조절하는 기본 메커니즘"[7]의 구성적 계기인 것이다. 이처럼 화학적·기계적 대사작용과 면역 및 반사작용, 다양한 충동과 욕구 및 이와 직결된 원초적 감정들을 내용으로 하는 신체의 총체적인 생명활동을 통해 발현되는 결과물이 뇌를 통해 지도화되면, 비로소 우리가 일반적으로 감정이라고 부르는 '의식화된' 감정(으로서 느낌)이 탄생하게 된다.[8]

이 감정은 대체 무엇을 위한 것인가? 다시 말해 우리가 감정을 느끼는 이유와 목적은 무엇인가? 이미 설명한 것처럼, 본능적으로 살기를 원하는 생명체가 자신의 생명상태를 감지하고 자신의 몸과 마음을 통해 이를 총괄적으로 표현하는 것이 감정이라면,[9] 이러한 반응의 최종 목표는 "직접적이든 간접적이든 생명활동을 조절하고 생존을 촉진하는 것"[10]이다.

> "타고난 생명활동의 조절기구는 삶과 죽음 사이의 이도저도 아닌 어중간한 상태를 지향하지 않는다. 어정쩡하게 살아 있는 상태 이상의 것, 즉 사고하는 풍요로운 생물인 우리 인간이 건강(wellness) 또는 안녕(well-being)이라고 부르는 것을 제공하는 것이 항상성의 목표이다."[11]

이처럼 생명체가 자기보존의 원리에 따라 생존과 안녕을 도모하기 위해 생명체 내부 및 외부 환경을 평가하고 그에 따라 반응하면서 적응해나갈 수 있는 방안을 모색하도록 독려하거나 추동하는 기제를 다마지오는 코나투스 (conatus)라 부른다. "위험과 가능성 속에서 자기 자신을 보존해 나가고자 하는 원동력과 수많은 신체의 부분들을 하나로 유지시켜주는 수많은 자기보존활동"[12]을 의미하는 코나투스는 감정을 통해 생명체 내부의 상태를 감지하고 이를 대내외적으로 명시화함으로써 "우리가 건강하고 편안한 상태인지, 아니면 곤란하고 괴로운 상태인지를 표현해준다."[13] 신경계가 자기 생명의 질적 상태를 포괄적으로 파악하고, 뇌와 의식을 통해 이를 심적 내용으로 전환하여 존재의 현황을 스스로에게 통보함으로써 자신의 생명 기능을 최적의 상태로 조절할 수 있도록 하는 이 '자기보존의 과정'[14] 속에서, 감정은 지속적으로 자신의 생명상태를 점검하고 고지하는 "심적 감지기이자 진행 중인 생명활동을 증거하는 목격자"[15]로 기능한다. 이렇게 보자면 감정이란 결국 생을 향한 근원적 욕망이 고통과 질병, 죽음과 같은 무의 위협에 맞서 존재의 사명을 달성하기 위해 그려 보이는 생명의 현황인 셈이다.

이로부터 슬픔의 정체가 그 윤곽을 드러내기 시작한다. 만약 기쁨이 자신의 생명이나 존재 상태를 좀 더 긍정적인 방향이나 이상적인 상태로 변화시키는 과정에서 느껴지는 감정으로 정의될 수 있다면,[16] 슬픔은 고통이나 죽음처럼 생명의 기능적 불균형을 야기하는 현실에 직면하여 생명체가 자신이 처한 총체적 곤경을 인지하면서 경험하게 되는 자기이해일 것이다.[17] 감정이 신체 상태에 대한 총체적 파악이자 판단 및 대응태세라면, 슬픔은 그러한 대응태세의 중추인 코나투스의 좌절로 인해 발생하는 욕구불만의 표현이다. 다시 말해, 존재의 질적 상태에 대한 상징적 표현으로서, 존재를 향한 열망이 좌절된 상황 속에서 유발되는 판단이자 대응태세가 곧 슬픔인 것이다.

슬픔의 역할은 이것으로 끝나지 않는다. "생명조절의 상태[가] 감정ㅡ기쁨과 슬픔ㅡ의 형태로 표현되고 욕구에 의해 조절"[18]되는 한, 조화와 균형에 이르지 못한 생명의 상태를 고지함으로써, 이 문제의 감정은 그 감정의 주체에게 그러한 현실을 넘어 새로운 조화를 창출하라는 독려로서 작용한다. 슬픔을 벗어나 기쁨을 얻고자 하는 인간의 생래적 욕망은, 이러한 자기보존적 욕망의 체계, 곧 근원적인 존재의 지향 속에 내재되어 있는 생래적 목적의식의 다른 이름이다. 슬픔(이라는 감정)은, 그런 한에서 이 좌절과 상실의 사태를 벗어나 새로운 삶과 존재의 가능성을 모색하라는 강력한 지시나 권고처럼 읽힌다. 고통은 생명의 항상성을 교란함으로써 슬픔을 야기하지만, 슬픔은 그에 맞서 새로운 삶의 가능성을 모색하게 하는 갈망을 일깨우고, 상상력을 통해 이러한 갈망을 현실화하도록 강제하기 때문이다.[19]

2.
비극적 슬픔의
해부

즉물적 슬픔에서 비극적 슬픔으로

슬픔이라는 감정에 대한 다마지오의 해명을 어떻게 받아들여야 하는가? 감정은 그가 주장하는 것처럼 생존을 향한 근본적 지향을 근간으로 이루어지는 생명의 질적 상태에 대한 자각이자, 생명체의 적응과 안녕을 목적으로 하는 자기검열의 사태인가? 그리고 그 저변에는 코나투스에 의해 지배되는 정교한 물리적 체계로서의 육체가 감정의 근원으로 뿌리내리고 있는 것인가? 따라서 슬픔은 이 뿌리 깊은 생존본능의 좌절로 인해 유발되는 생물학적 탄식이

자 자기고백인 셈인가? 인간이 그 어떤 고원한 감정—예
컨대 자연이 아니라 자유의 권역에서 발생하는 순수한 도
덕감정일지라도—을 경험한다 해도, 살아 있는 한 그 감정
에 대응하는 일정한 신체 변화를 배제할 수는 없다는 점에
서, 몸이라는 물리적 토대의 개입을 부정하기는 어려울 것
이다. 그러나 그와 마찬가지로, 인간이 경험하는 수많은 감
정들이 그의 신체 상태로 고스란히 환원될 수 있다고 주장
하는 것 또한 불가능할 것이다.[20] 만약 우리가 감정을 '일정
한 대상에 대한 인지적 믿음과 평가를 바탕으로 발생하는
심적 사태'[21]로 이해한다면, 감정은 여전히 자신의 신체 상
태와 생명의 현황에 대한 자각에 의해 결정되기도 하겠으
나, 그 의미론적 내역에 있어서는 보다 주도적으로 인간의
인지능력과 가치체계를 근거로 결정된다고 여기는 편이
합당할 것이다. 감정을 포함한 인간 정신의 질적 내역이 신
체라는 물리적 근거에 의존한다 하더라도, 그것이 뇌를 포
함한 신경체계나 생리현상 일반과 같은 신체의 물리적·기
능적 발현으로 고스란히 번역될 수 없다는 비환원적 물리
주의의 입장[22]은, 감정 문제에 있어서도 여전히 유효한 것
으로 보인다.

그러나 이 장의 논제에 관한 한 문제는 더 깊은 곳에 존재한다. 본능적 생존욕구에 근거한 다마지오의 감정론 속에서, 즉물적 사태로서의 슬픔은 생물학적 생명의 보존과 유지, 그리고 훼손과 소멸에 대한 대응기제로 인해 발생하는 일종의 자연인과적 현상으로 남는다. 여기서 생명 그 자체는 무조건적으로 보존되어야 할 그 무엇으로, 무비판적으로 전제된다. 그에 따라 존재 그 자체와 관련된 인간의 자유인과적 결단능력은 생존본능이라는 자연적 사태와 명시적으로 구분되지 않은 채, 마치 자연원인에 동화된 것처럼 미분화된 상태로 머문다. 그러나 비극적 슬픔을 촉발하는 계기로서, 자연으로서의 생명이 자연을 초월하는 주체의 의식 속에서 명시적으로 물음에 부쳐질 때— 즉, 생명의 형태로 주어진 자신의 존재가 존재하지 않으면 안 될 필연적 이유가 무엇인지와 같은 근원적 의문에 직면할 때— 이때의 생명과 존재는 주체의 자유로운 의지와 직결된 유동적 사태로 탈바꿈한다. 물론 쾌락은 쾌락을 선사하는 대상에 대한 애착을 유발하여 그 대상의 실존에 대한 자연발생적 관심을 환기시키는 효력을 발휘한다는 점에서,[23] 때로 1차원적 생존욕구의 충분조건일 수 있다. 그러나 칸트의 말처럼, "자기 안에서 감성의 장애들을 느끼면서도 동시에 그 장애들을 극복함으로써 감성에 대해 우월함을 자기 상태의 변양으로 느낄 수 있는"(칸트, 2009, V267) 인간이 쾌락의 인력에 저항하고, 그 대상과 거리를 둠으로써 그에 대한 자신의 애착조차도 외면할 수 있는 자유의 능력을 행사하는 순간 사정은 달라진다. 제아무리 쾌락의 강도가 크다 해도, 경험의 한계 안에서의 흡족은 그러한 자유의 능력으로부터 발원하는 생에 대한 의문을 해소시켜줄 만한 무조건적 동의와 긍정의 힘—이를테면 '선험적 개념들에 의거하여 주관의 힘들을 필연적인 방식으로 규정하는 법칙 표상'(V267)이 자유에 대하여 발휘하는 것과 같은—을 발휘하지는 못한다.

그렇게 모든 매력을 상실해버린, 그로 인해 아무런 구속력도 발휘하지 못하는 존재는 필연적으로 존재해야 할 이유를 결여한 우연적 사태로 전락한다. 존재의 이 우연성[24]에 대한 자각이 허무를 낳고, 허무는 비극적 슬픔을 낳는다. 하나의 맹목적 필연으로서 저 생존욕구, 곧 자연발생적인 삶에의 의지를 넘어서고 나면, 당연한 것으로만 받아들여졌던 존재는 그 의미와 근거를 모두 잃어버리고 말기 때

문이다.[25]

생물학적 생존본능에 입각한 감정의 설명이 경험적 세계를 넘어서는 인간의 초월적 욕망에 따른 존재물음까지 포괄할 수는 없기에, 여기서 말하려는 슬픔을 해부하기 위해서는 보다 적절한 이론틀이 필요하다. 이러한 이유에서 우리는 먼저 비극적 슬픔이라는 감정을 수식하는 형용어인 '비극'의 개념을, 그리스 비극에 대한 장르적 분석과 오이디푸스라는 비극의 전형에 대한 형이상학적 해석을 통해 좀 더 면밀하게 검토함으로써, 이 슬픔의 내부를 좀 더 깊숙이 들여다보기로 한다. 만약 장르로서의 비극이 예술의 형식에 그치는 것이 아니라 인간 존재에 관한 일단의 진실을 드러내 보이는 매개물일 수 있다면, 비극 속에 등장하는 한 인물의 생에 대한 분석도 허구의 경계를 넘어 인생의 비극적 단면과 그로 인한 슬픔에 관하여 보편적 진실의 일단을 들려줄 수 있을 것이기 때문이다. 이러한 해명이 마무리된 후에는, 칸트의 숭고 개념을 바탕으로 비극적 슬픔을 미학적 측면에서 재음미한 후, 니체의 미학적 형이상학을 통해 이 슬픔의 감정을 현실 세계와의 연관 속에서 어떻게 돌파할 수 있을지, 그 가능성을 타진해보게 될 것이다.

3.
비극의
개념

장르로서의 비극

비극이란 무엇인가? 애초에 '염소의 노래'를 의미하던
비극(tragedy)은 "불행한 결말의 연극이나 진지한 문학작
품"[26]이기 이전에, 디오니소스를 숭배하는 제의에서 사용
되던 송가(dithyrambos)를 뜻했다.[27] 아리스토텔레스 역시
그의 시학에서 디티람보스를 비극의 기원으로 설명하고는
있으나,[28] 서사시나 희극과 함께 시의 일종에 속하는 비극
을 그는 ― 음악이나 무용과 같은 여타 예술형태와 더불어
― 무엇보다 모방의 양식으로 규정한다.[29] 타고난 모방적

성향과 모방된 대상에서 즐거움을 느끼는 인간의 본성에서 유래하는 것으로서,[30] 비극이라는 예술 장르가 모방하는 것은 다름 아닌 인간의 행동이다. 성공하거나 실패함으로써 행복과 불행을 야기하는 목적론적 운동으로서,[31] 비극 속에 등장하는 인간 행동의 종착지는 알다시피 불행과 고통이며, 연민과 두려움이고, 슬픔과 비탄이다.

그렇다면 비극이 불행으로 치닫는 인간의 행동을 재현함으로써 말하고자 하는 것, 혹은 비극의 관객들에게 깊은 슬픔을 안겨줌으로써 얻고자 하는 것은 대체 무엇인가? 그것은 비극적 인간의 고통에 대한 연민과 두려움을 통해, 오히려 그런 감정들의 해소나 정화를 유발하는 것이다. "비극은 진지하고 일정한 크기를 갖는 완결된 행동을 모방하며 […] 연민과 공포를 불러일으키는 사건으로 바로 이러한 감정의 카타르시스를 실현"[32]하는 것이라는, '비극의 본질'에 관한 아리스토텔레스의 정의가 설명하고 있듯 말이다. 허구적 구성물에 불과한 이 비극이 인간의 삶이나 존재의 보편적 운명에 관한 진실의 거울이 되는 까닭은, 비극이 재현하는 인간 행동이 개연성이나 필연성에 의해 상호연관된 사건들로 구성되고, 이로 인해 개별적인 것을 이야기하는 역사와 달리 보편적 성격을 띠기 때문이다.[33] 아리스토텔레스의 이 설명을 따르자면, 비극이 묘사하는 인간 행동은 인간 실존의 보편적 조건이나 운명을 폭로하는 전형적 사례들인 셈이다. 삶의 진실에 관한 예증으로 등장하는 극 중 인물들의 행동 속에서, 실패와 좌절, 파멸과 몰락으로 인해 찾아오는 고통을 바라보면서, 인간은, 이를테면 인간 존재의 보편적 운명을 목격하고 그 운명적 주체와 일체감을 느끼며 고통과 슬픔, 두려움과 연민을 체험하는 가운데 자기 안에 깊숙이 억눌려 있던 실존적 감정들을 대면하게 됨으로써 내면적 갱신의 사건인 카타르시스[34]를 경험하게 되는 것이다.

그러나 비극이라는 장르에 대한 이 거장의 설명이 제아무리 탁월하다 해도, 그것만으로 '슬픔'의 의미를 규정하는 '비극'의 형이상학적 얼개가 명료한 형태로 드러나지는 않는다. 그러므로 우리는, 예술적 형식으로서 비극 일반에 대한 장르적 해명에서 나아가, 이미 예고한 것처럼 우리 인간의 삶을 개연적이고 보편적인 방식으로 대변하고 있는 비극적 주인공의 실제 사례에 대한 분석을 통해 비극의 근원에 한 걸음 더 다가서지 않으면 안 된다.

오이디푸스적 비극

비극은 어떻게 시작되는가? 오늘날까지도 비극적 인물의 전형으로 소환되곤 하는 비운의 주인공 오이디푸스는, 이미 출생 전부터 파국을 향해 치닫는 삶을 살아가도록 신에 의해 예정된 채 세상에 태어나는, 그로써 모든 인간 존재의 보편적인 비극적 운명을 상징적으로 대변하는 증인으로 우리 앞에 등장한다. 그렇다면 그가 대변하는 비극적 운명이란 무엇인가? 이 질문에 답하기 위하여 우리는 두 가지 사실에, 곧 그를 위해 주어진 신탁과, 그 신탁에 맞선 오이디푸스의 저항 및 그러한 저항에도 불구하고 끝내 비껴갈 수 없었던 파국적 결말이 내포하는 형이상학적 함축에 주목해야 한다.

오이디푸스에게 내려진 신탁의 내용은 무엇인가? 자신의 아버지를 죽이고 어머니와 결혼하게 될 것이라는, 그러니까 그것 자체로 이미 신의 명령이나 다름없는 부모자식 간의 인륜을 그가 무참히 저버리게 될 것이라는 기이하고 섬뜩한 신의 예언이다. 아브라함에게 이삭을 바치라는 신의 명령이 자기모순적인 것처럼, 오이디푸스가 신성한 인류을 저버리게 될 운명이라는 신탁도—신 자신의 명령에 위배되는 삶을 신 자신의 결정에 의해 한 인간에게 강요하는 것이라는 점에서— 그 인류의 원천인 신 자신에게 모순되는 것이다. 이 자기모순의 핵심은 무엇인가? 혹여 앞뒤가 맞지 않는 신의 행태를 꼬집어, 인간의 역사만큼이나 유구한 신정론적 회의를 에둘러 토로하고 있는 것인가? 또 한 가지, 인류를 저버리지 않기 위해 온갖 노력을 다했건만, 자신의 의도와는 정반대로 결국 신이 정한 그대로 신성한 율법을 짓밟게 되었던 저 비극적 인간의 초상은 또 우리에게 무엇을 말해주고 있는가? 혹여 아무리 비상한 인간의 노력으로도, 납득할 수도 없고 정당한 것도 아닌 신의 결정을 번복하거나 거스를 수는 없다는 불합리한 교훈을 막무가내로 가르치려는 것인가? 이 질문에 답하기 전에, 우리는 다시 오이디푸스에게로 돌아가 그 비극의 내막을 주의 깊게 복기해보아야 한다.

오이디푸스의 비극은 신성한 규율을 범하지 않기 위해, 신성한 규율과 정면으로 배치되는 불길한 신탁으로부터 벗어나기 위해 분투하는 한 영웅적 인간의 비애를 그린다. 할 수 있는 모든 것을 다 시도했지만, 결국 오이디푸스는 그가 지키고자 했던 신성한 규율을 지켜내지 못한 채 부정한 존재로 전락하고 만다. 존재의 목적과 부합하지 못하는, 그래서 존재의 이유를 상실해버린 존재의 슬픔이 비극의 핵심이라면, 신성과의 합일이 근원적으로 불가능하다는 사실을 일깨우며 오이디푸스는 하나의 보편적 비애를, 인간이라는 존재의 운명적 슬픔을 환기한다. 인류를 수호하기 위해 갖은 애를 썼음에도 결국 자신도 모르게 신성한 금기를 파괴하는 한 비극적 인간의 생을 바라보며, 이 비극의 관객은 언제나 인간의 곁에 있지만 영원히 가닿을 수 없는 모순적 신성을 향한 두려움과 아울러 그럼에도 거부할 수 없는 그의 명령에 대한 경외, 그리고 그 명령을 이행하려는 순전한 의도와 노력에도 불구하고 도리어 신의 명령을 자신도 모르게 무참히 파괴하고 마는, 유한하고 위태로운 인간 존재와 삶의 비참이 불러일으키는 슬픔과 연민에 공감하며 오이디푸스와 자신을 동일시하게 된다. 그럼으로써 완강하고도 맹목적인 우연의 폭력[35]에 의해 속절없이 파멸해버리고 마는 무기력한 인간 존재의 슬픔을 공유하고 또 연대하면서, 숱한 노력에도 주인공이 추구하던 이념에 상응하는 현실의 창출에 결국 실패한 나머지 파국으로 막을 내리는 이 비극적 현상의 세계, 곧 비극으로서의 삶의 현실이 파멸에 이른 인간을 종국적으로 집어삼키지 못하도록 그가 추구한 이념의 세계를 상실의 슬픔 속에서 애도하게 된다.

이러한 해석이 가능하다면, 앞서 제기된 두 가지 질문은 하나같이 인간은 결코 신이 될 수 없다는, 다시 말해 인간의 자유가 아무리 순정한 것이더라도 이 지상의 세계, 자연의 공간 속에서는 이성이념에 부합하는 현실을 온전히 성취하거나 실현할 수 없다는 근원적 한계를 말하고 있는 것이 아닌가? 또 한편으로, 불가해한 신탁을 통해 신이 마치인간의 파멸을 요구하고 있기라도 한 것처럼 현현하는 것은, 그 어떤 인간의 행동과 실천에 의해서도, 혹은 그 어떤 자연현실에 의해서도 무한한 신성이, 근원적 일자가 원형 그대로 재현될 수 없음을 말하고 있는 것은 아닌가? 다시말해서, 그 어떤 인간의 도덕적 실천도 실천이성의 이념을 원형 그대로 구현해낼 수 없듯이, 신성을 향해 열려 있지만 그래서 신탁으로 상징되는 신의 음성을 들을 수는 있지만, 아무런 실천을 통해서도 결코 그 신과 하나가 될 수는 없다는 근원적 모순 속에서만 신과 만날 수 있는 인간의 존재론적 한계를 극적 형식으로 고발하고 있는 것은 아닌가? 인간 존재의 이 초라한 존재론적 한계를 폭로하는 것이 자기모순적 신탁의 본질이고, 비극적 삶을 살아가야 하는 인간 군상을 대변하는 저 비극적 영웅 오이디푸스의 초상인 것이라면, 인간이 구축한 지상세계의 모든 의미와 아름다움을 찢고 파열함으로써, 그것이 결코 도달할 수 없는 의미와 가치와 아름다움의 원형을 그것의 철저한 부재 가운데서 드러내는 서사의 형식이 아마도 비극일 것이다. 이로 인해 인간은 자신이 가진 모든 것을 잃고 눈물 흘리지만, 그러나 그 모든 것들의 배후에 숨어 있던 형언할 길 없는 근원적 일자를 일순간 대면하게 됨으로써, 아마도 자신이 가진 모든 것을 잃은 깊은 슬픔 속에서만 마주할 수 있는 최후의 진실과 더불어 애달픈 위안을 얻게 되는 것이리라. 그렇게 비극적 인간은 파멸과 몰락 속에서, 아니 잃어버린 이념과 현실의 극적 대비 속에서, 그가 도달하려 했던 이념과 이상이 그 불가능성의 아우라 속에서 선명하게 드러나는 것을 보게 되는 것이다.[36] 오이디푸스가 가장 처절한 몰락 속에서 그가 도달하려 했던 신성의 품 안에 명시적으로 들어갈 수 있었던 것처럼,[37] 오직 실패와 좌절을 통해서만 성공에 이를 수 있는 이 비극의 드라마가 전하려는 깨달음을 위하여, 몰락과 파멸은 하나의 필연적 형식이 되고, 상실과 슬픔은 비극 고유의 생래적 감정이 되었던 셈이다.

이로써 이 장의 주제적 감정인 '슬픔'의 형이상학적 성격을 규정하는 '비극'의 의미가 어느 만큼은 해명된 것으로 보인다. 이에 따라, 만약 비극적 슬픔을 자연원인적 생명의 맹목적 보존 및 순조로운 생명 상태의 표식인 쾌락과 기쁨에 대한 지향의 좌절을 뜻하는 즉물적 슬픔을 넘어서서, 이유 없는, 혹은 의미 없는 존재에 대한 환멸과 더불어 경험되는 근원적 상실감 및 그 속에서 동시적으로 체험되는 존재의 고양감으로 이해한다면, 이 슬픔은 무한과 유한의 질적 차이에 대한 체험으로부터 발생하는 존재의 비하와 고양의 동시적 체험이라 할 존재론적 양가감정[38]으로서 '숭고'와 본질적 유사성을 갖는다. 숭고가 초월적 이념에 대한 두려움과 자기비하의 감정에 동반하는 존경과 외경, 혹은 존재의 고양감이라면, 비극이 유발하는 저 애도의 감정은 유한하고 보잘것없는 인간 존재와 영원히 가닿을 수 없는 이념과의 거리가 불러일으키는 운명적 슬픔 속에서도 자신의 전부를 걸고 그 이념을 갈망하는 인간의 사명을 기리는 감정이라는 점에서 숭고와 흡사해 보이기 때문이다. 이를 근거로, 이하에서는 이 특별한 미학적 감정에 관한 칸트의 분석을 비판적으로 검토함으로써, 장르로서의 비극과 비극적 인물에 대한 형이상학적 분석을 통해 확인되었던 비극적 슬픔의 '개연적 보편성'을 '선험적이고 보편적인 정신현상'의 지평에서 재확인해보도록 한다.

4.
숭고로서의
슬픔

숭고란 무엇인가? 아름다움의 일종이다. 아름다움이란
무엇인가? 칸트에 따를 때, 그것은 무엇보다 자연과 자유,
인식과 실천의 경계를 가로지르는 제3의 인식능력인 판단
력과 더불어 발생하는 정신현상이다. '지성과 이성의 중간
항'(V168)으로서, "특수한 것을 보편적인 것 아래에 함유
되어 있는 것으로 사고하는 능력"(V179~180)인 판단력이
"잡다한 자연의 경험적 법칙들"(V180)을 반성하여 하나의
통일성 아래 포섭할 목적으로 창안한 주관적이고 선험적
인 원리[39]에, 일정한 객관이나 표상이 부합함으로써 유발
되는 쾌의 감정, 그것이 곧 아름다움이다. "모든 의도의 달

성[이] 쾌의 감정과 결합되어"(V187) 있는 것처럼, 자연을 법칙의 통일성 아래서 파악하려는 판단력의 이러한 선험적 의도가 자연의 객관에 적중함으로써 달성될 때, 그 대상은 이러한 의도에 합치한다는 의미에서 합목적성을 띠게 되고, 이러한 합목적성의 사태가 부르는 쾌의 감정이 곧 미의 체험이라는 것이다.[40] 이 특별한 쾌의 감정은, 그것이 선험적 원리에 근거한다는 점에서는 모든 인간에게 보편타당한 것이지만,[41] 인식의 내용에 있어 "객관(자연)에게 전혀 아무런 것도 부가하지"(V183) 않은 채 오직 그 원리와 객관의 합치 여부만을 문제 삼는다는 점에서는 형식적인 것이다.

"(선험적인 직관의 능력으로서) 상상력이 한 주어진 표상을 통해 무의도적으로 (개념의 능력으로서) 지성과 일치하게 되고, 그로 인해서 쾌가 불러일으켜진다면, 그때 대상은 반성적 판단력에 대해 합목적적이라고 보일 수밖에 없다. 그러한 판단은 객관의 합목적성에 대한 미감적 판단으로, 그것은 대상에 대한 어떠한 기존 개념에도 기초해 있지 않고, 대상에 대한 아무런 개념도 만들어내지 않는다. 그 대상의 형식이―대상의 표상의 질료적인 것, 곧 감각이 아니라— 그에 대한 순전한 반성에서 (대상에서 얻어질 개념을 의도함 없이) 그러한 객관의 표상에서 생기는 쾌의 근거라고 판정되는 그런 객관의 표상과 이 쾌는 또한 필연적으로 결합되어 있다고 판단된다. 그것은 따라서 한낱 이 형식을 포착한 주관에 대해서뿐만 아니라, 모든 판단자 일반에 대해서도 그러하다. 그때 그 대상은 아름답다고 일컬어진다. 그리고 그러한 쾌에 의해 (따라서 또한 보편타당하게) 판단하는 능력을 취미라고 일컫는다."[42]

이처럼 객관의 형식적 합목적성에 대한 반성을 통해 쾌의 감정을 제약하는[43] 판단력은, "[자신]의 법칙들을 통해 부과된 목적을 감성세계에서 현실화해야"(V176) 하는 자유와, "그것의 형식의 합법칙성이 적어도 자유법칙들에 따라서 자연에서 실현되어야 할 목적들의 가능성과 부합하는 것으로 생각될 수 있"(V176)어야 하는 자연의 근원적 통일성을 그 스스로 예시함으로써, 거대한 심연으로 단절돼 있는 자연과 자유, 곧 지성과 이성의 매개항으로 등장하게 된다. 즉, 특수를 보편 아래 포섭하여 하나의 법칙적 통일성을 수립하는 것을 자신의 준칙으로 삼는 판단력은, 잡다한 자연의 법칙을 일원화하기 위하여 자신의 본성에 따라 정립한 주관적이고 선험적인 통일 원리에 따라 자연을 반성함으로써, 그러한 자신의 '의도'에 부합하는 자연을 '자신의 법칙을 통해 부과된 목적이 현실화된 사태'로 드러내 보이는 가운데 이 미의 사태를 자연과 자유의 근원적 통일성이 실현된 사태로 예증하고 있는 셈이다. 그도 그럴 것이, 그렇게 파악된 사태로서의 자연은 '그것의 형식적 합법칙성이 판단력의 준칙에 따라 자연에서 실현되어야 할 목적들의 가능성과 부합하는 사태'로 드러나게 되겠기 때문이다. 지성·이성·판단력의 이 같은 상호관계에 부응하여, 이 세 가지 정신능력이 인식능력과 욕구능력, 그리고 쾌불쾌의 감정이라는 독자적 행정권역을 정초할 때, 쾌불쾌의 감정은 인식능력과 욕구능력 사이에 개입하여 자연의 영역에서는 기계적 인과율에 의거한 즉물적 쾌적함으로, 자유의 영역에서는 이성이념에 따라 무조건적으로 좋은 것 [선한 것]으로, 그리고 판단력에 있어서는 양자의 형식적 합일에 의해 발생하는 적의한 것으로 출현하게 되는 것이다.[44]

이처럼 객관의 형식에 대한 반성을 통해 포착되는, 지성

의 선험적 원리에 조응하는 합목적성에 근거를 둔 미감적
판단과 달리, 숭고는 '무형식성'과 '반목적성'을 띠고 있는
대상을 통해 '이성개념의 현시'로서 '무한정성'이 표상되는
정신감정으로 규정된다.[45] 앞서의 비극 속에서 지성의 한
계를 초월하는 신탁이 오이디푸스라는 유한한 대상의 파
멸을 통해 자기를 드러내듯, 숭고는 지성에 의한 합목적성
의 체계라 할 자연을 뛰어넘어 그 모든 감성적 형식과 질서
를 무력화하는, 형언할 길 없는 무한한 가능성으로서의 자
유와도 같은 폭력성과 부적합성을 통해 촉발되는 내면적
감정이다. 이 때문에 우리는 그 어떤 자연적 대상에 대하여
미감적 판단의 경우와는 달리

"[그] 대상이 마음속에서 만날 수 있는 숭고함을 현시하는 데
유용하다는 것 이상을 말할 수 없다. 왜냐하면, 원래 숭고한 것
은 어떤 감성적 형식에도 함유되어 있을 수 없고, 오직 이성의
이념들과만 관련이 있기 때문이다. 이성의 이념들은 그에 적
합한 현시가 가능하지 않음에도 불구하고, 감성적으로 현시되
는 바로 이 부적합성을 통해 환기되고 마음속으로 불러들여진
다."[46]

숭고가 이처럼 감성적 형식의 합목적성이 아니라 이성
이념에 유래를 두고 있는 까닭에, "이 흡족은, 반성적 판
단력이 인식 일반과 관계 맺으면서 합목적적으로 조율되
는 미적인 것[…]의 경우에서처럼, 객관에 대한 흡족이 아
니라, 상상력 그 자체의 확장에 대한 흡족"(V249)을 의미
하게 된다. 자연 속에서 그 어떤 흡족의 형식도 발견할 수
없는, 그리하여 부적합성의 감정과 함께 발생하는 상상력
의 확장이란 그렇다면 무엇을 말하는가? 그것은 모든 감
성적 대상을 뛰어넘어 일체의 자연을 왜소하게 만드는 고
양된 마음의 능력, 다시 말해 "그것을 단지 생각할 수 있
다는 것만으로도 감관의 모든 척도를 뛰어넘는 마음의 능
력"(V250)을 지칭한다. 그런 한에서, 그 어떤 자연의 객관
도 그 자체로 숭고할 수는 없을 것이나, 만약 어떤 객관이
숭고하다고 말할 수 있다면 그것은 그에 대한 직관을 통해
무한의 이념이 활성화되는 한에서 가능할 뿐이다.[47]

그러나 숭고의 감정이 이성이념의 무한성에 미치지 못
하는 상상력의 한계에 대한 자각—혹은 유한한 감성적 형
식 일반으로서의 자연을 초월하여 그것을 왜소한 것으로
바라보면서도, 결국 스스로가 그러한 유한성의 경내에 머

물러 있을 수밖에 없다는 한계에 대한 자각— 을 동반한다는 점에서, 이 감정은 언제나 양가적 성격을 띠고 나타나게 된다. 칸트는 이를 이성이념과 상상력의 관계를 통해 설명한다. "모든 현상을 하나의 전체의 직관으로 총괄"(V257)하려는 이성의 이념은 인간의 상상력에 대해 하나의 법칙이자 요구로서 주어진다. 이러한 이성의 요구에 대하여 자신의 유한성으로 인한 부적합성을 발견하게 되는 상상력은 한편으로 불쾌감을 경험하지만, 그와 동시에 그 이념의 요구를 자신의 사명으로 여기며 그 불쾌에 반하는 존경을 표하게 되는데, 이러한 이중적 감정이 곧 숭고라는 것이다.[48] 추락하는 것에 날개가 있듯, 이 무능력에 대한 의식이 무제한적 능력의 의식을 통해 활성화된다는 점에서, 인간의 주관은 무한의 눈으로 유한을 바라보는 가운데 자신의 유한과 무능력에 대해서는 불쾌를, 그리고 그 너머를 바라보는 자신 안의 무한의 지평에 대해서는 쾌감을 느끼는 모순된 감정을 경험하게 된다. 이 숭고의 자기모순은, 그러나 무한한 이성이념에까지 고양된 상상력이, 그 이념의 요구에 따라 그에 상응하는 감성의 형식과 경험적 대상을 창출할 것을 사명으로 느끼면서도, 결코 그에 걸맞은 현실을 창출할 수 없다는 근원적 한계로 인해 발생한다는 점에서 하나의 비애로 남는다.

"이념들은 현시될 수가 없다. 그러나 우리가 우리의 경험적 표상능력을 [⋯] 자연을 직관하기 위해 확장하면, 불가피하게 이성이 절대적 전체성의 독립성의 능력으로서 부가적으로 등장해서, 감관의 표상을 이것들에 알맞게 만들고자 하는 마음의 ─비록 헛된 것이기는 하지만─ 노력을 불러일으킨다. 이러한 노력과, 상상력에 의해서는 이념에 도달하는 것이 불가능하다는 감정이 바로 상상력을 마음의 초감성적 사명을 위해 사용함에 있어서의 우리 마음의 주관적 합목적성의 현시이며, 우리로 하여금 이 현시를 객관적으로 성립시킬 수는 없지만, 주관적으로 자연 자신을 그 전체성에서 어떤 초감성적인 것의 현시라고 사고하도록 강요한다."[49]

이념과 상상력 간의 근원적 단절, 이념은 지상의 그 어떤 아름다움보다도 매혹적인 그 무엇으로 다가오지만, 아무리 노력해도 그 이념에 도달할 수 없는 불가능성으로 인한 낙담과 상실은 저 비극에서처럼 슬픔을 부른다. 인간 정신의 선험적 구조에 의해 촉발되는 이 양가적 감정, 유한과 무한 사이의 거리를 배회하면서 정주할 곳을 찾지 못하는 인간 영혼의 이 존재론적 비애가 결국 이 글이 말하려는 '비극적 슬픔'인 셈이다. 이렇게 보자면 숭고와 비극적 슬픔은 (1) 경험세계로부터의 초월과 인간 존재의 해방을 통해 그의 자유를 명시적으로 활성화하지만, (2) 그러한 초월이 언제나 유한한 삶과 유한한 존재의 근원적 부적합성에 대한 자각을 동반할 뿐 아니라, (3) 초월 이후, 초월의 이념에 부응하는 현실을 자연 속에 건립할 수 없다는 원천적 한계 안에 머물러 있다는 유사성을 보인다. 이로써 우리는 판단력이라는 인간 정신의 선험적 능력으로부터 발생하는 감정인 숭고에 대한 분석을 바탕으로, 비극적 감정의 형이상학적 얼개를 확인하게 된 셈이다.

만약 이것이 비극적 슬픔이라는 표제 아래 이 글이 말하고자 했던 근본적 문제의식으로 수용될 수 있다면, 이제 우리가 던져야 하는 질문은 다음과 같은 것이다. 즉, 오이디푸스에게서처럼, 만약 인간의 존재가 신성한 근원과 하나를 이룰 수 없다면, 아울러 그의 세계도 그의 근원적 이념과 일치를 이룰 수 없다면, 인간의 삶과 그가 깃들어 있는 이 자연세계는 도대체 무슨 의미가 있는가? 이 형이상학적 비극이 모든 인간을 위해 예정된 운명이라면, 이 비극과 그로 인한 슬픔은 우리의 생을 위해 준비된 최후의 종착역인가? 우리는 오로지 비극적 슬픔의 한가운데에서야 경험할 수 있는 카타르시스를, 이 슬픔을 위해 준비된 유일한 위안으로 여겨야만 하는가? 결국 비극적 슬픔에 관한 최종적 문제는 초월적인 인간의 의식이 이 유한한 세계와 자신의 유한한 존재를 어떻게 수용하고 받아들여야 하는가의 문제로— 달리 말해 형이상학적 초월을 위해 철저히 몰락하기 위하여 존재하는 것만 같은 이 유한한 세계와 인간의 무상한 삶을 저 비극적 슬픔 이후에 어떻게 감내하며 살아나갈 수 있는가의 문제로— 귀착되는 듯 보인다. 플라톤에게서처럼, 만약 이데아만이 참된 존재고 현상세계는 한낱 이념의 불완전한 모사물이자 가상이요, 환영에 불과한 것이라면, 그러한 개체들의 총화로서 세계 전체의 존재 이유를 우리는 설명할 수 없기 때문이다. 세계는 불완전하고 무의미한 것으로 매도당하기 위하여 존재하고 있을 뿐, 이 이원화된 존재구도에서 일방적으로 폄하되는 현실을 구원해줄 방법이 없다면, 비극적 슬픔은 결국 인간을 기다리는 마지막 운명이 되고 말 것이다.

이 절박한 물음과 관련하여, '형이상학적 행위로서의 예술'을 통한 구원을 이야기하는 니체의 전략은 주목할 만한 한 가지 대답처럼 읽힌다. 자연과 세계에 대한 니체의 미학적 접근은, 결코 이성이념과 일치를 이루지 못할 세계와 인간의 존재론적 비극을 돌파하는 유력한 형이상학적 시도처럼 보이기 때문이다. 이것이 가능한 일인가? 이제 우리가 해야 할 일은, '형이상학적 실천으로서의 예술'로 명명되는 니체의 기획이 과연 비극적 슬픔 이후에 인간이 새로운 방식으로 끌어안아야 할 초라한 삶과 현실을 돌파하는 유효한 전략이 될 수 있는가를 검토하는 것이다.

5.
비극적 슬픔을
넘어서

니체는 "세계와 인생은 아무런 참된 만족도 줄 수 없고, 따라서 세계와 인생은 우리에게 집착할 만한 것이 못 된다는 인식"[50]을 핵심으로 하는 비극적 정신의 체념주의를 비판하면서, 그에 맞선 자신의 형이상학을 미적 세계해석을 통한 세계긍정의 기획[51]으로 소개한다. 이 야심만만한 철학적 구상을 개진하기에 앞서, 그는 자신의 예술 형이상학에 정면으로 맞서 있는 저 체념주의의 기원이 이른바 '도덕주의적 기독교'에 있다며 맹비난한다. 더 나은 세계에 대한 믿음을 명분으로 이 세계에 대한 증오를 설파하는 기독교의 도덕은,[52] 이성이념이 감성의 현실을 왜소하게 하듯, 자신의 도덕적 이념을 근거로 생에 대한 긍정을 원천적으로 불가능하게 한다. 그것은 "도덕(특히 기독교적, 즉 무조건적 도덕) 앞에서 삶은, 삶이 본질적으로 비도덕적인 것이기 때문에 늘 필연적으로 부당하게 취급되어야만 하기 때문이다. 결국 삶은 경멸과 영원한 부정의 무게에 짓눌려, 바랄 만한 것이 되지 못하는 것으로서, 그 자체가 무가치한 것으로 느껴지게 되어야만 한다."[53] 이에 따라 "도덕은 처음부터 끝까지가 삶의 부정에의 의지, 감추어진 파괴본능, 몰락의 원리, 무시의 원리, 비방의 원리"[54]가 되고, 그러한 파괴적 도덕주의의 원류인 기독교는 니체에 의해 '가장 위험한 체념주의의 형식'이자 '몰락 의지의 화신'[55]으로 지목되기에 이른다.

이처럼 '생에 대한 구토와 권태'[56]로서의 기독교에 맞서 미적 세계해석을 통한 세계의 긍정을 정조준하는 니체의 전략은 무엇인가? 그것은 디오니소스적 정신에 뿌리를 둔 미학적 형이상학, 곧 체념주의를 비웃으며 세계를 긍정하는 새로운 유형의 비극 정신이다. 그에 따를 때, 세계를 긍정하는 방식에는 두 가지가 존재한다. 그 하나가 비디오니소스적 정신에 입각한 '목가적 방식'이라면, 다른 하나는

120

디오니소스적 정신에 입각한 '비극적 방식'이다. 이러한 접근방식의 형이상학적 지향을 이해하려면, 먼저 자연과 이상에 대한 그의 분류방식을 이해해야 한다.

"자연과 이상이란 비애의 대상이든가 환희의 대상이다. 자연이 상실된 것으로 묘사되고 이상이 도달되지 못하는 것으로 묘사될 때 이들은 모두 비애의 대상이다. 양자가 현실적인 것으로서 생각될 때 이들은 환희의 대상이다. 첫째의 경우는 비교적 좁은 의미에 있어서 엘리지[비가]를, 둘째의 경우는 극히 넓은 의미에 있어서 목가를 나타낸다."[57]

천진난만한 목가적 정신은 자연과 이상을 상실되었거나 도달할 수 없는 것으로 바라보지 않는다. 자연은 인위적인 지식과 문화를 버리기만 하면 언제든 다시 돌아갈 수 있는 현세적 공간으로 이해되고, 이상은 그 현실 속에서 언제나 재발견될 수 있는 것으로 간주된다.[58] 이로 인해 비디오니소스적 정신이 세계를 긍정하는 방식은 "비극적 충동의 현세적 해결을 모색"[59]하는 것이다. 설령 비극적 사건이 발생하더라도, "주인공은 운명에 의해 충분히 시련을 겪은 다

음 호화로운 결혼이나 신의 은총에 의해 응분의 보상을 받
[는]다. [⋯] 〈기계장치의 신〉이 형이상학적 위로의 자리에
대신 들어"⁶⁰섬으로써, 비극은 해피엔딩으로 막을 내린다.

"영원한 상실을 슬퍼하는 비가적 고통"⁶¹을 알지 못하는,
니체에 의해 "오페라의 목가적 경향"⁶²으로 호명되는 이
세계긍정의 길은, 마치 최적의 내외적 생활환경 속에서 흡
족한 생명상태를 만끽하는 저 다마지오 유의 즉물적 세계
긍정이거나, 지성의 법칙에 조응하면서 형식적 합목적성
의 쾌감을 향유하는 취미판단의 유희적 세계긍정과 흡사
해 보인다. 그러나 비극적 슬픔을 알지 못하는, 곧 "현상의
노예가 되어 현상의 형식적인 존재만을 모방함으로써 선
과 균형의 유희 속에서 외면적 즐거움을 일으키려고 하는
일 이외에는 아무것도 할 일이 남아 있지 않"⁶³은 이 목가
적 방식으로부터는, 비극적 슬픔 이후의 현실을 긍정할 만
한 동력이 눈에 띄지 않는다.

그렇다면 이 목가적 세계긍정을 지나, 체념의 비극정신
을 넘어, 진정한 의미에서 비극적 슬픔 이후의 세계를 긍
정할 수 있는 저 디오니소스적 비극의 길이란 대체 무엇인
가? 앞서 말했듯, 그것은 세계를 근원적 창조자에 의한 예

술적 투영으로 해석함으로써, 세계를 하나의 미적 현상으로 승화시키는 것이다. "삶의 공포나 불합리에서 오는 저 구역질 나는 생각을 일변시켜, 인간에게 사는 보람을 주는 여러 가지 표상으로 변화시키는 힘"[64]에 근거를 둔 이 미학적 형이상학은, '공포스러운 것'을 '고상한 것'으로, '불합리의 구역질'을 '희극적인 것'으로 탈바꿈시킴으로써[65] 우리의 비천한 세계를 긍정의 대상으로 격상시킨다. 추하고 부조화한 것조차도 미적 유희의 대상이 될 수 있도록 하는 예술로서의 세계,[66] 곧 미학적 현상으로서의 자연을 가능케 하는 이 형이상학의 배후에는, "영원히 변전하고 영원히 새로워지는 환영으로서의 세계"를 "신의 구원이 실현된 상태"[67]로 산출하는 근원으로서 디오니소스적인 것이 자리하고 있다.

"디오니소스적 예술이야말로 말하자면 〈개별화의 원리〉의 배후에 있는 저 전능의 의지를 표현하는 예술, 모든 현상의 피안에 존재하며 어떠한 파괴에도 굴복하지 않는 영원한 생명을 표현하는 예술이다. 비극적인 것에 대하여 우리가 형이상학적 기쁨을 느끼는 것은 본능적이고 무의식적인 지혜, 디오니소스적 지혜가 형상언어로 번역되어 있기 때문이다. 최고의 의지의 현상인 비극의 주인공이 파멸되는 것을 보고 우리는 쾌감을 느낄 것이다. 주인공은 다만 현상일 뿐이며 주인공의 파멸에 의해서 의지의 영원한 생명은 조금도 손상되는 일이 없기 때문이다. 〈우리는 영원한 생명을 믿는다〉라고 비극은 외친다."[68]

이처럼 미학적으로 해석된 세계와 삶은, 비록 그것이 가상에 불과하다 해도, 저 디오니소스적 신성을 환기하는 매개물로서의 예술작품이 되어 자신의 고통과 비참과 유한성의 모든 한계 안에서도 있는 그대로 긍정됨으로써 '최상의 형이상학적 품위'[69]를 얻게 된다. 이제 현상의 세계는, 존재의 고양 속에서 피어오르는 '망각'과 '황홀'[70]로서의 저 디오니소스적 정신이 구현된 아폴로적 형상인 것이다. 아폴로적인 것과 디오니소스적인 것의 형이상학적 동맹 속에서, 세계에 대한 저 체념주의적 비극의 슬픔은 흔적도 없이 사라지고, 비극적 현실은 오히려 생의 환희와 희열에 이르는 원천으로 탈바꿈한다. 이로써 비탄 속에 가라앉았던 자연과 세계는, 그 왜소한 모습 그대로 긍정할 수 있는, 근원적 일자의 형상화로서 예술작품이 된다. 이것이 미학적으로 해석된 니체의 세계이자, 긍정의 비극 정신에 의한 세계 긍정이다.

어딘가 모르게 기시감이 느껴지는 이 긍정의 비극론은, 그러나 니체의 주장대로 목가적 오페라가 보여줄 수 없는 자신만의 세계긍정에 성공한 것인가? 만약 "거대한 디오니소스적 충동이 현상세계 전체를 집어삼키고 현상세계의 배후에서 현상세계를 파멸시킴으로써 근원적 일자의 품안에 안긴 최고로 예술적인 근원적 기쁨을"[71] 허락하는 것이라면, 그리하여 미학적 현상으로서의 세계에 대한 긍정이 "현상들이 계속 몰락해가고 있는 동안 […] 존재의 핵심의 영원한 삶을 보여"[72]줌으로써만 실현되는 형이상학적 위안일 뿐이라면, 그의 비극론이 숭고에 대한 해부를 통해 확인된 비극적 슬픔의 내부구도와 무엇이 다른가? 니체의 미학적 형이상학 속에서 아폴로적인 것으로서의 가상 혹은 가상 일반으로서의 세계는, 분명 자기부정을 통해 디오니소스적인 것을 드러냄으로써만 형이상학적·예술적 창조로서의 생성과 역사의 세계를 긍정할 수 있게 된다.[73] 만약 그렇다면, 그의 미학적 형이상학도 겉모습과는 달리, 최악의 경우 도덕주의적 기독교의 체념적 비극론과 궤를 같이하거나, 그게 아니면 실존론적 자각 속에서 존재의 비하와 고양을 동시에 체험하는 저 숭고의 미학을 남루한 현실에 대한 외면 속에서 반복하고 있는 것은 아닌가? 그렇다면 이른바 예술가 형이상학이라는 그의 거창한 기획은, 역사적 현실을 망각한 채 실존론적으로 왜소화된, 무책임한 탈역사적 유미주의로서 실존의 비극과 현실의 고통을 미학적이고 유희적인 태도로 방관하는 퇴폐적 귀족주의로 전락하는 것은 아닌가? 그럼으로써 몽상에 빠진 채로 고통의 현실이 지속되도록 방조하는, 비극적 현실의 공모자가 되는 것은 아닌가?[74, 75]

이 곤혹스러운 질문과 더불어, 비극적 슬픔의 극복에 대한 이 글의 질문은 먼 길을 돌아 다시 제자리로 돌아온 듯 보인다. 이것이 마지막인가? 다른 가능성은 더 이상 존재하지 않는가? 이 최후의 질문에 대한 짤막한 대답과 더불어, 이제 슬픔에서 시작된 우리의 여정을 마무리해야 할 차례다.

6.
디오니소스적 긍정에서
케노시스적 긍정으로

예술가 형이상학을 통해 제시된 니체의 기획이 비극적 슬픔을 위한 해결방안이 될 수 없다면, 이제 우리에게 삶과 세계를 긍정할 더 이상의 대안은 없는 것인가? 이렇게 묻는 것은, 비극적 슬픔에 직면한 인간이 그 슬픔을 건강한 방식으로 넘어서는 방법, 아니 그 슬픔 이후의 삶과 세계를 긍정하는 방법은 과연 없는가라고 묻는 것이다. 나는 니체적 의미에서의 도덕주의적 기독교가 아니라 케노시스[76]의 기독론 속에서 그 대안적 가능성을 찾는다. 신의 아들이 이성의 이념과 부합하지 못하는 비참한 현실을 자기 삶의 일부로—아니 완전한 이념으로서의 자기 존재의 일부로—

삼아 세계의 역사를 자신과의 합일을 향해 운동하는 열린 과정으로 고양시킴으로써, 케노시스의 신학은 인간의 비극적 운명을 정면으로 돌파하는 길이 무엇인지를 예시해주고 있기 때문이다.

말하자면 이런 것이다. 플라톤의 이데아적 신성은 자신의 완전성에 부합하지 못하는 세계의 현실을 불완전한 모사로, 그리하여 비극 속의 현실처럼 부정과 폐기의 대상으로 내몬다. 이러한 대립구도 속에서, 이념은 세계와 적대관계에 서게 되고, 세계는 무가치하고 무의미한, 그래서 폄하되고 거부되어야 할 그 무엇으로 전락한다. 그러나 성육신을 이야기하는 기독교의 신은, 이 불완전하고 비참한 세계를 위해, 그러니까 이 세계를 있는 그대로 긍정하기 위해 불가능한 세계의 변화를 강요하는 것이 아니라, 자신이 변화하는 것을 선택함으로써 자신의 완전한 신성을 포기하고 세계가 감당해야 할 고통을 자신의 몫으로 돌린다. 신이 육체를 입고 인간이 되었다는 저 케노시스의 형이상학은 그렇게 탄생한다. 세계에 대한 긍정의 주체를 불완전한 인간이 아니라 (이성이념을 대변하는) 완전한 신으로 대체하는 이 코페르니쿠스적 전회 속에서, 화육의 주체, 곧 육화된 이념은 이념에 의해 거부당했던 세계를 자기 존재의 일부로 수용한다. 이로써 세계는 이념에 부응함으로써 완전하게 되었기 때문이 아니라, 불완전한 상태임에도 불구하고 추한 모습 그대로 초월적 신성 혹은 이념에 의해 적극적으로 용인된다.[77]

청의의 사상에 함축된 이 인카네이션의 신비는, 그러나 불의한 세계, 비윤리적 현실, 곧 이념과 부합하지 못하는 인간의 삶과 자연을 있는 그대로 긍정하고, 그로 인하여 이념이 이념이기를, 윤리가 윤리이기를 중단하는 것임을 말하는가? 아니다. 만약 그랬다면, 세계에 대한 무조건적 사랑을 위해 고통당했던, 그리고 결국 죽음에 이르렀던 저 케노시스의 신은 없었을 것이다. 가상이 이념이 되는 것이 아니라, 이념이 자기를 버리고 가상이 되는 이 기이한 신화적 형이상학의 사건 속에서, 신은 고통당하고, 끝내 죽음을 맞는다. 그러나 이 고통과 죽음을 통하여, 그는 사랑할 수 있는 아름다운 대상을 사랑한 것이 아니라, 사랑할 수 없는 추한 대상을 사랑함으로써 그의 사랑이 무조건적이고 불가능한 이념의 성취임을 입증한 셈이다. 자신의 모든 것을 걸고 사랑할 수 없는 것을 사랑했던 그의 형이상학적 모험은, 결국 그를 참된 신으로, 그러니까 세계를 죽이고 멸망시키는 비정한 플라톤적 이념으로서의 신이 아니라, 현실과 이념의 불일치로 인한 고통과 비극적 슬픔을 세계의 것이 아닌 자신의 것으로 수납함으로써 스스로가 관념에 불과한 이념이 아니라 살아 있는 이념이자 영원한 생명의 원천임을 입증하는 것으로 막을 내렸던 것이다. 이 이념의 부활을 가능하게 하는 자기헌신의 역설을 통해, 그는 그가 약속한 미래의 세계, 곧 이념과 일치를 이루는 신성한 현실의 도래를 향해 이 세계가 운동하도록 하는, 그럼으로써 신의 나라를 이념으로 삼아 이 세계의 고통스러운 현실에 저항하고 실천하는 역사의식의 토대를 마련하기에 이른다. 그 이념이란, 이 세계의 고통스러운 현실, 초라한 실존의 비극을 있는 그대로 사랑하고, 그 추한 현실을 위해 기꺼이 죽었던 저 '인간이 된 신'처럼, 이 현실의 변화를 요구하기 전에 자기 자신의 전부를 내어주고 죽음으로써 이 세상을 추하고도 아름다운 역설의 공간으로 변용시키는 것이다.

그 어떤 역사적 현실도 그 자체로 신성의 이념을 고스란히 구현해내지는 못한다. 그런 한에서, 우리는 세계와 역사가 신성한 이념의 약속된 미래를 향해 나아가는 기다림과 실천의 형태로만 존재할 수 있을 뿐이라고 고백해야 할지도 모른다.[78] 만약 그렇다면, 케노시스의 철학을 통해 주어진 역설적 가능성에도 불구하고, 지상에 인류가 존재하는 한 우리가 아는 비극적 슬픔은 끝없이 계속될지 모른다. 그러나 신성으로부터 아득히 격리된 누추하고 남루한 세계를 있는 그대로 수용함으로써 비극적 슬픔을 넘어서는 불가능한 가능성을 예증했던 저 케노시스의 신비를 우리가 배울 수 있다면, 그리하여 비천하면서도 숭고한 존재로 부활한 우리 인간이 존재의 무의미와 비참에 대항하는 신성한 이념의 대리인으로 살아갈 수만 있다면, 그러한 삶의 순간 속에서 우리의 슬픔은 슬픔 이후의 가능성을 어쩌면 보게 될 수도 있을 것이다.

III

외로움에 관하여

사랑은 인간의 운명이고, 관계는
그 운명의 필연적 형식이다.
운명으로서의 사랑과 운명으로서의
관계가 확증의 문제는 아닐지
모르지만, 우리가 일상적으로 느끼는
외로움의 감정은 이 낭만적인
존재론적 예감의 일리를 확인시켜줄
중요한 단서처럼 보인다.
외로움은 마치 저 존재론적 운명에서
비롯되는 자연발생적 증상이자,
그 운명에 관하여 누구도 억누를 수
없는 증언처럼 발현하기 때문이다.

1.
관계 없는
존재는 없다

인간은 모두 외롭다. 인간이 모두 외롭다는 것은, 인간이 모두 죽는다는 사실만큼이나 보편적 진실이다. 이 감정 앞에서 나는 두 가지를 묻는다. 첫째, 무엇 때문에 인간은 외로운가? 둘째, 외로움의 철학적 의미는 무엇인가? 미리 말하자면, 나의 대답은 이렇다. 관계 없이는 존재도 없으며, 외로움은 이러한 근원적 사실에서 비롯되는 하나의 존재론적 증상이다. 이것을 외로움의 존재론, 혹은 외로움의 형이상학이라 부르자.

어디서부터 이야기를 시작하면 좋은가. '인간은 사회적 동물'이라는 아리스토텔레스의 선언이, 어쩌면 외로움에 관한 예의 두 가지 물음을 철학적으로 해명해내는 데 중요한 단서가 되어줄지 모른다. 그런데 저 마케도니아의 현자는, 대체 무슨 이유로 그렇게 말했던 것인가? 그가 제시한 설명의 요지는 대략 이렇다. 성적 본능에 따른 이성 간의 자연적 교합을 위시하여, 인간은 삶을 위해 요구되는 다양한 필요를 충족시키기 위해 필연적으로 무리지어 살아가지 않으면 안 된다. 가정이든, 도시든, 국가든, 그 형태나 규모와 상관없이 무릇 사회적 공동체는 자연의 산물이며, 그런 의미에서 인간은 본성적으로 사회적 존재다. 이것이 아리스토텔레스가 말했던, 이른바 '사회적 동물'이라는 호명의 개요다.[1]

그러나 뜻밖에도, 플라톤에게서 비롯된[2] 이 정치철학적 신념을 그는 자신의 형이상학적 언술 속에서 부지중에 번복하게 된다. 요약하면 '그 자체로 존재하는 실체는 관계에 선행하며, 관계는 실체의 부가적 속성'[3]에 불과하다는 것이다. 그도 그럴 것이, 내가 그와 부자지간이라거나 그녀와 부부지간인 것은, 그 사이가 제아무리 긴밀한 것이라 할지라도 관계의 주체들이 독립된 개체로서 먼저 존재하고 난 후에야 비로소 가능한 일이기 때문이다. 그렇게 보자면, 이른바 실체[4]는 우선적으로 독립된 개별자이며, 관계는 거기에 부가되는 부가적 속성이라고 말해도 부인하기 어려워 보인다. 그렇다면 인간이 사회적 동물이라는 사실은 개체의 성립을 위해 요구되는 존재론적 필요조건이라기보다는, 개체의 성립 이후에 주어지는 추가적 사태인 셈이다.

그러나 관계의 주체인 실체가 완성된 형태로 앞서 주어지기 전에는 관계의 성립도 불가능할 것이라는 이 강고한 존재론적 통념의 이면에서, 관계는 뜻밖에도 개별적 주체를 앞질러 실체의 탄생을 위한 기반이나 토대로 기동하고 있는 듯 보인다. 생각해보라. 가장 가깝고 또 자명한 것처럼 보이는 '나'라는 실체[5]의 생성 경위를 되짚어보면, 그 실체의 탄생을 위해 우리는 우리의 부모로부터 먼저 그들 신체의 일부를 증여받아야 할 뿐 아니라, 수정에서 출산을 거쳐 어엿한 실체로 자라나기까지 성장의 전 과정에 걸쳐 생존에 필요한 온갖 것들을 공급받지 않으면 안 된다. 성장한 이후 명실상부한 실체로 거듭난 이후에도, 그 실체의 명맥을 유지해나가기 위해 우리는 끊임없이 공기와 물과 음식 같은 타자적 존재물들의 공여에 기대어 살아가야 하며, 죽음을 맞이한 이후에는 다시 자연에서 취한 모든 것들을

자연에 돌려주고 우리도 자연의 일부로 돌아가야만 한다.[6]
"모두가 함께, 더불어 존재하기 위한 이 거대하고 공평한
존재의 교환"[7]을 생각하노라면, 관계는 주체가 먼저 있고
난 뒤에 성립되는 것이 아니라 주체의 성립을 위한 토대로
먼저 있어야 한다고 말하는 것이 더 적절해 보인다.

　　이러한 사실은 물리적 차원에서뿐만 아니라 가장 근원
적인 존재론적 차원에서도 여전히 유효한 것으로 남는다.
모든 관계의 시작이자 중심인 듯 보이는, 관계의 구성적 담
지자요, 주체인 '나'라는 존재자 역시, 스스로 존재하는 것
이 아니라 존재 자체와의 관계를 통해서만 '나'일 수 있기
때문이다. 존재 자체는 나의 선행적 자의나 결의에 의해 제
약되지 않는다는 의미에서—즉 내 의지대로 처분될 수 없
다는 의미에서— 나의 타자다. 나는 내가 존재하고 싶다고
해서 존재할 수 없고, 내가 존재하기 싫다고 해서 (나의 것
으로 주어진) 존재를 폐기할 수 없다.[8] '나'라는 존재자의 존
재론적 토대인 존재 자체는, 그리하여 전적으로 나의 통제
능력을 벗어나 있다는 의미에서 나의 타자다. 그러나 그와
동시에, 이 타자가 바로 나 자신이다. 물론 이 타자로서의
존재 자체가 '나'일 수 있는 것은, 그 존재의 자기증여를 통

해서만 비로소 가능해지는 일이다. 애초에 '나'가 타자(로서의 근원적 존재 자체)로부터 말미암았기에, 참나(眞我)는 사사롭게 사유화된 주체가 아니라 사적 자아를 넘어 모두에게 자기를 공여하는 존재 자체로서의 나, 이를테면 범아와 같은 그 무엇이다. 이 나는 '나'라기보다는 존재 안에서 만물과 하나를 이룬 공아(公我/共我)요, 차라리 우리다. 이러한 의미에서 '나'는 근원적으로 이미 존재하는 모든 것들과 연대하고 있는, 그리하여 만물과 하나를 이루고 있는 그 무엇이다.[9]

사정이 그렇다면 관계는 아리스토텔레스의 생각과는 달리 이미 완성된 채로 주어지는 자기원인적 사태로서의 실체에 부가되는 부수적 요소가 아니라, 오히려 실체의 성립을 가능케 하는 구성적 계기이거나 존재자 일반의 고유한 존재양식에 더 가깝다.[10] 모든 존재가 관계 안에 있고 오직 관계를 통해서만 존재할 수 있다면, 그리하여—비록 존재하고 난 연후에야 이러저러한 관계를 맺을 수 있는 것이기도 할 테지만— 우리가 애초부터 관계 안에서만, 관계를 통해서만 자기 자신일 수 있다면, 이것은 지상의 모든 인류가 만성적으로 시달리는 보편감정으로서의 외로움과 그 어떤 필연적 연관이 있는 듯 보인다. 그런 한에서, 만약 '관계' 없이는 '존재'도 없는 것이라면, 외로움에 대한 성찰은 인간이라는 존재의, 아니 더 나아가 존재하는 것 전체의 내부구조를 존재론적으로 탐사하는 것을 의미하는 셈이다. 만약 인간이 유기적 통일체로서의 우주 안에, 이를테면 우주적 진화의 정점에서 탄생한 존재자라면, 그리고 인간을 비롯한 존재자 전체가 그와 더불어 일체를 이루며 거시적 차원에서 공생하고 있는 것이라면, 인간에게서 확인되는 근원적 존재양식으로서의 이 '관계'를 분석하는 것은, 인간뿐 아니라 존재자 전체로서의 세계를 더 깊이 이해하고 우리가 이 세계와 더불어 존재하는 본연의 방식을 근원적 형태로 드러내는 일이 될 테니 말이다.

이렇듯 외로움의 감정을 '관계가 존재의 구성적 계기'라는 사실 속에 담긴 철학적 함의를 규명하기 위한 들머리로 바라보면서, 우리는 다음의 세 가지 논제를 집중적으로 살핀다.

첫째, 인간에게서 확인되는 관계성이 물리적 차원을 넘어 본유적이고 필연적인 성격을 띠고 있음을 해명하기 위한 방편으로서, 외로움의 심리학적·존재론적 분석.

둘째, 외로움의 분석을 통해 확인되는 근원적 관계성의 존재론적 기원을 해명하기 위한 방편으로서, 에로스 신화에 관한 형이상학적 해석.

셋째, 인간의 존재가 하나의 시원적 사랑에서 비롯된 존재자 전체로서 세계의 완성이며, 그 시원적 사랑의 진정성을 드러내는 계기라는 사실을 논구하기 위한 방편으로서, 피그말리온 신화에 대한 존재론적 해석.

2.
외로움의
심리학적 분석과
그 존재론적 함의

사랑은 인간의 운명이고, 관계는 그 운명의 필연적 형식이다. 설령 그렇다고 한들, 미움과 증오가 사랑과 더불어 무성하게 번식하는 것이 인생인 마당에, 대관절 그 사실을 무엇으로 확증한단 말인가? 운명으로서의 사랑과 운명으로서의 관계가 확증의 문제는 아닐지 모르지만, 우리가 일상적으로 느끼는 외로움의 감정은 이 낭만적인 존재론적 예감의 일리를 확인시켜줄 중요한 단서처럼 보인다. 외로움은 마치 저 존재론적 운명에서 비롯되는 자연발생적 증상이자, 그 운명에 관하여 누구도 억누를 수 없는 증언처럼 발현하기 때문이다.

누구나 외로움을 느낀다. 기질과 성격, 혹은 상황에 따라 차이는 있겠지만,[11] 외로움이 인간에게 미치는 파급력은 예상을 훌쩍 뛰어넘는다. 사회신경과학자들의 연구에 따르면, 외로운 사람은 지방에서 열량을 섭취할 확률이 10% 더 높고, 스트레스 수치는 50%, 고혈압 발병률과 심장마비를 일으킬 확률이 각각 37%와 41%가 더 높으며, 친목단체 활동이 없는 성인의 사망률은 25%가 더 높다. 반면 사회적인 사람들의 신진대사율은 37%가 더 높고, 사고능력의 활성화 정도는 30%가 더 높으며, 염증억제력은 13%, 소득수준과 사회적 만족도는 각각 8%와 35%가 더 높다.[12] 이러한 현상이 발생하는 이유는, 사회적 유대를 갈망하는 인간의 유전적 경향이 세포 내부의 유전자 정보를 통해 흔히 호르몬이라 불리는 특정 단백질을 생산해내는 생물학적 메커니즘의 형태로 인간 안에 내재해 있기 때문이다. 예컨대 외로움은 코르티솔이나 에피네프린 같은 스트레스 호르몬 분비를 촉진하여 심혈관계를 손상시키기도 하고, 때론 세포에까지 영향을 미쳐 유전자 발현방식을 교란시킴으로써 면역력을 약화시키는 주범이 되기도 한다. 반대로 타인과의 우호적 대면이나 신체적 접촉은 옥시토신이나 세로토

닌과 같은 유익한 물질의 분비를 촉진시켜 신진대사를 활발하게 하고, 긍정적이고 적극적인 태도를 강화한다. 인간의 생물학적 토대에 각인되어 있는 이 뿌리 깊은 생명의 메커니즘으로 인해, 외로움을 느끼는 사람은 그렇지 않은 사람들보다 생활 속에서 더 많은 스트레스를 느끼게 되고, 급기야는 자기 조절 능력이나 자존감, 자기확신을 상실하게 됨으로써 삶의 질이 전반적으로 악화되는 상황에 직면한다.[13]

외로움의 영향력이 이토록 막강하다는 사실을 진화론적 관점에서 설명하는 학자들은, 외로움을 안정된 생존의 확보와 자기 유전자의 전파를 위한 생물학적 장치로 이해한다. 원시 인류가 무리로부터 소외되거나 자신의 보호자로부터 멀어지는 것은 매우 위험한 일이기 때문에, 신체적 고통이 신체의 안위를 도모하게 하는 장치가 되듯, 외로움도 무리로부터의 이탈이나 단절 상황을 부정적인 일로 경험함으로써 사회적 유대를 추구하게 하고, 끊어진 관계를 복원하도록 촉구하는 자극제가 된다는 것이다.[14] 이처럼 "함께 있을 때 안정감을 느끼고 외톨이가 될 때 불안감을 일으키는 유전자가 진화를 통해 살아남으면서 인간은 강한 유대감을 선호하는 성향을 지니게 되었다"(카치오포, 2013, 26)는 것이 외로움의 유래에 관한 그들의 소견이다.

다른 한편 심리학적 관점에서 외로움은 "개인의 사회적 관계망이 양적이나 질적으로 그 개인이 기대하는 것보다 부족할 때 발생하는 불유쾌한 경험"[15]으로 정의된다. 여러 학자들을 통해 외로움의 종류와 형태, 구성요인에 관한 이런저런 설명들이 제시돼 있지만,[16] 모든 외로움에는 그 정의가 말해주는 것처럼 다음의 세 가지 공통점이 존재한다. 첫째, 외로움은 한 개인이 필요로 하거나 원하는 사회적 관계와 실제적인 사회적 관계의 불일치로 인해, 즉 사회적 관계의 부족이나 결핍으로 인해 발생한다. 둘째, 외로움은 주관적 감정으로, 객관적인 사회적 격리 내지 고립과 일치하지는 않는다. 따라서 혼자 있어도 외롭지 않을 수 있고, 많은 사람들과의 관계 속에서도 외로울 수 있다. 셋째, 외로움은 고통스럽고 유쾌하지 못한 정서적 경험이다.[17]

진화론적·심리학적 관점에서 간략히 살펴본 외로움의 도해로부터, 우리가 이 장의 논의 주제와 관련하여 주목해야 할 것은 무엇인가? 외로움과 관련하여 심리학이 미처 말하지 못한 철학적 사실들이 있다면 그것은 무엇인가? 이 물음에 대답함으로써 우리가 먼저 해야 할 일은, 아마도 인간의 존재에 내재해 있는 관계성이 그저 원활한 생존의 도모를 위해 진화의 과정에서 형성된 생물학적 생존 메커니즘에 불과한 것은 아니라는 사실을 해명하는 것이다. 그와 아울러, 이른바 관계성이 후천적으로 습득된 우연적 특성이나 부가적 속성에 그치는 것이 아닐 뿐 아니라, 인간의 존재를 위한 선험적이면서도 불가결한 구성적 계기임을 밝히는 것이 또 다른 과업이다.

외로움은 그 어떤 부재에 대한 직관이자 부재를 통해 자기를 알려오는 그 무언가, 누군가에 대한 결핍감, 혹은 부재의 대상이 나에게 불가결한 존재라는 사실로 인해 야기되는 필연적 갈망이자 그리움의 감정이다. 따라서 인간이 외로움을 느낄 때, 그 외로움은 언제나 그 무언가로 인한, 혹은 그 누군가로 인한 외로움이다. 그러나 우리는 언제 외로운가? 누구도, 애지중지하던 물건을 잃어버렸거나, 심지어 꼭 필요한 물건이 없어졌다고 해서 외로움을 느끼지는 않는다. 필요한 물건이 없을 때 인간이 느끼는 감정은 외로움이 아니라 기껏해야 아쉬움이거나, 필요를 충족시킬 수 없어 느끼게 되는 당혹감이나 한갓된 욕구불만이다. 외로움을 유발하는 부재의 대상 혹은 타자들의 공통점은 오히려 다른 곳에 존재한다. 외로움은 그 어떤 필요를 위해 사용되는 수단적 존재들의 유용성이 아니라, 자기목적적인 방식으로 소통과 관계맺음이 가능한 인격적 존재자의 부재가 유발하는 결핍감이다. 외로움은 물상적 대상의 부재가 아니라 소통 가능한 인격적 존재의 부재나 결핍으로 인해 유발되는 그리움의 감정이라는 것,[18] 이것을 외로움의 제1법칙이라 부르자.

외로움이 이는 것은, 그 어떤 (특정한) 타자를 향해 열려 있는 존재론적 개방성 때문이다. 바위는 외롭지 않고, 나무도 외로움을 느끼지 않는다. 먼저 타자를 향해 열려 있을 때, 외로움도 느낄 수 있는 것이다. 이 개방성을 매개하는 것이 마음이라면, 관계란 결국 마음으로부터 발생하는 것이다. 생각해보라. 마음 없는 '관계'[19]를 생각이라도 할 수 있는지. 돌무더기가 한데 뭉쳐 있고, 코스모스가 한데 피어 있다 해서 그 무심한 관계를 우리가 관계라고 부르는지를. 사이가 좋거나 나쁘려면 먼저 마음이 있어야 하는 것이다.

그러니 관계란 무엇인가? 관계란 마음의 주고받음이다.[20] 이 마음의 교환이 곧 소통이라면, 관계는 결국 마음

안에서 명멸하는 의미의 넘나듦을 통해 실현되는 존재의 교류인 셈이다. 외로움이 '소통 가능한 인격적 존재의 부재로 인해 유발되는 그리움의 감정'이라는 사실은, 거꾸로 그 외로움이 상기시키는 필연적 관계성의 본질이 소통에 있음을 우회적으로 증언한다. 고로 인간이 관계적 존재라고 말하는 것은, 인간이 소통적 존재라고 말하는 것과 동일한 것이다. 주변 사람들과 전혀 말이 통하지 않거나 누구도 내 마음을 알아주지 않는다는 기분이 들 때 알 수 있는 것처럼, 외로움은 소통의 곤란이나 부재로 인해 발생하는 감정이다. 그러한 이유에서, 외로움을 느끼는 존재로서의 인간은 무엇보다 소통적 존재다. 나아가 소통을 의미의 교환이라고 할 수 있다면, 인간은 의미의 교환이 가능한 방식으로 타자와 세계를 향해 열려 있는 존재인 셈이다. 이러한 존재 양식을 가능하게 하는 결정적 계기가 곧 마음이며, 관계란 결국 이 '마음'의 주고받음이다.[21] 그러한 한에서 인간은 관계적 존재일 뿐만 아니라, 처음부터—자기 밖의 타자에 대한 관여가 마음의 가장 본질적인 작용이라는 점에서— '타자와 더불어 자기 자신으로 있는' 존재, 곧 타자와의 공존을 '자기 자신으로 있음'의 구성적 계기로 포함하는 존재라는 의미에서 공존적 존재다. 이것을 외로움의 제2법칙이라고 부르자.

그러나 소통 가능한 타자와의 관계에 대한 요구가 충족되었다고 해서, 외로움의 문제가 전적으로 해소되는 것은 아니다. 당신이 몹시 외로울 때, 당신과 생각이나 가치관이 비슷하고, 관심분야도 일치하며, 생각할 수 있는 모든 주제에 관해 즐겨 대화하곤 했지만, 사소한 다툼 끝에 당신과는 원수지간이 된 사람과 함께 있다고 가정해보자. 만약 당신이 그와 먼저 화해하지 않는다면, 그와의 대화나 소통은 서로 간의 거리나 마음의 벽을 확인하는 일에 그칠 뿐 결코 외로움을 해소하는 데 도움이 되지는 못한다. 그러므로 인간의 존재를 규정하는 타자 개방성과 공존성은 맹목적이고 중립적인 개방성이나 형식적인 소통 가능성을 의미하는 것은 아니다. 오히려 그것은 특정한 질적 성향을 지닌 개방성, 곧 이타적이거나 호혜적인, 혹은 우호적인 성격을 띠고 있는 개방성을 뜻한다.[22] 타자와의 관계를 매개하는 결정적 계기로서의 마음이 타자를 향해 취하는 호의적 마음가짐, 곧 타자의 존재를 인정하고 존중하며 그의 마음을 자신의 마음 안에 기꺼이 받아들이려는 심적 태도를 동반하는 관계만이 외로움의 해소를 가능하게 한다는 것. 이것을 외로움의 제3법칙이라고 부르자.

이처럼 외로움의 안팎에서 확인되는 진실의 윤곽들에 의거할 때—즉, (1) 이성적 존재로서의 인간은 타자를 향해 소통 가능한 방식으로 개방돼 있고, (2) 그 타자는 내가 존재하는 데 불가결의 존재이며, (3) 그 존재와 나의 공존은 이타적이거나 호혜적인, 혹은 우호적인 것이어야 한다는 원리들에 의거할 때— '사랑은 인간의 운명이며 관계는 그 운명을 위한 필연적 형식'이라는 우리의 예감은 어느 정도 적중했다고 말해도 좋을 것이다. 이러한 잠정적 결론으로부터, 또한 우리는 외로움을 통해 확인된 '관계를 향한 인간의 뿌리 깊은 지향'이 심리학이나 생물학에서 이해하는 것처럼 그저 생존의 가능성을 극대화하기 위한 생물학적 메커니즘의 발현에 불과한 것이 아니라, 타자를 향해 열려 있고 의미의 교환을 추구하는 소통적 존재로서의 인간이 선험적이고 필연적인 방식으로 추구할 수밖에 없는 그 무엇을 향한—그러니까 생존을 위해 활용되는 도구적 존재가 아니라 자기목적적 존재로서의 인격적 타자와 맺게 되는 우호적 관계를 통해서만 실현될 수 있는 고유한 존재

양식을 향한— 본유적 갈망에서 비롯되는 것임을 어렴풋
이나마 확인한 셈이다.

3.
외로움의
심리학적·존재론적
분석을 위한 보론[23]

   그러나 앞서 제시한 외로움의 법칙들에 함축된 모든 요건들이 충족된다 해도, 예컨대 누군가와 사랑을 하면서도 인간의 실존적 단독성으로 인해 여전히 해소될 수 없는 외로움의 차원이 존재하는 것은 아닌지를 물을 수도 있을 것이다. 모든 외로움이 인간관계를 통해 해소될 수는 없다는 점에서, 물론 이러한 의문은 수긍할 만한 것이다. 나의 존재와 삶이 다른 그 누구에 의해서도 대체될 수 없는 독자적 경계를 갖는다는 것은, 관계의 조건인 동시에 한계이기도 하기 때문이다. 그러나 이러한 의문은—여기 제시된 외로움의 분석이 외로움을 달래기 위해 (특정한) 인간관계를 권장하는 데 있는 것이 아니라, 인간은 자기완결적 존재가 아니며 관계가 그 존재의 구성적 계기라는 사실을 적시하는 데 일차적 목적이 있다는 사실을 감안한다면— 이 자리에서 논의되고 있는 '관계'의 범위를 인간관계에 국한하여 이해하고 있기 때문에 발생하는 것이다. 이른바 외로움의 법칙들을 통해 환기하려는 '관계'는—표면적으로는 인간과의 관계가 중심에 놓여 있는 것처럼 보일지도 모르지만— 궁극적으로 인간관계뿐 아니라 존재 자체, 그리고 존재하는 것 전체와의 관계를 아우르는 근원적인 성격을 띠고 있는 것이다. 물론 우리는 그 어떤 인간관계를 통해서도 충족될 수 없는 도저한 외로움—그것을 외로움이라 부르든, 고독이라 부르든, 실존적 단독성이나 대체 불가능한 방식으로 전유된 존재의 독자적 주아성이라고 부르든 간에— 을 종종 느낀다. 그러나 그렇다고 하더라도 그 사실이 앞서 언급된 외로움의 철학적 함의를 근본적으로 무효화하지는 못한다. 달리 말해서, 인간과의 사랑이 외로움에 대한 최후의 해결책이 되지 못하는 경우에도 변함없이, 우리가 인간관계를 초월하는 다른 그 무엇과의 '관계'를 필요로 한다는 사실은 유효한 것으로 남는다. 우리는 그러한 외로움 속에서도 여전히 (혹은 한층 더 강렬하게) 그 어떤 타자를 향한 갈망을 느끼기 때문이다. 다만 해결되지 않은 채로 남아 있는 한 가지 문제는, 이 최후의 외로움을 해소해줄 관계의 상대자가—사랑하는 사람이나 그 밖의 다른 누군가가 아니라면— 대체 누구인가, 혹은 어떤 존재인가 하는 것이다.

만약 우리에게 문제 되는 외로움이 근본적으로는 실존적 단독성으로 인해 야기되고, 그리하여 인간의 사랑이 인간을 외로움으로부터 완전히 구원해줄 수 없기 때문에 발생하는 것이라면, 그것은 인간에게 내재해 있는, 인간적 가능성을 넘어선 그 어떤 초월적 관계를 향한 뿌리 깊은 욕망으로 인해 야기되는 일처럼 보인다. 이러한 차원에서 발생하는 외로움의 감정은 하이데거가 말했던 불안의 감정과 흡사한 것일 텐데, 불안이란 결국 자기 너머의 근원으로부터 와서 자기 자신의 것으로 주어져 있는 '존재'가, 전적으로 의미를 결여한 무의미의 사태, 곧 일상의 공간 속에서 만나게 되는 그 어떤 구체적 의미를 통해서도 설명될 수 없는 거대한 공허와도 같은 것임을 직관 내지 직감함으로써 느끼게 되는 형이상학적 감정이기 때문이다. 이렇게 보자면, 존재론적 단독성이란 자기 자신의 근원적 존재로 모습을 드러내는 이 거대한 무의미를 오로지 혼자의 힘으로 책임져야 하는 존재론적 운명이자, 이 운명 앞에 홀로 서야 하는 자신의 처지에 대한 직관으로부터 얻게 되는 속절없는 감정의 약호처럼 읽힌다. 이 근원적 외로움은 그럼에도 여전히 그러한 무의미의 사태를 해소해줄, '자기 너머의 그 어떤 타자'의 도래를 기다리는 갈망이자 그리움이며, 동시에 그 타자의 미지성과 예측불가능성으로 인해 유발되는 무력감이자 그의 부재로 인한 공허감일 것이다. 이 정체불명의 외로움을 달래기 위해 우리는— 대화를 나누거나, 술을 마시거나, 연애를 하는 식으로— 타인과의 관계에 집착하는 것이지만, 그런 식의 대안적 관계를 통해 저 실존적 외로움의 문제가 근본적으로 해소되지는 못한다.

그러니 이 근원적 외로움으로부터의 해방은 어떻게 가능한 것인가? 만약 근원적 외로움이 거대한 무의미로 모습을 드러내는 존재 자체의 본래적 성격에 있는 것이라면, 외로움의 극복은 이 무의미의 사태가 해소된 이후라야 비로소 가능할 것이다. 그러나 (타자로서의) 나의 존재가 외로움의 원천이자 무의미의 원천이라면—그리하여 그 존재와의 관계를 통해서만 나 자신일 수 있는 내가 외로운 것은 결국 이 존재와 맺고 있는 관계의 성격으로부터 유발되는 것이라면— 근원적 무의미의 해소는 나의 나 됨의 근거인 이 타자적 존재가 나에게 저 외로움의 3법칙을 충족시키는 방식으로 드러날 때에라야 비로소 가능하게 될 것이다. 즉, 근원적 외로움의 해소는 그 존재가 (1) '소통 가능한' 인격적 주체로서 나타나되,[24] (2) 근원적 무의미를 해소해줄 수 있는 '충만한 의미'로 다가오며, (3) 그 의미가 나에 대한 '우호적 태도'와 '호의적 개방성'을 동반할 때 비로소 가능해지는 것이다.

그러나 이미 그 자체로 구체적인 의미 이전의, 혹은 의미 너머의 사태인—따라서 더 이상 그 어떤 구체적이고 특정한 의미일 수 없는— 저 근원적 존재가 '우호적 태도'를 동반한 '소통 가능한', '충만한 의미'로 드러나기를 기대하는 것은 논리적 모순이 아닌가? 만약 이 모순을 넘어서서 존재가 우리의 외로움을 달래줄 최후의 의미로 드러날 수 있으려면, 그것은 의미가 아니면서 의미여야 하는 역설적 사태이지 않으면 안 된다. 그리고 그 역설의 사태는 설상가상으로 나에 대한 호의적 개방성을 동반하는 인격적 주체이기도 해야 하는 것이다.

이 난감한 자기모순의 사태는, 존재가 구체적인 의미를 통해 이러저러하게 설명됨으로써가 아니라 그 자체로 의미 있게 될 때, 즉 그것이 그 자체로—무조건적으로, 아무 설명이나 해명도 필요 없는 자명한 사태로— 긍정할 만하고 만족스러운 것으로 드러나게 될 때 비로소 가능해질 것이다. 우리의 근원적 존재는 언제 '그 자체로 만족스럽고 그 자체로 긍정할 만한 자명한 사태'로 드러나게 되는가? 유일한 가능성은 바로 이것이다. 그것은 타자로서의 존재—우리를 있게 하는 힘으로서 우리에게 증여된 그 존재—가 우리를 포함한 만물의 존재를 무한하게 가치 있는 존재로 만드는 무조건적 사랑으로 나타날 때다. 우리가 우리 자신의 본래적 존재를 있는 그대로 대면할 때, 그 존재는 가치론적으로 중립적인 하나의 시원적 사태에 지나지 않는다. 그리고 그러한 것으로서, 존재는, 나는 왜 없지 않고 있는가라는 물음에 대한 대답을 결여한 채—나의 동의나 공감을 수반하지 않은 채, 아니 그러한 동의나 공감을 일찌감치 앞질러 있기에— 의미 없는 사태로 거저 주어져 있는 알 수 없는 그 무엇이다. 이 존재의 무의미함, 본래적 자기가 그 근원적 존재의미로부터 소외돼 있는 자기소외의 감정이 의미의 결핍에 대한 직관으로서의 실존론적 외로움이라면, 이 근원적 외로움은 가치중립적 사태로서의 존재가 가치 있는 존재, 의미가 충만한 존재로 거듭나게 될 때 비로소 해소되기에 이른다. 존재를 가치 있게 만드는 힘이 '의미'라면, 존재를 무조건적으로 가치 있게 만드는 힘은 대관절 어디에서 오는가? 존재의 무조건적 의미는, 이를테면, 아무런 의미도 말할 수 없는 존재의 시원적 사태를 있는 그 자체로 긍정할 수 있도록 하는— 그리하여 의미 있는 사태가 되게 하는— 무조건적 시선에서 온다. 우리 자신이 무의미하고 보잘것없는 경험을 하고 있을 때에도 우리를 의미 있고 가치 있는 존재로 머물러 있게 하는 힘은, 우리 곁에 있는 사랑하는 사람들의 시선— 우리를 낳고 길러낸 우리의 선량한 부모나, 우리의 친한 친구들과, 사랑하는 연인들에게서 경험하는 그런 시선— 이다. 그러나 인간의 시선이 우리의 근원적 존재를 남김없이 아우르지는 못하는 까닭에, 우리의 존재를 그 자체로 가치 있게 만드는 힘은 그들 모두를 넘어서 있으면서 그들 모두를 있게 한, 자애로운 마음으로 모든 만물을 그 자체로 긍정하고 존재의 공간으로 불러낸 그 어떤 초월자의 시선과 그 시선에 담긴 무조건적 사랑이 아니면 안 된다. 오직 그 사랑만이 사람이 어찌할 수 없는 무의미의 심연에서 피어오르는 저 외로움의 감정에서 우리를 건져낼 최후의 가능성이 될 것이다.

그러니 모든 존재의 외로움은 태초에 모든 것을 있게 한 무조건적 사랑을 통해서만, 그 사랑과의 '관계'[25] 안에서만 마침내 그가 찾던 최후의 안식을 얻게 될 것이다. 그런 한에서 실존론적 단독성이란 관계로부터의 단절이나 탈관계적 사태의 가능성을 증언하는 계기라기보다는, 오히려 저 초월적 근원과의 질적으로 새로운 심층적 관계 속에서만 실현될 존재론적 가능성을 환기하는 계기일 뿐이다.[26]

4.
사랑,
존재의 기원

외로움의 분석을 통해 시도된 존재론적 관계성의 확인은, 그러나 관계가 실체의 구성적 계기라고 믿는 이 글의 입장을 존재론적으로 뒷받침하기에 아직 충분한 것은 아니다. 그러므로 그러한 관계성이 궁극적으로 어디에서 유래하고, 과연 관계가 실체의 필요조건이라는 믿음이 가당키는 한 것인지, 이 근원적 의문들에 관한 최소한의 존재론적 해명이 주어지지 않으면 안 된다. 이를 위한 방편으로 이 글이 채택한 것은, 예고한 대로 에로스 신화를 철학적으로 들여다보는 일이다.

우리가 예의 관계성을 존재론적으로 해명하기 위하여 굳

이 신화에 의탁하려는 것은, 명시적으로 그 안에서 에로스가 존재의 기원으로 지목되고 있기 때문만은 아니다. '신들의 계보, 우주의 발생, 인류의 탄생'에 관해 이야기하는 신화의 서사는 '현상의 배후에 숨어 있는 초월적 실재'[27]를 따져 묻는 철학의 과업을 직관적으로 선취함으로써, 그 허무맹랑한 신화적 진술의 외피에도 불구하고 상징언어의 힘을 통해 이 글의 주제에 관한 일단의 통찰을 허락해주고 있기 때문이다.[28] 그러나 신화 속에서 검출해낼 수 있는 '종교적 사유와 철학적 성찰의 친자관계'(베르낭, 2005, 435)를 선선히 용인한다 해도, 우리가 의도하는 것은 신화의 자기완결적 신념으로부터 교리적으로 선언되는 미신적 사유의 맹목적 계승이나 그것의 기계적 반복은 아니다. 오히려 우리가 해야 할 일은, 신화가 선취했던 세계와 존재와 삶에 대한 근원적 문제의식을 그 시대착오적 언술 속에서 건져 올려 이성의 보편적 유산으로 승화시키는 일이다. 하여 신화의 사유소를 해석해내는 것은 그 직관적 사유 안에 담긴 형이상학적 통찰을 합리적인 이성의 언어로 재진술하는 것일 뿐 아니라, 우리의 삶과 세계를 둘러싼 철학의 근본물음을 기성 이론의 권위에 기대 해소하는 것이 아니라, 그 근본물음을 주체적이고 능동적으로 재연함으로써 존재의 근원에 이르는 철학 본연의 가능성을 몸소 실천하는 일이다.

에로스 신화의 형이상학적 해석

가이아

외로움의 분석을 통해 확인되는 근원적 관계성의 존재론적 기원을 해명하기 위해 우리에게 부과된 두 번째 논제는, 그리하여 에로스(사랑)가 어떻게 모든 만물의 기원이 되(었)는가다. 《향연》에 따르면, 에로스는 신들 가운데서도 가장 오래된 신이다.[29] 그러나 에로스에 관해 헤시오도스는 《신들의 계보》에서 다음과 같은 이야기를 우리에게 들려준다.

"맨 처음 생긴 것은 카오스고, / 그다음이 눈 덮인 올륌포스의 봉우리들에 사시는 모든 불사신들의 / 영원토록 안전한 거처인 넓은 가슴의 가이아와 / 불사신들 가운데 가장 잘생긴 에로스였으니, / 사지를 나른하게 하는 에로스는 모든 신들과 인간들의 가슴속에서 이성과 의도를 제압한다."[30]

카오스 및 가이아와의 관계를 어떻게 해석해야 하는지
가 문제로 남지만, 신화 속에서 에로스는 과연 가이아와 더
불어 등장하는 가장 오래된 신으로 소개된다. 카오스와 가
이아, 에로스로 이어지는 이 호방하고도 간결한 형이상학
적 서사에 그 어떤 학문적 필연성을 부여하려는 것은 어리
석은 일일 테지만—편의상 태초에 열린 원초적 공간으로
서의 카오스[31]를 거대하고 유장한 생성의 드라마를 위해
마련된 무대로 이해해도 좋다면— 관계성의 존재론적 기
원에 대한 철학적 해명을 위해 물어야 할 것은 대략 다음의
두 가지로 보인다.

첫째, 카오스가 존재의 생성을 위한 시원적 토대로서 개
방된 이후 만물의 생성을 위한 직접적 원천이 된 것이 가
이아라면, '영원토록 안전한 거처인 넓은 가슴의 가이아'는
존재론적으로 무엇을 말하는가?

둘째, 가이아와 더불어 나타난 불사신 에로스가 '모든 신
들과 인간들의 가슴속에서 이성과 의도를 제압한다'는 것
은 무엇을 말하는가?

먼저 해야 할 일은 가이아의 존재론적 의미에 대한 해명이다. 그러나 이러한 해명은, 알다시피 신화 속 등장인물로서 가이아의 정체를 신화의 내용에 따라 정합적으로 설명해내는 것을 목적으로 하는 것은 아니다. 오히려 그것은 신화적 서사 내에서 부지불식간에 형이상학적 실체로 격상된 가이아에 담긴 철학적 함축을, 오직 선험적 논리에 의탁하여 관계성의 존재론적 해명을 위해 재구성하려는 것이다. 이렇게 보자면, 우리의 논제와 관련하여 가이아의 존재론적 위상을 말해주는 결정적 사안은 다음과 같은 것이다. 즉, 가이아는 다른 모든 것들의 원인이 되지만, 가이아 자신은—카오스를 논외로 할 때— 다른 그 어떤 선행적 원인에 의해서도 제약되지 않는다는 것이다. 이러한 사실은 다음의 두 가지 사실을 함축한다. 첫째, 존재하는 모든 것들의 (존재) 원인은 되지만 다른 선행적 원인에 의해서는 제약되지 않는다는 점에서, 가이아는 있는 것들의 있음을 매개하는 그 무엇이며, 그러한 한에서 존재하는 것들을 존재하게 하는 힘, 곧 존재 자체에 육박하는 그 무엇이다.[32] 달리 말해 아무것도 존재하지 않을 때 이미 있었던 것이라는 점에서, 가이아는 존재 그 자체, 존재자를 넘어서 있는 순수한 있음의 사태(로서 무와 다름없는 그 무엇)이다. 권태나 불안 속에서 존재하는 모든 것들이 침몰하고 난 후에 모습을 드러내는, 하이데거의 저 '무화하는 무'[33]처럼, 가이아는 이 무로서의 존재, 혹은 모든 있는 것들의 있음을 가능하게 하는 있음 그 자체다.

둘째, 그러한 한에서 가이아는 자기원인적이고, 그러한 한에서 근원적 실체다. 스피노자는 실체를 '그 자체로 존재하고 자기 자신을 통해 파악되는 것'으로 정의하고, 자기원 인적인 것을 '그 본질이 존재를 포함하거나 본성상 존재하는 것으로 파악되는 그 무엇'[34]이라고 규정했다. 그가 정의한 대로라면, 순수한 있음으로서의 가이아는 가장 근원적 의미에서의 '실체'다. 이유인즉, 아무것도 존재하지 않을 때조차 가이아는—마치 무와 같은 그 무엇으로, 곧 존재 자체로— 이미 있기 때문이다. 무는 생각할 수조차 없어 정말 없거나, 우리가 그 무를 생각할 수 있는 한 구체적 존재자를 초월하는 그 무엇으로 있거나다. 그러나 무가 정말 없다면 그것은 말 그대로 없는 것이기에, 우리가 무를 (무로서) 생각할 수 있다면 그 무는—친부살해를 감행했던 플라톤의 주장처럼[35]— 어떤 식으로든 있는 것이다. 만약 이 무가 아무것도 없을 때조차 있는 유일한 것이라면, 무는 스스로 있는 자기원인적 사태일 것이다. 어떤 것이 존재한다면, 그것은 무로부터 유래하거나 유로부터 유래하거나 둘 중 하나다. 그러나 아무것도 없을 때 무가 그 어떤 있는 것으로부터 유래할 수는 없는 까닭에, 무는 결국 자기 자신으로부터 유래할 수밖에 없기 때문이다. 그리하여 무는 자기원인적으로, 요컨대 스스로 있는 것이다. 하여 무는 필연적으로 있고, 그런 한에서 스피노자의 말처럼 존재를 자신의 본질 안에 필함하는 셈이다. 무는 곧 존재고, 그리하여 영원한 존재며, 모든 있는 것들의 어머니이자 존재하는 모든 것들의 기원이다. 이것이 첫 번째 질문에 대한 대답의 대강이다.

그러나 이러한 해명과 더불어 또 한 가지 의문이 불가피해진다. 무가 아무것도 없을 때조차 있는 그 무엇이라 해도, 한 걸음 더 나아가 만약 우리가 생각조차 할 수 없는 무 이전의 사태를 (구체적으로 표상할 수는 없더라도) 논리적으로 가정할 수 있다면, 무는 어떻게 그 절대적 사태에서 무로, 곧 존재 자체로 전화하거나 정립될 수 있었던 것인가? 다시 말해 무의 자기원인성이 스스로의 존재를 스스로 정립할 수 있음을 의미한다면, 이러한 자기원인성은 어떻게 가능한 것인가? 이것이 문제 되는 이유는, '스스로를 정립하기 위하여' 무는 무가 되기─즉, 무'로서' 자기를 정립하기─ 이전에 아직 존재할 수 없는 상황에서 이미 존재하는 그 무엇이어야 하기 때문이다. 그러나 무가 무로서─곧 존재로서─ 정립되기 이전에 그것은 이미 존재하는 그 무엇일 수 없다. 만약 그렇다면 그는 자기 자신을 스스로(즉, 자기원인적으로) 정립하기 전에 이미 있었던 것이고, 그렇다면 그는 스스로 자기 자신을 정립한 것이 아니라─그가 '스스로' 정립하기 이전이므로─ 그 이외의 다른 그 무엇에 의해 정립된 것일 수밖에 없기 때문이다. 그러나 또 한편으로 자기원인적 무가 자기 자신을 존재로 정립할 수 있어야만 한다면, 무는 스스로를 정립할 수 있기 위하여 먼저 어떤 식으로든 있지 않으면 안 된다. 만약 없다면, 전적으로 없는 그 무엇이 자기 자신을 존재로 정립하는 것은 논리적으로 불가능할 것이다.

따라서 자존적 존재는 상호모순적인 다음의 두 가지 요건을 충족시키지 않으면 안 된다. 첫째, 자신의 존재 여부까지도 스스로 결정할 수 있는 존재론적 가능성을 보유하고 있을 것. 스스로 존재하기 위해, 자존적 존재는 그러니까 존재 이전의 사태까지도 아우르는 자기초월적 가능성이나 잠재력을 지녀야만 한다. 그렇지 않으면 그것은, 이미 언급한 대로 자신의 존재를 몸소 정립하기도 전에 이미 존재하고 있을 것이며, 만약 '스스로' 자신의 존재를 실현하기도 전에 이미 존재하고 있다면, 그 존재는 자기원인적인 것이 아니라 자기 이외의, 이전의 그 어떤 외래적 요인에 의해 제약된 결과적 사태에 불과할 것이기 때문이다. 따라서 자기원인적 존재는 무조차도 초월해 있는 절대적 가능태나 그에 준하는 그 무엇이어야 한다. 즉, 그것은 —마치 노자가 말했던, 도라고 말할 수조차 없는 도, 곧 상도(常道)[36]처럼— 그 무엇으로도 이름할 수 없는 그 무엇이다. 둘째, 첫 번째 요건의 논리적 결과로서, 존재와 무 이전의 초월적 사태로부터 스스로의 존재 여부를 능동적으로 결단하고, 존재 이전의 규정할 수 없는 사태로부터 존재의 사태로 직접적 전이를 스스로 촉발할 수 있는 운동능력 혹은 행위능력(으로서의 자유)을 지니고 있을 것. 만약 자기원인적 존재가 자신의 존재를 스스로 촉발할 수 있다면, 그것은 (스스로) 존재하기 (시작하기) 위하여(to begin to be by itself)―즉, 자기 존재를 스스로 개시하기 위하여― '존재'라는 '행위'의 '주체'로서 먼저 있지 않으면 안 된다. 이미 설명한 대로, 그러나 그것이 존재를 개시하기 이전에 이미 있다면, 그것은 자기원인적 있음이 아니라 주체적 결단 이전에 결정된 존재론적 사태가 될 것이며, 그로 인하여 그의 자기원인성은 무효화될 것이다. 이러한 모순을 해소하기 위해 자기원인적 존재는 존재하기 이전에 있어서도 안 되고 없어서도 안 되며, (행위의 주체로서) 행위 능력을 지니고 있어야 하는 동시에 아직 (가장 시원적 행위인 '존재함' 이전의 어떤 행위도 생각할 수 없다는 의미에서) 그 어떤 행위도 수행하거나 수행할 수 있는 주체여서도 안 된다. 결국 이 역설적 요구가 자존적 존재의 가능성을 위해 충족되어야 하는 두 번째 요건의 핵심이다. 이러한 모순을 해결하는 동시에 앞서 언급된 자존적 존재의 첫 번째 요구를 아울러 충족시키는 것은 어떻게 가능할 것인가?

이러한 요구를 충족시키는 유일한 대답은 그것이 (무심한) '마음'이라는 것이다. 왜 마음인가? 두 가지 이유에서다. 첫 번째 이유는, 마음이 '스스로' 운동하는 주체의 성립을 위해 요구되는 가장 본질적이고 결정적인 계기이기 때문이다. 운동이 상태의 변화를 의미하고 생성과 소멸이 존재가 겪어야 하는 가장 근원적인 상태의 변화라면, 그리고 그 운동이 타자에 의해서가 아니라 운동의 주체에 의해 자발적으로 개시된 것이라면, 그 운동은 그러한 변화를—그것이 무에서 유로의 전화로서의 생성이든, 상태의 변화로서의 운동이든— 능동적이고 주체적으로 개시하거나 촉발한 주체의 존재를 필연적으로 함축한다.[37] 존재(있음, 곧 being)는 가장 시원적인 행위이자 운동이다. 고로 자기원인적 존재가 스스로 존재하는 존재(자)라면, 그리고 '존재'(있음)가 하나의 근원적 행위라면, 이 행위는 이 행위를 능동적이고 적극적으로 개시할 수 있는 '주체'를 필연적 조건으로 요구한다.

문제는 대관절 '주체'가 무엇인가다. 그것은 물리적으로 독립된 개체를 말하는가? 아니다. 앞에서 설명한 것처럼,[38] 특정한 물리적 존재자가 자기가 되는 것은 그 몸을 자기 자신의 것으로 배타적으로 점유하고 통제할 수 있는 의식이 그 몸과 함께 주어질 때 비로소 가능한 일이 된다. 요컨대 주체는 물리적 기체에 의해서가 아니라, 자신의 존재를 자신의 것으로 전유할 수 있는 정신에 의해 비로소 구현된다.

하물며 그 어떤 구체적 존재자일 수 없는 자기원인적 존재의 경우라면,—운동 능력 혹은 행위 능력을 지닌 주체로서의 자기는 오직 정신에 의해서만 실현된다는 이유에서—그것은 자기직관을 통해 자신의 존재를 자신의 것으로 전유하는 정신이어야만 한다.

바로. 이것이 자존적 존재가 정신인 두 번째 이유다. 하이데거의 현존재가 자기 자신의 존재에 접근 가능한 방식으로 열리게 된 결정적 계기가 정신인 것처럼, 자기의 존재를 직접적으로 매개하는 유일한 가능성은 정신의 자기직관이다. 무 이전의 절대적인 미규정적 사태(이것을 절대무라고 하자)에서 순수한 존재 사태로서의 무로 옮아가는 것이 자기원인적 존재의 핵심이라면, 절대적인 미규정적 사태로서 (무)[39]가 '무'가 되는 것은 전적 미지의 상태에서 깨어나 자기동일한 것으로 정립되는 사건, 곧 '무'로서 있게 되는 사건을 의미할 뿐이다. 이러한 있음은 무를 자신 이외의 가능한 다른 모든 것—그것이 무엇이든!—과 구별 짓는 의미론적 확정의 사건이다. 그 무엇이 자기동일한 것으로 정립되기 위해서는, 먼저 그것—(무)—이 '그것'으로 확정되어야 하고, 그 확정은 오직 정신에 의한 인식론적 활동에 의해서만 가능하기 때문이다. 아울러 그러한 자기 동일성의 확인은 자기동일한 것으로 확인될 그 무엇의 존재를 아울러 전제한다. 그리하여 자기원인적 존재에게서는 인식과 존재가 하나의 사건이 된다. 달리 말해서 (무)가 '무'일 수 있으려면[in oder that (absolute) nothing can be the 'nothing'], 무가 무일 수 있는 근거로서의 존재와, 무가 무로서 드러날 수 있는 근거로서 사유의 개입이 요구된다. 인식론적 파악이 존재론적 정립이 되는 이 사건, 존재의 순수한 직관이자 근원적 사유를 통해 드러난 순수한 존재. 마치 정신을 잃었던 상태에서 깨어난 사람이 자기를 되찾듯, 그 무엇으로 규정할 수 없는 절대적 사태이자 존재의 시원으로서의 정신이 자기 자신에 대한 직관에 의해 자기로서(곧 정신으로서) 존재하게 되는 사건. 자기의 것으로 주어져 있는 것을 명시적으로 자기화함으로써, 비로소 인식론적으로만이 아니라 존재론적으로도 자기가 되는 사태. 그렇게 자신의 것으로 주어져 있는 존재를 자신의 것으로 (명시적으로) 전유하는 계기가 정신이기에, 자존적 존재는 그 자체로 정신인 셈이다. 그가 (무)를 무'로' 파악할 때, 그리하여 자기 자신을 자기 자신으로 인식할 때—그리하여 그 (무)

라는 자신의 본체가 자신의 것임을 명시적으로 파악하여 그것을 자신의 것으로 전유할 때— 사유와 존재의 순수한 이 합일을 통해 (무)는 '무'가 되고, 무가 됨으로써—혹은 자기 자신이 됨으로써— 곧 존재가 되는 것이다.

그러나 이로써 한 가지 심각한 문제가 발생하게 된다. 이제까지 서술된 내용의 논리적 가능성을 인정하더라도, 실제로 존재와 무를 초월한 미규정적 상태로부터 어떻게 아무것도 아닌 그 무엇이 존재(행위)를 개시할 수 있는가? 이 절대적 사태를 정신이라고 말하는 것 자체가 이미 전적으로 규정할 수 없는 도를 도라고 규정하는 것과 마찬가지로 자기모순적인 일이 아닌가? 그러나 이미 살펴본 것처럼 무가 자기 자신의 원인이자 결과라면 자기직관을 통해 존재에 이르는 가능성으로서의 '정신성'은 하나의 불가피한 결론이다. 이 모순은 어떻게 해소될 수 있는가? 정신이면서 정신이 아닌, 정신일 수 없으면서 정신이어야 하는 이 설명하기 힘든 존재론적 사태, 이 말할 수 없는 정신을 무어라고 불러야 하는가? '존재하는 무' 이전, 곧 절대적인 미규정적 사태로서의 정신은 물론 아직 정신이 아니다. 왜냐하면 그 무엇으로도 규정할 수 없는 미규정적 사태를 정신이라고 규정하는 것은 논리적 모순이기 때문이다. 그러나 존재하는 것들이 우리의 눈앞에 있는 한, 그리하여 그 존재자들의 기원인 존재가 이미 존재로서 자기 자신을 정립한 것이 확실한 이상, 자기원인적 존재의 원천인 그 절대적 미규정성은 결과적으로 그가 자기직관을 통해 존재로 전화하고, 그 존재로부터 만물이 생성됐음을 소급적인 방식으로 확증한 셈이다. 물론 우리의 선험적 사유 안에서, 절대적으로 미규정적인 무 이전의 사태가 정신인지 아닌지, 혹은 다른 그 무엇인지 우리는 말하지 못한다. 그러나 예컨대 양자역학에서 실험의 조건과 결과에 따라 아직 결정되지 않은 빛의 성질이 파동과 입자로 다르게 확인되는 것처럼, 자기 자신을 존재로 정립한 절대적 미규정의 사태는 결국 자기 자신을 마음으로 드러내 보인 셈이다. 무한한 마음이되 마음이 없는 듯한 이 마음, 정신이자 정신이 아닌, 절대적 무에서 정신으로 깨어난—혹은 무에서 깨어남으로써 실제로 정신이 된!— 이 마음을 우리는 무심(無心)이라고 해야 할 것이다. 정신을 잃었을 때, 깨어난 이후에야 정신의 존재가 비로소 (결과적으로) 현실화되듯, (무심한) 이 마음이 존재하기 이전에 있어서도 안 되고 없어서도 안 되는 자기원인적 존재의 자기모순을 위해 생각할 수 있는 유일한 대답이다.

에로스

이어 두 번째 질문. 에로스는 왜 가이아와 더불어 나타났고, 모든 신들과 인간들의 가슴속에서 이성과 의도를 제압한다는 진술의 존재론적 함의는 무엇인가? 이 질문에 대한 대답은 이제 막 정신으로 규정된 가이아의 자기원인적 존재양식에서 찾아야 할 것이다. 말했다시피, 모든 만물의 근원인 가이아가 자기원인적으로 있게 된 것이라면, 가이아는 (무심한) 정신이다. 전술한 것처럼, 자기원인적으로 자기 자신을 정립할 수 있는 유일한 실체는 정신뿐이기 때문이다. 순수한 자기직관을 통해 드러나는 무한한 존재 자체. 존재와 사유의 통일. 이것이 우리가 확인한 가이아의 존재론적 실상이다.

그러나 묻는다. 이 무심한 마음은 대체 왜 깨어났고, 무슨 이유로 만물을 낳은 것인가. 왜 이 무심한 마음, 그러니까 가이아는 절대적 무에서 존재가 되고, 있는 것 전체로서의 세계마저 없지 않고 있게 한 것인가? 가이아의 심중에는 대체 어떤 마음이 서려 있었던 것인가? 만약 그가 합리적 정신에 불과하다면, 그의 시원적 자기정립을 의미하는 형이상학적 사유활동의 개시는 맹목적인 기계운동에 불과할 것이다. 그가 사유하는 것은 단지 그가 사유이기 때문이고, 다른 이유는 없기 때문이다. 존재로서의 가이아는 선행적 원인이 있을 수 없는, 오직 자기 자신을 통해서만 정의되고 이해되며 설명될 수 있는, 가장 시원적인 자기원인적 사태로서, 최후의 원인으로 열려 있다. 그러나 그러한 신비는 아직 납득되지 않은 사태로서, 존재론적 회의의 심연에 여전히 노출돼 있다. 왜 존재는 이렇게 (드러나) 있는가? 사유가 작용하는 한, 존재는 필연적으로 있다. 그러나 이 논리적 필연은, 스피노자의 '실체' 개념처럼, 자기 안에 존재를 필연적으로 내포하지만—즉, 사유 자신에 의해 직관됨으로써 자기원인적이고 무제약적인 '단적인 있음'으로 드러나지만—, 왜 그렇게 없지 않고 있어야(존재여야) 하는가라는 존재론적 회의의 가능성(이 가능성이 사유로서의 존재, 혹은 단적인 존재로서의 사유를 근거로만 가능함에도 불구하고)으로부터 자유롭지 못하다.

이러한 회의의 가능성은 두 가지 상반된 의미를 함축한다. 첫째, 존재는 왜 그것이 정립되었는가를 설명할 수 없다는 의미에서, 진정으로 무제약적이며 자기원인적이고, 그러한 의미에서 자유로운 정립의 결과다.[40] 이 철저한 자기원인적 존재양식으로 인해, 존재는 진정한 의미에서의 실체다. 둘째, 그러나 존재의 중립적 매개자인 이 정신의 탈가치적 성격은 스스로가 정립한 존재를 진정한 의미에서 무제약적이고 자기원인적인 것으로 정립하지는 못한다. 사유에 의한 존재 정립의 논리적 필연성에도 불구하고, 그렇게 무제약적으로 존재를 정립하는 사유는 여전히 자신의 주체적 행위에서 비롯된 이 존재사태의 필연적 이유를, 즉 왜 절대무가 아니고 존재인가라는 의문에 대한 대답을 찾지 못하고, 그러한 한, 그의 전적으로 무제약적인 자발적 행위는 역설적이게도 '스스로도 이유를 알 수 없는 자율적 행위'로 전락하게 되기 때문이다. 그러나 자기 행위의 이유를 설명할 수 없는 '자율적' 행위란 논리적 모순이라는 이유에서 그 정신이 매개하는 있음의 있음 됨이 필연적인 것일 수 없다면, 결국 정신은 있음의 구성적 계기이면서도 있음의 실체성을 무효화하거나 무력화하는 자기모순적 계기가 되고 만다. 이러한 형이상학적 근본모순의 해결을 위해서는, 있음의 실체성을 담보하기 위한 사유 이상의 계기,

곧 있음을 필연화하는 사유 이상의 동력이 주어지지 않으면 안 된다. 그러나 문제는, 그 사유 이상의 동력 또한 자유인 동시에 필연이어야 하고, 필연인 동시에 자유여야 하는 자기모순의 제약 아래 놓여 있다는 점이다. 그리고 이 형이상학적 모순이, 외로움의 감정 속에서 확인된 '사랑이 모든 존재의 기원이며 관계는 그렇게 시작된 존재의 필연적 형식'이라는 논제의 주춧돌이기도 한 것이다.

이 모순의 해결은 그러니 어떻게 가능한가? 그것은, (1) 존재를 아무런 선행적 제약 없이 결단하고 정립하되, (2) 그렇게 결단하지 않으면 안 될 필연적 이유를 지닌 그 어떤 '심정(心情)'이 잠들어 있던 저 무심한 마음 안에서 태동하게 될 때 비로소 가능해진다. 무심히 잠들어 있는 마음을 깨워 뜨거운 심장처럼 뛰게 할 그 '심정'이란 무엇인가? 잠든 마음을 일깨워 영원한 존재의 동력으로 뛰게 할 사유 이상의 힘. 그 힘이, 곧 에로스다. 에로스는 그 '있음'의 사태를 사유가 무조건적으로 납득하고 공감할 수 있게 됨으로써 활성화되는 사태, 그 '있음'에 단적으로 공감하고 긍정하며, 그리하여 있지 않으면 안 될 것만같이 느끼고 생각하는 시원적 사태다. 그것은 존재의 가치에 대한 믿음이자 확신이며, 단적인 동의이자 무조건적 승인이요, 수용이다. 사유의 직관 속에서 드러나는 존재가 열렬하게 긍정된 사태, 혹은 무로서의 존재 자체를 존재 자체'로' 정립하면서 정신이 도달하는 경지인 이 사랑의 열락 속에서, 비로소 존재는 근원적 실체로 태어났던 것이다.

하여 진정한 의미에서의 존재 정립이나 매개는, 한갓된 '사유'가 아니라 '사랑'에 의해 가능했던 형이상학적 사건이다. 존재하는 것 전체로서의 세계를 있게 한 기원이라 할 자존적 존재가 단순한 사유가 아니라 사랑의 매개를 통해서만 온전한 방식으로 정립될 수 있는 것인 한에서, 모든 존재의 기원은 사랑인 것이다. 이것이 가이아와 함께 에로스가 등장하는, 아울러 '에로스가 모든 신들과 인간들의 가슴속에서 이성과 의도를 제압한다'는 진술에 대한 형이상학적 해석의 대강이다. 이로써 사랑이 존재의 기원이며 관계는 그 사랑의 필연적 형식이라는 앞서의 명제가─그리하여 일종의 존재론적 증상으로서 외로움의 감정에 대한 분석을 통해 확인된, '관계가 실체의 구성적 계기'라는 근본명제가─, 적어도 얼마간은, 존재론적으로 해명되었으리라 믿는다.

5.
인간,
사랑의 완성

　앞에서 설명한 것처럼 자기원인적 존재(로서의 무)가 근원적 실체일 때, 그 실체가 자기원인적이라면, 다시 말해 자신 이외의 그 어떤 타자와도 관계 맺기 이전에 존재하게 된 것이라면, 관계 이전에도 독립적인 실체─아니, 앞의 경우 가장 근원적인 실체─의 성립은 가능한 것 아닌가?[41] 설령 이 실체가 마음이자 더 본래적으로는 사랑이라 해도, 그 사랑으로서/써 자기 아닌 타자와 관계 맺기 이전에 먼저는 홀로 존재했던 것이라면, 그것은 '사랑이 존재의 기원이자 관계가 그 존재의 필연적 형식'이라는 이 장의 핵심적 주장에 가장 근본적인 방식으로 배치되거나, 그로 인하여 지금까지의 모든 논의를 무효화하는 것은 아닌가? 이것이 이 글의 세 번째이자 마지막 논의 대상이다. 이 최후의 질문에 대한 대답은, '인간 존재가 사랑에서 비롯된 존재의 완성이자 그 시원적 사랑의 진정성을 증언하는 계기'라는 명제를 논증하는 과정에서 드러나게 될 것이다.

무엇을 근거로 우리는 인간을 사랑에서 비롯된 존재의 완성으로 이해할 수 있는가? 이 물음의 해결을 위해 필자가 선택한 논의의 방편은, 예고한 대로 피그말리온 신화에 대한 철학적 해석이다. 알다시피 아마투스의 음란한 여인들에게 실망한 피그말리온은 흰 상아로 아름다운 여인상을 만들게 된다. 더없이 아름다운 모습에 매혹된 그는, 조각상을 침실에 두고 입 맞추고 애무하고 말 못 하는 조각상과 대화하면서 이루지 못할 사랑을 나눈다. 급기야 자신의 조각상과 깊은 사랑에 빠진 피그말리온은, 신들에게 그 조각상이 사람이 되게 해달라고 간청하기에 이른다.[42] 대체 왜 그는 자신이 만든 조각상이 살아 있는 사람이 되게 해달라고 빌었던 것일까? 우리의 논의와 관련하여, 그의 소원에 담긴 존재론적 의미는 과연 무엇인가? 이것이 세 번째 논제의 해결을 위하여 우리가 대답해야 하는 물음이다.

물론 그 대답이야 자명한 것이다. 갈라테이아를 사랑하게 되었던 피그말리온은 한낱 조각상을 소유하는 것만으로는 만족할 수 없었기 때문이다. 그는 외로웠고, 그런 까닭에 앞에서 언급된 바와 같은 외로움의 3법칙에 따라 그저 물건이 아니라, 인격적으로 소통 가능한 우호적 태도의 타자를 필요로 했던 것이다. 이것이 피그말리온의 기도에 담긴 철학적 의미다.

그러나 피그말리온의 기도에는 이것 이상의, 그 어떤 존재론적 함의가 아울러 내포되어 있는 듯 보인다. 자신의 조각상이 사람이 되게 해달라는 요청을 통해, 그는 조각상과 맺고 있던 관계를 '소유'관계에서 '인격적 사귐'의 관계로 전환하기를 원하고 있었던 것이다. 이러한 관계성격의 전환을 통해, 피그말리온은 비로소 조각상에 대한 자신의 사랑을 완성할 수 있기 때문이다. 그러나 그가 그러한 관계의 전환을 통해서만 자신의 사랑을 완성할 수 있는 까닭은 무엇인가? 그 이유는 아마도 다음과 같은 방식으로 설명될 수 있을 것이다. 생식세포의 무상증여를 통해 자신으로부터 독립된 개체의 탄생을 매개하는 보통의 인간들이, 그토록 경이로운 방식으로 태어난 자신의 자녀들을 향해 그 흔한 사랑을 고백하곤 할 때, 그 사랑의 진정성을 담보하는 근거는 대략 다음과 같은 것이다. 첫째, 세포의 증여를 통해 실현되는 자녀의 물리적인 개체적 독립성이 자녀에게 귀속된 고유한 정신에 의해 명시적으로 전유될 것. 만약 그렇지 않으면, 누누이 강조했듯 물리적으로 새롭게 형성된 독립적 개체는 마치 아바타[43]처럼 부모의 물리적 연장에 지나지 않을 것이며, 사랑의 창조는 자신의 의지를 관철하기 위해 존재하는 도구적 존재의 산출행위에 불과할 것이므로. 장인이 스스로 제작한 책상을 사랑하는 것은 책상 자체를 위해서가 아니라, 자신의 뜻대로 책상을 사용하려는 장인을 위해서인 것처럼. 둘째, 자기 자신의 존재에 대한 자녀의 존재론적 재량권에 대한 전적 승인과 존중. 완전한 개체의 실현이 자신의 물리적 존재를 '자신'의 것으로 명시적으로 전유할 수 있는 능력에 의해, 곧 정신에 의해 가능하다면, 이 정신의 매개를 통해 실현되는 자기 존재에 대한 고유한 자유재량의 권리를 전적으로 수긍하고 보장하는 방식의 증여만이 진정한 사랑일 수 있을 것이므로. 따라서 창조자 피그말리온이 자신이 만든 조각상과 사랑에 빠졌을 때, 그 사랑의 진정성을 담보하는 것은 그녀에게 자기의 존재를 자신의 것으로 전유할 수 있는 능력을, 곧—의식적으로든 무의식적으로든— 자유를 부여하려는 그의 진정한 의지였던 것이다. 설령 그 자유로 인해, 그녀가 그를 떠나게 된다 할지라도 말이다. 까닭에 피그말리온의 기도에 담긴 철학적 함의의 핵심은, 조각상이 자신의 의지에 전적으로 예속된 소유물이 아니라, 자기 자신의 고유한 의지를 가진 주체로서의 타자가 되기를 기원한 그의 의지였던 셈이다.

만약 누군가의 사랑이 진정한 것이라면, 그 사랑은 분명 자기 자신을 위한 자기애가 아니라 타자를 향해 있을 것이다. 그렇게 존재하는 모든 것들의 기원인 저 사랑이 진정 사랑이라면, 그리하여 그 사랑이 자기애가 아니라 타자를 위한 것이라면, 저 시원적 사랑의 타자는 자신의 의지를 관철하기 위한 수단이나 매개물로서 자신의 물리적 연장이 아니라—즉, 그 타자를 정립한 주체를 위해 존재하는 것이 아니라 자기 자신을 위해 존재하는— 진정한 의미에서의 타자, 곧 자기 자신의 주체적 의지에 따라 움직이고 행위할 수 있는 존재자여야만 한다. 진정한 의미에서의 이 같은 타자는, 결코 일체의 정신성을 배제한 순수한 물질일 수 없다. 순전한 물질은 자기도, 주체도 아니고, 그리하여 전적으로 그것을 정립한 주체에 귀속 내지 복속됨으로써 그 주체의 몸이 아니면 모종의 물리적 연장에 불과할 것이기 때문이다. 그럴 경우, 타자로서의 존재자를 있게 한 기원으로서 사랑의 진정성은 전적으로 무효화될 것이다. 그러므로 기원적 사랑이 진정한 것이라면, 그것의 타자는 그 기원과의 존재론적 관계 안에 있으면서도, 그 기원으로부터 존재론적으로 독립된 주체여야만 한다.

이러한 주체의 실현은 어떻게 가능한가? 누누이 설명한 것처럼, 그러한 타자의 정립은 정립된 타자가 자기 자신의 존재를 온전하게 전유할 수 있는 가능성에 의해서만 비로소 성취된다. 타자가 그 타자를 정립한 주체의 의지에 전적으로 귀속 내지 종속돼 있다면, 그것은 그 주체와 독립된 타자라기보다는 하나의 꼭두각시에 불과하기 때문이다. 나아가 자기의 연장태에 불과한 그러한 타자의 정립이 사랑에서 비롯되었다면, 그 사랑은 진정 타자를 위한 것이 아니라, 결국 자기 자신(의 의지의 관철)을 위한 것이라는 점에서 자기애나 이기심에 지나지 않는다. 이것은 저 기원적 사랑의 본성에 정면으로 배치되는 것이다. 거꾸로 말하자면, 사랑의 본성에 따라 그 사랑의 필연적 대상인 타자가 정립되었다면, 타자는 그 정립 주체의 연장이 아닌 진정한 의미에서의 타자, 곧 자신의 존재를 전유하고 독립적으로 행위하는 주체가 아니면 안 된다. 그 능력이 곧 자유라면, 자유는 사랑의 진정성을 담보하는 결정적 계기이자 세계가 사랑으로부터 정립되었음을 증언하는 형이상학적 상징인 셈이다.

만약 그렇다면 자기원인적이고 시원적인 무 혹은 존재 자체로부터 유래하는 있는 것 전체로서의 우주와, 그 우주의 진화과정을 통해 마침내 탄생한 인간의 등장은, 단지 하나의 생물학적 종의 출현에 그치는 것이 아니라 존재의 창출이나 정립이 정녕 사랑으로부터 유래한 것임을 말해주는 우회적 증언이 아닐까? 마치 자신이 만든 대리석 조각상을 사랑한 나머지, 그 조각상이 자유로운 인간이 되기를 빌었던 저 피그말리온의 사랑처럼. 존재하는 모든 것들이 에로스와 함께 모습을 드러낸 존재 자체로부터 유래하는 것이라면, 그와 아울러 자유의 명시적 부여가 존재의 모태가 되는 '사랑'의 핵심이라면, 존재로부터 존재자에게 증여되는 존재가 명시적이고 결정적으로 이양되고 이관되는 사건이 곧 인간의 탄생인 것이므로.[44] 이런 의미에서 자기에게 귀속된 존재와 방임적 관계(?)를 맺고 있는 사물들과 달리, 자신의 존재를 배타적이고 명시적으로 전유함으로써 '자신의 존재를 자신의 것으로 존재해야 하는'[45] 존재자로서의 현존재는, 그 사랑에서 비롯된 존재의 완성을 드러내는 하나의 상징이자 지표로 이해해도 좋은 것이 아닐까?

마지막으로 이 장의 서두에 제시한 의문. 자기원인적 존재(로서의 무)가 근원적 실체일 때, 그 실체가 자기원인적이라면, 다시 말해 자신 이외의 그 어떤 타자와도 관계 맺기 이전에 존재하게 된 것이라면, 관계 이전에도 독립적인 실체의 성립은 가능한 것 아닌가? 만약 그렇다면 외로움의 감정 속에서 확인된 '사랑이 존재의 기원이며 관계는 그 존재의 필연적 형식'이라는 존재론적 원리는 지금까지의 모든 논의와 더불어 무효화되는 것은 아닌가? 이 질문에 대한 대답은 이렇다. 만약 사랑이 진정한 것이고, 진정한 사랑은 타자를 위한 것이라면, 그 사랑의 진정성은 필연적으로 타자의 존재를 요구하거나 동반하게 될 것이다. 만약 사랑이 타자를 정립할 수 있는 가능성을 동반함에도 불구하고 타자 없이 존재한다면, 그 사랑은 진정한 사랑이 아닐 것이기 때문이다.[46] 고로 사랑이 있는 한, 존재도 그 사랑의 타자로 이미 거기 있었던 것이라고[47] 우리는 말하지 않으면 안 된다. 그리하여 저 존재의 시원, 곧 존재하는 모든 것들의 기원인 무조차도, 타자와의 관계와 더불어 자기 자신이 되었던 것이고, 관계는 존재와 존재하는 것들을 아우르는 필연적 형식인 것이다.[48]

6.
관계의 회복에서
철학의 회복으로

　이제까지의 논증이 얼마나 성공적이었는지 단언할 수는 없지만, 관계가 존재하는 모든 것들의 존재양식을 규정하는 근원적 계기라는 전제 아래, 사랑은 그러한 생래적 존재양식의 존재론적 원천이며, 외로움은 그러한 존재론적 제약으로 인해 발생하는 존재론적 증상이라는 명제의 수용 가능성을 심리학과 철학, 그리고 신화에 대한 형이상학적 해석을 중심으로 살폈다. 그러나 외로움에 대한 분석을 필두로, 자기원인적 정신으로서의 가이아와 그 시원적 정신의 한가운데서 태동한 사랑의 심정을 말하고자 했던 에로스 신화의 형이상학적 해석을 지나, 인간의 자유를 근거로 있는 것 전체로서의 세계가 사랑에서 비롯된 것임을 논구했던 피그말리온 신화의 철학적 해석에 이르기까지, 아직 묻지 않은 채로 남겨두었던 질문이 하나 있다. 그것은 저 무심했던 마음이 사랑의 심정으로 깨어나 만물의 지어미가 된 것을 수긍한다 하더라도, 대관절 그 안에서 무슨 일이 있었기에 사랑은 꽃처럼 피어나고, 무심한 마음은 마음으로 깨어난 것인가, 하는 것이다.

무책임하게 들릴지도 모르지만, 이 질문을 위해 준비된 대답이 있다면, 내가 아는 한 그것은 존재의 신비거나 혹은 사랑의 신비라는 대답뿐이다. 왜 사랑이 시작되었는지, 시간과 이성의 잣대로 그 까마득한 영원의 심연에서 일어난 일을 캐묻는 것은 어리석은 일이다. 뿐더러, 처음부터 이유 같은 것은 따져 묻지 않은 채 시작되었기에 남달랐던 그 사랑의 이유를 밝히려 애쓰는 것은, 무조건적 사랑을 합리적 사유의 경내로 끌어내리려는 무의미한 시도에 불과한 일이다. 오히려 우리가 고민해야 하는 것은, 어떻게 하면 조금이라도 더 타인을 사랑할 수 있느냐 하는 것이고, 또 세상의 처음에 있었던 그 원형적 관계를 되살려 존재하는 모든 것이 한데 어울려 다시 화목해질 수 있느냐 하는 것이다. 철학적 차원에서, 외로움의 역할은 바로 이러한 존재론적 과업의 필요성을 실천에 옮기도록 촉구하고 격려하는 데 있을 것이다.

이렇게 보자면, 개체가 먼저인지 혹은 관계가 먼저인지를 장황하게 따져 묻는 것 또한 어리석은 일일지도 모른다. 육체와 정신의 관계가 그러하듯, 개체 없는 관계도, 관계 없는 개체도 모두 불가능할 것이기 때문이다. 데카르트 이래로 '타인을 포함한 존재자 전체로서의 세계와 단절돼 있는 독립적 주체'와, '그 주체의 대상인 연장으로서의 세계'라는 존재론적 원리는 하나의 상식으로 자리 잡았다. 그러한 근대적 사유의 연장선상에서 끝없이 영토를 확장해온 자연과학이 사실상 학문의 왕으로 군림하고 있는 오늘날, 외로움을 구실 삼아 다시 관계에 주목하고 힘주어 관계의 존재론적 의미를 말하려는 것은, 행여 관계를 명분으로 개체의 고유한 의미와 가치를 외면하고 모든 것을 고매한 형이상학적 원리로 환원하려는 것은 아니다. 우리가 관계의 존재론적 위상을 복기하려는 것은, 알다시피 개체의 삶을 관계 속에서 해체하려는 것이 아니라 관계 안에서 다시 온전케 하려는 것이다. 우리가 타자를 망각할 때—타자가 나와 부수적으로 관계 맺는 대상에 불과한 것이 아니라 나의 존재를 구성하는 불가결의 계기라는 사실을 망각할 때— 우리가 그토록 애지중지하는 우리 자신의 존재도 온전할 수 없기 때문이다. 의도됐든 아니든 관계에 대한 망각이 얼마나 위험한지는, 이미 우리 주위에서 하루가 멀다 하고 벌어지는 묻지 마 범죄나 일상화된 테러, 혹은 환경오염으로 인한 거대한 기후변화 같은 사례들을 통해 명백히 확인되고 있는 중이다. 기소불욕 물시어인(己所不欲勿施於人)을 말했던 공자나, 자기에 대한 집착을 경계했던 부처나, 네 이웃을 네 몸과 같이 사랑하라던 예수처럼, 모든 종교가 하나같이 자기에 대한 집착을 경계하고 타자에 대한 존중을 그토록 강조했던 것은, 굳이 악화된 지금의 상황을 겪지 않더라도, 개체의 진정한 존재를 위하여 관계가 무엇을 의미하는지 익히 알고 있었기 때문일 것이다.

시공간을 초월하는 정보 테크놀로지의 발달로, 이전에는 상상도 할 수 없었던 관계와 소통의 가능성이 눈앞의 현실이 되고 있다. 그러면 그럴수록 현대인은 더욱더 소통과 관계에 목말라하고, 더 깊은 외로움과 소외에 시달리고 있는 중이다. 이러한 시대의 암울한 풍경 앞에 우두커니 서 있는 철학의 소임은, 관계와 사랑이 존재의 운명이며 외로움은 그러한 존재론적 운명의 증상이라는 명제를 선언하고 논증하는 데 있는 것이야 물론 아니다. 오히려 철학하는 자가 해야 할 일은, 말할 것도 없이 그렇게 선포된 존재론적 운명의 함의를 자신의 삶을 통해 몸소 입증해 보이는 일이다. 이 진부하게만 들리는 철학의 극기복례만이, 아마도 위기에 빠진 이 시대의 철학을 구원할 유일한 길일 것이다.

IV

열등감에 관하여

열등감에 사로잡힌 사람은 그로부터
비롯되는 긴장과 좌절을 해소하기
위해 우월감을 추구하게 되고, 결국
타인에 대한 비교 우위를 점하는
것이 인생의 유일한 목적이 되고 만다.
과도한 목표설정은 실수나 실패를
용납하지 못하는 경직된 태도나 모든
일에서 남보다 앞서려는 강박을
부르고, 결국엔 현실적으로 실현하기
힘든 이 목표에 도달하지 못한
자기 자신을 열등한 존재로 단죄하는
자기모멸의 함정에 빠진다.

인간은 열등감을 느낀다. 외로움과 마찬가지로 타인과의 관계 안에서 발생한다는 점에서, 열등감은 관계적 감정의 일종이다. 외로움과 다르게 그 관계가 가치론적 성격을 띠고 있다는 사실을 제외한다면 말이다. 가치론적 비교 속에서 누군가는 우월한 존재로, 누군가는 열등한 존재로 자리매김되는, 승패와 우열의 존재론이 지배하는 경쟁적 관계의 감정. 이 위계적 관계의 감정을 철학적으로 이해하는 것은, 그러므로 그 '가치론적 질서'의 실상이 무엇인지, 그러한 위계가 형성되는 기제는 또 무엇인지에 관한 존재론적 해명을 요한다. 열등감이 있고 존재론이 있는 것이 아니라, 존재론이 있고 열등감이 있는 것이기 때문이다.

　그러나 외딴 섬에서 홀로 살아가는 로빈슨 크루소가 현대인들이 경험하는 병리적 수준의 열등감에 괴로워하는 모습을 상상하기 어려운 일이라면, 우리는 이 감정에 대한 존재론적 접근에 앞서, 오늘날 마치 인간의 본유적 감정처럼 발현되는 이 열등감을 불가피하게 만드는 삶의 현실을 먼저 이해하지 않으면 안 된다. 누누이 말한 것처럼, 모든 감정은 추상적 개념으로서가 아니라 육체와 정신을 아우르는 구체적 현실 속 인간에게 발생하는 하나의 경험적 사건으로 존재하는 것이기 때문이다. 어떻게 우리가 이런 식의 열등감을 느껴야 하는 지경에 이르게 됐는지, 그 구체적 경위를 살펴본 뒤에라야 우리는 열등감에 관하여 무엇을 어떻게 이야기해야 할지, 선명한 출발선상에 설 수 있게 될 것이다.

1.
무한경쟁사회의
시민감정으로서
열등감

우리 시대의 관계를 규정하는 것은 대개 '사랑'이기보다는 '경쟁'이기 쉽다. 그것을 권력투쟁이라 부르든 생존경쟁이라 부르든, 살아남기 위해 끝없이 싸워야만 하는 저 야생의 동물들처럼, 지상의 모든 인간은 타인과의 비교와 경쟁 속에서 죽는 날까지 각축을 벌이지 않으면 안 된다. 심지어 누군가의 사랑을 얻고자 할 때도 우리는 남들과 경쟁해야 하지 않던가. 이 비정한 적자생존의 시공간 속에서, '사랑은 인간의 운명이며, 관계는 그 운명의 필연적 형식'이라는 주장은 창백한 이론적 구호에 불과할지도 모른다. 어쩌면 우리가 꿈꾸는 연대와 사랑이란, 모래 위의 성처럼 쉽게 허

물어지는 가상적 이념에 불과할 뿐. 인간이란 결국 약육강
식의 역사 속에서 살아남은, 피비린내 나는 진화의 열매가
아니던가.

　그러나 고도로 발달된 문명세계의 인간을 자연사 박물
관의 생물학적 인류와 동일시하려는 시도는 지나치게 단
순하고 순진한 발상일 것이다. 인류 전체의 생활양식뿐 아
니라 지구적 차원의 자연사조차도 근본적으로 뒤바꿔놓은
세계사적 변동이, 바로 병리적 문명의 부작용처럼 발현하
는 저 존재론적 열등감을 양산하는 원천으로 작용하고 있
기 때문이다. 대체 무슨 일이 있었던 것인가? '무한경쟁'이
당대의 삶을 형용하는 가장 유력한 개념어가 된 시대. 어쩌
다 우리는 이런 시대와 조우하게 된 것인가? 만약 이러한
시대의 명명이, 어느 시기에나 있었을 법한 각박한 삶의 조
건을 짐짓 과장되게 기술함으로써, 거의 모든 동시대인들
이 겪고 있는 심리적 애환을 자조적으로 위로하려는 집단
무의식적 욕구의 표출에 불과한 것이 아니라면 말이다.

　변화의 핵심은, 요컨대 기술의 발달로 인해 야기되는 세
계상의 근본적 구조변동과 그에 따른 획기적 생활양식의
확산 속에 존재한다. 세계 도처에 존재하는 불특정 다수의

무작위적 소통까지도 가능하게 하는 기술 인프라의 발달로, 이제 지구상의 모든 인류는— 표면적으로는 여전히 단일국가의 경계 안에 거주하고 있다 하더라도— 실질적으로는 '특정한 지역에서 발생하는 사회적·정치적·경제적 활동들이 지역적 경계를 초월하여 다른 지역에 영향을 미치는 초국가적 네트워크'[1] 안에서 살아가고 있다. 이제 세계의 가장 유력한 호명은, 누가 뭐래도 시공간의 제약이 해소된 단일 공간으로서의 지구촌일 뿐. "거래나 소통이 가능한 유무형의 모든 것들이 지역적 경계를 초월하여 교환되는 범세계적 네트워크"를 통해 실현되는 이 세계화의 물결로 인해 새로운 생활양식이 보편화되고, 그에 따라 "경제·기술·정치·문화 등 모든 분야에 있어서 경쟁단위가 국가나 민족적 경계를 넘어 지역·부문·기업·산업·사회집단 등 전방위로 확장되는"(박길성, 1996, 59) 생활세계의 근본적 재편이 일어나고 있는 것이다. 그와 나란히, 그러한 삶의 양식을 근본적으로 제약하는 물적 토대로서의 테크놀로지가 걷잡을 수 없는 속도로 진화하면서, 현대인들이 체감하는 사회경제적 삶의 리듬 또한 감당하기 어려울 만큼 가속화하고 있다.[2]

IV 열등감에 관하여

경쟁의 강도와 속도가 끝없이 증폭되는 이 무한경쟁의 세계체제가 우리 시대 삶의 풍경을 조형하며 남긴 상흔은 대략 두 가지로 보인다. 첫째, 시장만능주의와 불공정 과잉경쟁으로 인해 고착화된 양극화 및 서열화된 사회적 관계. 정치경제학적으로 이른바 세계화가 그 기술적 발전의 이면에서 서구 선진 자본의 새로운 이윤창출을 모색하기 위한 자본주의 경제질서의 재구조화 과정으로 전개돼 왔다는 태생적 한계로 인해, 세계는 대등한 상호관계의 장으로 단일화된 것이 아니라 중심부와 주변부로 이원화되거나 수직서열화되고, 승자독식과 양극화로 요약되는 불평등 관계를 확대, 재생산하는 왜곡된 구조를 띠고 있다.[3] 대기업과 중소기업, 정규직과 비정규직, 부자와 빈자, 남성과 여성 등, 예의 세계적 차원에서의 불평등 구조가 고스란히 재현돼 있는 한국의 사정도 물론 예외는 아니다.[4] 극한의 경쟁이 일상화된 물신주의적 시장질서 속에서, "경쟁과 서열의 원리를 내면화한 채 인간에 대한 위계적 차별과 모멸"을 당연시하는 우리 사회의 문화적 풍토는, "외모, 성격, 출신학교, 부모의 직업, 주거지역, 아파트 평수, 영어실력, 유학 국가의 권위" 등 "모든 부문에 있어 자신과 타자들을

경쟁적으로 비교하는 시장적 자아"를 양산해내고 있는 중이다.[5]

둘째, 가치체계의 극단적 다원화로 인한 문화적 아노미에서 야기되는 탈근대적 시대정신으로서의 상대주의, 회의주의, 허무주의와, 그에 대한 반동으로서 감각주의나 물질주의의 만연.[6] 전 지구적 통신망과 미디어 네트워크를 바탕으로 경제나 정치 활동뿐 아니라 의미의 흐름이 국민국가의 경계선을 자유롭게 넘나드는 문화의 무국적 시대로 접어든 세계는, 물리적 경계가 와해된 네트워크 체제를 통해 다양하고 이질적인 문화들이 동시에 공존함으로써 중심과 주변의 구분을 무효화해버렸다. 그에 따라, 그간 주류에서 배제돼 왔던 각종 유형의 소수문화마저도 세계무대의 전면에 등장하곤 하는 다원주의적 현실을 통해, 외견상으로는 평등과 상호존중이라는 민주주의의 이념이 전 지구적 차원에서 실현되고 있는 듯한 착시현상을 불러일으킨다.[7] 그러나 정보 테크놀로지의 마력으로 탄생한 이 가상의 거대 공동체는 무수한 이념과 종교, 혹은 가치체계가 공존하며 각축을 벌이는, 서로 다른 문화적 배경을 지닌 사람들 사이의 상호작용이 복잡한 형태로 난무하는 하나의 단

일한 사회적 공간을 지칭할 뿐, 문화적으로 동질화된 통일체를 산출해내지는 못한다.[8]

다른 한편, 그처럼 인종과 민족은 물론이고 다양한 종교나 이념, 문화가 동시적으로 공존하게 되면서, 과거 독점적 지위를 누리던 특정한 앎이나 가치체계는 더 이상 예전과 같은 절대적 권위를 행사하지 못한다. 지배적이고 주도적인 이념이 사라지고, 적어도 공적 영역에서는 타 종교, 타 문화, 소수자 등 타자 일반에 대한 존중을 강조하는 다원주의 사회의 보편적 평등주의가 일반화되면서, 가치론적 유동성은 날이 갈수록 심화되는 양상이다. 관점의 다양성에 고도의 전문성, 기술적 복잡성이 더해지면서 누구도 절대적인 해답을 제시할 수 없게 된 윤리적 문제영역에서는 상대주의가 기승을 부리고, 그런 풍토 속에서 잠재적 회의주의가 사람들의 무의식을 서서히 잠식해가고 있다. 이처럼 그 어떤 주도적 이념이나 지배적인 삶의 원리가 존재할 수 없는 다원화된 상대주의의 공간 속에서, 절대적 진리나 확고한 신념을 상실한 채 잠재적 회의주의에 빠진 사람들의 영혼을 지배하고 있는 것은, 결국 시장의 논리로 재탄생한 현대적 의미의 감각주의나 유물론적 쾌락주의인 것처럼 보인다. 인구증가, 고령화, 환경오염, 자원고갈 및 전 세계적 경기침체 등 인류 전체의 생존을 위협하는 긴박한 생활 환경 속에서, 승자독식의 무한경쟁 체제와 극단적인 문화적 다원화로부터 야기된 총체적 아노미에 직면해 있는 현대인들에게 남은, 삶과 세계에 대한 거의 유일한 해석의 원리는 그리하여 물신주의인 것이다.

이처럼 모든 것이 즉물적이고 계량화된 가치에 따라 철저하게 서열화되는 세계시민적 삶의 체제 속에서, 열등감은 적자생존과 각자도생의 현장에서 체득되고 내면화되는 야생적 정조의 음영처럼 읽힌다. 다시 말해, 현대인들의 정신을 지배하는 주류적 감정으로서 열등감은 경쟁과 비교의 상호작용 속에서 필연적으로 발생하는 우월의식과 열등의식, 질투와 만성적 불안, 그리고 좌절감과 욕구불만이 어지럽게 뒤섞인 병리적 증상의 일종인 셈이다. 자신이 보유한 존재의 가치가 언제 어느 때 강등될지도 모른다는 잠재적 가능성으로 인해 야기되는 상시적 불안감의 다른 이름이거나, 그 배후를 완강하게 장악하고 있는 물신주의가 좌초되면서 발생하는 존재론적 증상이 곧 열등감인 것.

우리 시대의 병리적 징후로서 열등감을 철학적으로 이

야기하는 것은, 그러므로 개인감정의 심리학적 치유나 내면의 위안을 도모하는 일로 그치지 않는다. 통상 심리학적 주제로 거론돼 왔던, 무한경쟁사회의 시민감정으로서 열등감을 철학적 관점에서 재해석하는 것은, 그러므로 존재론적·가치론적 성찰을 통해 현대사회의 가치론적 이념과 지향에 저항함으로써 어떤 식으로든 이 왜곡된 존재론적 감정을 넘어서고, 나아가서는 새로운 존재의 양식과 삶의 양식을 모색해 나가려는 시도로 이해되지 않으면 안 된다. 만약 철학이 삶과 세계를 향해 던지는 근본 물음이자, 그 물음에 대한 근본적 해명을 바탕으로 변혁을 이끌어내는 이론적 실천으로 이해될 수 있다면 말이다.

심리학 이상의 것을 말해야 할 테지만, 이하에서 우리는 심리학 너머의 논의 공간으로 옮아가기 위한 발판으로서 먼저 심리학적 관점에서 이해된 열등감의 의미와 기원, 발생기제와 해소방안 등을 아들러의 이론에 의탁해 살피게 될 것이다. 이어 플라톤과 아리스토텔레스의 '에르곤(er-gon)' 개념 및 그 안에 함축된 기능주의적 본질주의와 하이데거의 현존재 분석 및 일상성 분석에 의거하여, 열등감을 야기하는 존재론적·가치론적 메커니즘에 대한 분석을 시도한다. 그 후 불안의 양가성에 대한 비판적 분석을 통해 하나의 병리적 감정으로서 열등감이 존재론적 차원에서 과연 어떻게 극복될 수 있는지를 형이상학적 차원에서 논한다. 결론을 대신해서는 열등감으로부터의 진정한 해방을 가능케 해줄 '탈가치의 윤리학'을 위한 존재론적 토대로서, 자기목적적 존재의 존재론이 간략하게 언급될 것이다.

2.

열등감의 심리학적 분석:

아들러의

개인심리학[9]을 중심으로

인간은 열등감을 느낀다. 열등감이란 무엇인가? 누구에게도 환영받지 못할 이 곤혹스러운 감정은 대체 어디에서 유래하는 것인가? 열등감의 기원과 의미에 관해 아들러가 내놓은 분석과 진단은 예상보다 근본적이고 또 철학적이다. 유물론적 자연주의를 표방하며 그가 제시했던 열등감의 기원은, 자연 상태의 인간이 자신의 취약한 생존조건으로 인해 경험해야 했던 심리적 위축과 불안감이었다. 독립생활을 하는 대다수의 맹수들과 달리, 자연 그대로의 인간은 막강한 힘이나 뛰어난 시각, 후각과 같은 생존능력이 결핍돼 있었고, 약육강식의 자연 질서 속에서 경험하게 되는

그러한 물리적 취약과 열세로 인한 불안이나 무기력감이 곧 열등감의 기원이라는 것이다.[10]

이 불리한 삶의 조건 속에서 불안을 극복하고 안전과 적응을 도모할 수 있도록 해주는 두 가지 계기는, 그에 따를 때 물리적 취약함을 만회해줄 정신의 능력과, 삶의 과제를 더욱 효율적으로 해결할 수 있게 만들어주는 공동체 생활이었다. 개체의 생존능력이 취약한 모든 종들이 그러하듯, 단독으로 생존의 과제를 해결할 수 없었던 인간에게 무리를 이루고 정신의 힘을 활용하여 인위적인 삶의 조건을 조성하는 것은 아무래도 불가피한 일이었을 것이다.[11] 그러나 개인의 삶이 지구라는 행성의 자연환경 속에서 타인과의 연대를 바탕으로 한 공동체적 삶을 통해서만 가능하다는 이유에서, 구체적 현실 속의 인간은 직업·친구·성이라는 세 가지 근본과제를 해결해나가는 과정 속에서 생의 의미를 발견하게 된다고 아들러는 주장한다.

"(인생의 가장 근본적인 문제는) 이 지구의 특성이 주는 모든 제약 아래서 우리가 계속 살아갈 수 있게 해주는 직업을 어떻게 발견할 것인가, 우리가 주위의 사람들과 협력하고 그 협동의 복리를 향수할 수 있는 입장을 그들과의 관계 속에서 어떻게 발견할 것인가, 또한 인간이 남자와 여자라고 하는 두 이성으로 살아가면서 인류의 미래와 존속이 우리의 성생활에 의존하고 있다는 사실에 자기 자신을 어떻게 적응시키는가 하는 문제이다. 개인심리학의 견지에서는 이들 세 개의 중요한 문제, 즉 직업, 친구, 성 중에서 하나라도 빠져 있는 문제는 없다고 본다. 그리고 각 사람들은 이러한 세 개의 문제에 대응함으로써 인생의 의미에 관한 자기 내부로부터의 확신을 반드시 얻게 된다."[12]

인간이 직업과 친구, 결혼과 사랑의 문제에 대응하면서 삶의 의미를 발견할 수밖에 없다는 것은, 달리 말해 '공동체의 존속을 가능하게 하는 노동분화에 참여함으로써 타인의 삶에 공헌하고, 타인과의 유대와 헌신을 통해 서로 관계를 맺어나가는 것'[13]이 삶의 의미를 가늠하는 가장 결정적 기준이 된다는 것을 의미한다. 근본적으로 연대적이고 관계 중심적인 인간적 삶의 이러한 성격은, 그러나 구체적인 생의 현실 속에서 그 본래성에 역행하는 목표를 설정하게 되면서 갈등과 좌절을 경험하게 된다.

문제의 발단은, 현실에 대한 적응 과정에서 세계와 삶의 의미에 대한 해석의 방향을 결정짓는 일단의 부정적 체험이, '부족과 결핍의 열등한 상태로부터 포만과 만족, 혹은 충분한 가치가 인정되는 상태로 이행해가려는 인간 의지의 근본 성향'으로 하여금 안전과 적응을 보장해줄 우월한 힘과 지위를 과도하게 추구하도록 한다는 데 존재한다.[14] 아들러에 따르면 한 사람의 삶의 목표는 어린 시절 외부세계로부터 받은 인상에 의해 형성된 세계상과, 이러한 세계상을 바탕으로 삶에 대해 취하게 되는 특정한 입장에 의해 결정된다.[15] 이처럼 세계에 대한 해석과 이를 근거로 조성되는 생의 목표가 인간의 삶에 형태와 성격을 부여하는데, 어떤 경험들은 인생에 대한 빗나간 해석을 유발함으로써 우월함이나 권력에 대한 인간의 뿌리 깊은 욕망을 과도하게 증폭시킨다는 것이다. 이러한 요인들로는, 첫째, 질병이나 허약체질로 인해 과도한 신체적 부담을 안고 살아가야 하거나 타인과의 비교를 통해 자기 자신에게 실망을 느끼기 쉬운 경우, 둘째, 자신의 욕구나 바람이 타인의 무조건적 관심과 배려의 대상이 되었던 반복적 체험으로 인해 주목과 관심의 대상이 되지 못하면 불안과 좌절을 느끼는 응석받이의 경우, 셋째, 가족의 경제적 곤궁과 같은 문화적 결핍으로 인해 삶의 문제에 대응하는 데 전반적으로 불리한 위치에 있는 경우, 넷째, 무시와 냉대 속에서 자라 사랑이나 협력 등 삶의 문제를 해결하는 데 중대한 역할을 하는 생산적 가치들을 경험하지 못한 탓에 자신이 직면한 문제를 과대평가하거나 자신의 능력을 과소평가하며 타인뿐 아니라 자기 자신마저도 신뢰하지 못하는 경우 등이 꼽힌다.[16]

이처럼 특수한 상황으로부터 촉발되는 열등의식으로 인해 삶에 대한 왜곡된 의미부여가 이루어지게 되면, 그 여파는 자기 자신의 주변 환경이나 타인과의 상호작용이 어긋나는 것만으로 그치지 않는다. 그릇된 공동체감과 연대의식이 형성되는 것은 물론이고, 스스로에게 해가 되는 빗나간 삶의 목표를 설정하게 될 뿐 아니라, 이러한 목표설정이 다시 삶에 대한 뒤틀린 해석을 유발하는 악순환을 촉발하기에 이른다. 다양한 경로를 통해 열등감에 사로잡힌 사람은 그로부터 비롯되는 긴장과 좌절을 해소하기 위해 우월감을 추구하게 되고, 결국 타인에 대한 비교 우위를 점하는 것이 인생의 유일한 목적이 되고 만다. 과도한 목표설정은 실수나 실패를 용납하지 못하는 경직된 태도나 모든 일에서 남보다 앞서려는 강박을 부르고, 결국엔 현실적으로 실현하기 힘든 이 목표에 도달하지 못한 자기 자신을 열등한 존재로 단죄하는 자기모멸의 함정에 빠진다.[17]

이것이 '특정한 문제 상황에 직면하여 적응에 실패하거나 적응할 준비가 돼 있지 않아 그 문제를 해결할 수 없다는 자기확신에 사로잡혀 있는 심적 상태'[18]로서의 열등감이 조성되는 경위다. 이렇게 보자면, 열등감은 객관적 상황 그 자체에 의해 인과적으로나 기계적으로 발생하는 것이 아니라, 각 개인이 추구하고 있는 삶의 목표와, 그 목표에 준하여 이루어지는 세계와 삶에 대한 그릇된 해석으로부터 촉발되는 것이다.[19] 그 뒤엉킨 사유와 감정의 실타래에서 '객관적 사실'이 아니라 '해석을 통해 의미부여된 사태'로서의 현실이 더 결정적일 수밖에 없는 이유를 아들러는 이렇게 설명한다.

"우리 인간들은 수많은 의미의 영역 속에 살고 있다. 우리가 경험하는 것은 결코 순수한 것만은 아니다. […] 우리의 경험부터도 이미 그 근원은 우리의 인간적인 목적으로 규정되어 있다. 나무는 '인간과의 관계에 있는 나무'를 의미하는 것이며, 돌은 '그것이 인간 생활의 한 요소일 수 있다는 전제하에서의 돌'을 의미한다. [⋯] 우리가 현실을 경험하는 것은 항상 우리가 현실에 부여한 의미를 통해서이며, 우리는 현실 자체가 아니라 이미 무엇인가로 해석된 것으로서의 그것을 경험하는 것이다. [⋯] 우리는 우리가 자기의 경험에 부여한 의미에 의해 스스로 결정한 사람이다. [⋯] 의미는 상황에 의해 결정되는 것이 아니며, 우리는 우리가 상황에 부여한 의미에 의해 스스로 결정하는 것이다."[20]

그러나 불리한 삶의 조건에도 불구하고 모든 어려움을 극복하고 생산적인 능력을 길러온 사람들에게서 확인되는 것처럼, 불리한 상황 그 자체가 아니라 그 상황에 대한 개인의 해석과 의미부여가 열등감의 결정적 원인이 되는 것이라면,[21] 심리학의 과제는 '통제나 수정이 불가능한 무의식의 수준에서 이루어지는 판단을 의식의 수준으로 전환시켜 자세히 관찰하고 평가함으로써'[22] 삶에 대한 해석의 왜곡을 바로잡아주고, 이를 통해 생산적이고 유익한 삶을 살아갈 수 있도록 도와주는 것이라고 아들러는 강조한다. "모든 경험은 수용되기 전에 해석되는 것이며, 그 해석은 항상 인생에 주어진 근본적인 의미에 호응하는 것"이기에, "인생에 부여했던 의미가 안고 있는 잘못된 부분들이 시정될 수 있는 것은, 다만 이 잘못된 해석이 내려지게 된 상태가 다시 한번 생각되고, 그리하여 잘못된 부분이 인식되어 통각 체계가 정정됨으로써만 가능하기"(아들러, 2005, 46~47) 때문이다.

그렇다면 그가 말하는 저 총체적 세계관으로서의 통각 체계를 되짚어 삶에 대한 해석의 틀을 쇄신하고, 열등감에 사로잡힌 이로 하여금 생산적이고 유익한 삶을 살아가게 하는 방법은 무엇인가? 그것은 요컨대 '절대적이며 부정할 수 없는 진리인 공동체적 삶'[23]의 근간이 되는 '공동체감'과 '사회적 관심'을 회복하는 것이다. 과장된 피해의식과 보상 심리에 사로잡힌 채, 자신이 처한 곤경으로부터 벗어나거나 타인에 대한 우월의식을 통해 자신의 열패감을 보상하는 데 급급한 개인이, 오직 경쟁적 관점에서 타자 일반과 관계를 맺게 되는 소모적 상태에서 벗어나 타인에게 관심을 두고 그들에게 공헌하려는 의지로서의 '공동체감'과 '사회적 관심'을 회복하게 될 때, 자신이 직면한 열등한 처지나 불리한 상황을 개선하고 열등감을 극복해낼 수 있다는 것이다. 아들러는 이렇게 말한다.

"전체를 위해서 공헌하고 싶어한다거나 자신뿐만 아니라 타인에게도 관심을 갖고 있는 아이들은 자신의 결함을 고치려는 훈련에 성공할 수 있다. 그들이 노력을 위한 목적을 계속 가지고 있을 때, 그리고 이 목적을 달성하는 일이 그들 앞에 버티고 서있는 장애물보다 훨씬 중요하다고 생각할 때 그들은 계속해서 용기를 가질 수 있다. 그럼에도 아이가 자기의 어려움으로부터 해방되겠다는 바람만 갖고 있다면 개선이 늦어지게 된다. 문제는 그들의 관심과 주의가 어디로 향해 있는가 하는 점이다. […] 어려움이란 성공에 이르는 도중에 극복되어야만 하는 것이상도 이하도 아니다. 그들의 관심이 자기들의 장애를 강조하는 일에만 향해 있다거나 어려움에서 해방되겠다는 목적으로만 장애와 싸우고 있다면 그들에게 진보란 없다."[24]

물론 아들러가 제안한 '공동체적 감정'이 장애의 실제적극복을 담보할 수 있느냐의 여부를 단언하기는 어려워 보인다. 개인적 야망이 전부라 하더라도 장애와 역경을 딛고 성공하는 사람의 경우나, 이타적인 동기부여가 이루어진 뒤에도 여전히 장애를 안고 살아가는 경우, 혹은 그러한 동기부여가 열등감의 보상을 위한 자기기만적 장치로 활용되는 경우를 우리는 어렵지 않게 상상할 수 있기 때문이다.[25] 그러나 열등감과 관련하여 본질적으로 중요한 것은 그 어떤 구체적인 목표의 변경이나 수립 혹은 그 목표의 실제적 성취나 성공 여부가 아니라, 열등감을 유발하는 그 어떤 의미지평의 선택과 전유의 결과로 내면화되는 근원적인 목적의식과 가치지향을 '전환'하는 것이다. 그렇게 보자면, "강화된 현실감각을 획득하고 책임감을 발달시키며, 공공의 복리에 대한 감정을 의식적으로 계발하는 한편 권력의지는 와해시킴으로써, 잠재적 증오를 호혜적 선의로 대신할 것"[26]을 강조하는 아들러의 제안은 무리 없이 수용될 수 있는 듯 보인다. 열등감이 특정한 목적의 달성이나 유무형의 결과적 성취를 통해서만 극복될 수 있는 것일 때 인간의 존재는 언제까지고 힘과 권력을 자신의 토대로 삼을 수밖에 없을 것이기에, 열등감으로부터의 자유는 구체적인 성과나 업적의 성취로 실현되는 것이 아니라[27] 본래적 자아의 내면적 전향을 통해 서열화된 가치의 위계로부터 해방되는 데 그 본령이 있겠기 때문이다. 이렇게 보자면, 그가 비록 '절대적이며 부정할 수 없는 진리'라고 규정한 '공동체의 삶'을 떠받치고 있는 '공동체감'이나 '사회적 관심'의 실체가 무엇인지, 그리고 그러한 감정의 고취나 복원이 어떻게 가능한지 충분하고 설득력 있게 해명하고 있지 않다 하더라도,[28] 그가 말하는 사회적 감정은 인류의 복리에 진심으로 공헌하기를 바라는 내면의 태도를, 다시 말해 협력적이고 공동체적인 이타적 관심[29]을 자신의 궁극적 목표이자 의지의 근원적 지향으로 삼는 것을 말하려는 뜻으로 읽힌다.

경쟁적이고 소모적인 비교우위의 지향을 생산적이고 호혜적인 이타적 지향으로 전환하는 목적의식의 쇄신을 통해 열등감의 극복이나 승화가 가능하다는 아들러의 주장에 수긍하더라도, 다음의 몇 가지 이유로 그의 이론에 대한 비판적 재고가 필요해 보인다. 가장 먼저 언급돼야 하는 것은, 열등감의 해결을 위한 아들러의 진단과 처방이 여전히 일상적인 세계와 삶에의 조화로운 적응을 최종적 목표로 한다는 점에서, 그 세계의 내부에서 통용되는 구상적 가치의 위계질서로부터 자유로울 수 없으며, 그로 인해 열등감을 극복한 것처럼 보이는 상황에서조차도 여전히 존재의 우열을 골자로 하는 가치론적 질서가 개입할 수 있는 여지가 남아 있는 것처럼 보인다는 사실이다.

비근한 맥락에서 만약 그가 말하는 사회적 감정이 혼자서는 생존할 수 없는 인간의 물리적 취약함으로 인한 집단적 생활양식의 불가피성이나 생물학적 생존 의지에서 비롯되는 즉물적 가치의 세련화된 형태로 이해될 수 있다면,[30] 인간이 혼자서 살아갈 수 있을 만큼 충분히 강해지거나 독자생존을 가능하게 하는 물적 조건이 구비됐을 경우 공동체와 사회적 관심은 우연적이거나 수단적 가치로 전락하게 되고, 더 나아가 권력의지와 우월감의 추구마저 정당화될 수 있는 문제가 발생하게 될 것이다. 때문에 비록 연대의식의 고취와 공동체감의 함양이라는 해법의 기본 취지가 타당한 것이라 하더라도, 여하한 형태로든 열등감의 생산적 극복을 통한 자기실현이 그 어떤 우월의 성취일 수 있고, 모든 우월은 다시 잠재적인 열등과 패배의 가능성을 내포하고 있는 한, 그것이 열등감의 궁극적 해소를 가능하게 하는 방안이 될 수 있는지는 의문으로 남는다.

또 다른 문제는 열등감의 극복을 위한 대안을 제시하면

서 아들러가 문제해결의 결과를 문제해결의 근거로 삼고 있다는 것이다. 그가 문제의 해결방안으로 제안했던 사회적 감정은, 열등감이 극복됨으로써 실현되어야 할 결과적 사태이지 열등감에 사로잡힌 상태에서 그 감정의 극복을 위한 근거나 동력으로 소환될 수 있는 것은 아니다. 열등감에 사로잡힌 이에게 자기중심적이며 경쟁적인 우월감의 추구를 포기하고, 모든 가치의 우열에서 벗어나 인간을 평등하고 조화로운 관계의 상대자로 바라보며, 타인을 헌신적이고 호혜적인 태도로 대하라고 주문하는 것은 지나치게 원론적이고 공허한 표어에 불과해 보인다.

마지막으로 짚고 넘어가야 할 문제는, 그릇된 목표설정이 왜곡된 해석을 낳고, 다시 왜곡된 해석이 그릇된 목표설정을 유발하는 해석학적 순환에서 비롯된다. 아들러는 이 해석학적 순환의 기원과 출발점이 어디인지 분명하게 설명하지 않을 뿐 아니라, 자신의 이론이 이러한 순환에 빠져 있다는 사실조차 의식하지 못하고 있는 듯 보인다.[31] 이러한 해석학적 순환은 결국 목표설정 자체가 하나의 해석 행위이자 삶과 세계에 대한 해석이 이미 그 자체로 하나의 목표설정이라는 사실로부터 발생한다. 특정한 문제상황에 처한 개인이 열등감에 빠지거나 자신의 상황에 대한 그릇된 의미부여를 하는 까닭은, 그가 이미 그러한 해석을 유발하거나 강요하는 의미론적·가치론적 지평에 대한 암묵적 동의 아래 그것을 자신의 존재의미이자 거주 공간으로 삼고 있기 때문이다. 이러한 상황하에서는, 그가 어떤 목표를 설정하든 그 목표 자체가 열등감을 야기하는 가치체계의 영역에 머물러 있는 까닭에, 열등감을 근본적으로 해소하는 것은 불가능한 일이 된다. 그러므로 중요한 것은 왜곡된 해석과 그릇된 목표설정을 촉발하는 존재론적·가치론적 지평을 선명하게 드러내고, 위계적으로 서열화된 가치질서 그 자체를 넘어설 대안을 제시하는 일이다.

이에 따라 이후의 논의를 위해 주어진 과제는 다음의 두 가지로 보인다. 첫째, 인간의 존재를 위계적 가치질서에 따라 판단하고 평가하게 만드는 근본적인 해석학적 원리의 해부. 둘째, 그릇된 해석과 목표설정을 해소함으로써 열등감을 궁극적으로 극복할 수 있게 해줄 의미지평의 근원적 전환 가능성에 대한 해명.

그러므로 이제 아들러와 더불어 시작한 열등감의 담론을 철학의 공간으로 데려와, 존재감의 상실과 만성적 열패

감을 불러일으키는 저 뿌리 깊고 고질적인 병리적 징후의
더 깊은 속내를 들여다볼 차례다.

3.
열등감의
존재론적 분석

　앞서 살펴본 것처럼 열등감에서 중요한 것은 객관적 우세나 열세가 아니라 특정한 사태를 해석하고 평가하는 가치론적 척도에 공감하고 그것을 자신의 것으로 내면화하고 있는가의 여부다.[32] 즉, 열등이 문제적 사태로 비화하는 것은, 특정 주체가 지향하는 가치의 척도에 따라 그 어떤 열세적 사태를 가치의 결여로 판단하고, 그로부터 자신의 존재를 평가절하하게 되는 의식의 메커니즘 탓이다. 열등감은 요컨대 인간의 욕망이 개방하는 존재의 지평에서 통용되는 가치질서를 전유하고 특정 가치지향을 공유함으로써 유발되는 존재론적·가치론적 감정인 셈이다. 따라서 열등감의 해소를 위한 해석학적 교정은 단순히 목표를 재설정하거나 하향 조정함으로써가 아니라, 존재론적·가치론적 질서를 규명하고 그것을 재정립할 때 비로소 가능해진다. 이처럼 존재의 의미가 세계와 삶에 대한 정신의 목적론적·가치론적 해석의 결과물이라면, 그리하여 그 존재론적·해석학적 질서와 기제가 일정한 가치체계를 개방하거나 구축하고, 그로부터 우월감과 열등의식이 발생하는 것이라면, 열등감의 극복은 심리학적 문제이기 이전에 존재론적 접근을 요하는 일이다.

이러한 문제의식 아래, 우리는 이제 그리스 철학의 에르곤(ergon) 및 아레테(arete) 개념을 중심으로 하는 기능주의적 본질주의와, 하이데거의 도구적 존재 및 주변세계 개념을 근간으로 열등감을 부르는 가치체계의 근본 얼개를 존재론적 관점에서 분석해보기로 한다.

에르곤과 아레테:

열등감의 기원으로서 기능주의적 본질주의

인간은 열등감을 느낀다. 우월감에 사로잡힌 사람도, 그가 모든 면에서 모든 인간에 대해 우월할 수 없음을 모르지 않는다면, 자신의 우월한 지위를 상실할지도 모른다는 가능성으로 인해 잠재적 불안을 겪어야 하기는 매한가지니 말이다. 중요한 것은 우리가 느끼는 감정이 우월감이냐 열등감이냐가 아니라, 이 서열화된 존재의 질서로부터 어떻게 흔연히 벗어날 수 있는가 하는 것이다.

인간이 열등감을 느끼는 것은 불리한 현실이나 열등한 삶의 조건 그 자체 때문이 아니라, 그에 대한 해석 때문이다. 이것이 열등감에 대한 아들러의 설명이다. 그의 말대로 우리가 해석 이후의 세계, 해석 이후의 자기를 경험하고 있는 것이라면, 그리하여 세계와 자기에 대한 그릇된 해석이 열등감의 기원이 되는 것이라면, 열등감의 극복은 우리의 존재와 세계를 왜곡했던 저 그릇된 해석의 실상을 파헤쳐, 해석 이전에 놓여 있던 있는 그대로의 존재를 복원함으로써 가능할 것이다. 따라서 우리가 대답해야 할 첫 번째 질문은, 우리의 존재를 왜곡된 시선으로 바라보게 하는 해석의 내역이 대체 무엇인가다. 무슨 이유로 우리가 사는 세상에는 가치의 우열이 존재하고, 우리로 하여금 끊임없이 열등감을 느끼게 하거나 우월한 존재가 되기를 갈망하게 하는가? 어떤 눈으로 세상을 바라보기에 우리는 자신과 타인이, 아니, 사실상 존재하는 것 전체가 좋거나 나쁘고, 우월하거나 열등하다고 느끼는 것인가? 이 모든 것을 주재하는 배후의 시선은 대관절 어디에서 비롯되는 것인가?

존재의 우열을 둘러싼 우리의 의문들을 예견한 듯, 소크라테스는 언젠가 '탁월함(arete)'에 관해 물었고, 그런 그에게 메논은 이렇게 답했다.

"그야 말하기 어렵지 않습니다, 소크라테스. 우선 당신께서 남자의 탁월함을 원하신다면, 그건 쉽습니다. 이게 남자의 탁월함입니다. 나랏일을 수행하는 데 능하고, 나랏일을 수행할 때 친구들은 이롭게 하되 적들은 해롭게 하며, 자신은 이와 같은 일을 결코 겪지 않도록 조심하는 것 말입니다. 그리고 여자의 탁월함을 원하신다면, 그걸 설명하는 것도 어렵지 않습니다. 여자는 집안일을 돌볼 뿐 아니라 남편에게도 순종하면서 가정

226

을 잘 관리해야 하는 것입니다. 그 외에도 남자아이든 여자아이든 아이의 탁월함도 있고, 자유인이든 노예든 어른의 탁월함도 있습니다. 그리고 수많은 다른 탁월함들도 있고, 그래서 탁월함에 대해 그것이 무엇인지를 말하는 데는 어떤 난관도 없습니다. 왜냐하면 우리들 각자에게는 각각의 행위와 각자의 나이에 적합한 각각의 일(ergon)과 관련해 제각기 다른 탁월함이 있고, 열등함 역시, 소크라테스, 그와 마찬가지라고 저는 생각하기 때문입니다."[33]

메논이 답한 것처럼, 탁월함과 열등함은 사람에게 귀속된 '기능'에서 비롯되는 것이다. 이 '기능'은, 그러나 사람에게만 국한되지 않는다. '눈은 보고, 귀는 듣는 것처럼'[34] 기능이란 본질에 육박하는 그 무엇으로 사물에 내재하는 고유한 특성, 그러니까 '손과 발, 달리는 말, 목수와 제화공, 혹은 그 밖의 다른 어떤 것이든'[35] 존재하는 모든 것들에게 귀속된 그들만의 고유한 역할이자 존재 역량이다.[36] 그리하여 잘 드는 칼은 좋은 것이고, 무딘 칼은 나쁜 것이듯, 이 기능을 훌륭하게 수행하는 존재는 탁월한 것이고, 나쁘게 수행하는 존재는 열등한 것이다.[37] 열등감과 우월감을 부르는 존재의 가치론적 우열이 바로 여기서 태어나는 것이다. 기능은 가치의 척도고, 가치는 기능적 탁월에 비례하는 존재의 등급이다. 우월감이나 열등감은 자기 존재의 등급을 순순히 복기하는 정신의 자기인식인 셈이다.

아니, 이것이 다가 아니다. '기능'은 평가의 척도를 넘어 존재자의 본질이요, 심지어 그 무엇이 존재하는 이유다. 아무것도 자르지 못하는 칼처럼, 자신의 기능을 잃었거나 제대로 발휘하지 못하는 존재는 아무 쓸모도 없다는 것이고, 아무 쓸모도 없다는 것은 존재할 이유가 없다는 것이며, 존재할 이유가 없다는 것은 존재할 가치가 없어 폐기되거나 사라져야 한다는 것이다. 하여 '기능'이란 특정한 존재자가 존재하는 이유요 목적이며, 그러한 한에서 존재의 의미고, 또한 가치다. 존재자가 자신의 기능과 쓸모를 훌륭하게 입증해내는 것은, 그러므로 그가 무엇을 위해 존재하며 왜 있어야 하는가를 공인받는 중차대한 사안이다. 그러니 열등감이란, 자신의 존재 이유와 그에 상응하는 권리를 확보하지 못한 존재자가 느끼는, 존재의 위중함에 대한 직관이자 불길한 미래에 대한 존재론적 예감인 셈이다.

그러나 묻자. 왜 하필이면 기능이란 말인가? 기능은 인간이 세계를 바라보는, 혹은 존재가 자기를 드러내는 유일한 창인가? 그게 아니라면, 기능이 존재의 의미와 가치의 최종심급으로 등극하게 된 존재론적 경위는 무엇인가? 기능은 있는 것의 본질이며 존재의 의미요, 이유라고 여기는, 우리 모두에게 너무나도 친숙한 이 기능주의적 본질주의의 이념이 결국 우리 인간을 우열의 공간에서 아귀다툼하게 만든 장본인이라면, 그리하여 존재의 탁월함을 기능 위에 구축하려는 인간의 집착이 바로 열등감의 뿌리라면, 이 쓴 뿌리가 어디에서 자라난 것인지 확인한 뒤에야 우리는 비로소 열등감으로부터 자유로워질 수 있는 길을 보게 될 것이다.

도구적 존재와 생활세계의 가치론

존재하는 것들은 '일'하기 위하여, 그리고 그가 행한 업적과 쓸모에 따라 평가받기 위하여 세상에 오는가? 이 기능에 대한 강박에서 피어오르는 효용론적 질서와 목적론적 사유가 열등감의 멍에를 걸머지우는 원흉인 것이라면,

왜 우리는 그에 맞서 저항하는 대신 우리를 포함한 있는 것 전체를 한사코 기능으로부터 정의하려 드는가? 저 이름난 그리스 현자들의 믿음처럼, 존재의 본질이 애초부터 기능이기 때문인가?[38] 존재는 처음부터 에르곤의 슬하에서 태어나 세상에 머물다, 때가 되면 존재의 뒤안으로 사라져가는 그 무엇인가? 그리하여 미욱하게 뒤얽힌 존재들의 틈바구니 속에서 살아남기 위하여, 검투사처럼 싸워야만 하는 것이 모든 인간의 피할 수 없는 운명인가?

정치한 존재론적 도해를 근거로, 기능이 본질이 아님을, 운명은 더더욱 아님을 폭로한 이는 누구보다도 하이데거였다. 알다시피, 그것은 인간의 집단적 공모에 의해 선택되고 구축된 하나의 의미지평이며, '세계 안에서 만나게 되는, 그리고 여러 길과 단계에서 발견하게 되는 존재자의 하나'[39]에 불과할 뿐이다. 물론 세계는, 먼저 '사물'이나 '자연'으로, 이를테면 데카르트가 보았던 것과 같은 현상 이전의 중립적 실체와 같은 그 무엇으로 우리 앞에 주어져 있는 것은 아니다. 아니, 존재자를 '사물'이라고 말하는 것은 '이미 그 자체로 하나의 존재론적 성격을 암묵적으로 부여하고 있는 것'이다.[40] 그러니 세계가 어떻게 있다는 말인가? 세계의 민

낯을 폭로하려는 현상학적 기획[41] 속에서 하이데거가 밝혀낸 것처럼, 우리가 세계를 기능적으로 바라보게 되는 것은, 인간의 '가장 가까운 존재양식으로서의 평균적인 일상성의 지평'[42]에서부터 이미 세계가 도구적으로 해석된 채 주어지기 때문이며, 실상은 우리가 손수 지어올린 그 '세계' 안에 우리 스스로 자진하여 상주하고 있기 때문이다.

우리의 이런 세계 안에 존재하는 것들은, 그러므로 한갓 '사물'이 아니다. 그것은 사물이기에 앞서 '도구'며, 도구는 세계를 바라보는 인간의 시선, 존재를 이해하는 현존재의 이해와 자신이 이해한 것을 자신의 것으로 전유하는 해석[43]으로부터 태어나는 존재자의 다른 이름이다. 도구로서의 존재는 "본질적으로 '무엇을 하기 위한 어떤 것'이다."[44] 이 '하기 위함'의 공간 속에 존재하는 것들은 예외 없이, '유용성, 기여성, 사용성, 편의성'[45]에 따라 호명된다. 그리하여 "숲은 삼림이며, 산은 채석장이고, 강은 수력이며, 바람은 '돛을 펼쳐주는' 바람"[46]이다. 목적론[47]이 통치하는 이 도구적 질서의 경내에서, 있는 것 전체는 현존재가 설정한 최상의 목적에 의해 하나의 사용사태로 정렬되고, 그리하여 존재자 일반은 가치론적 등위와 위계로써 일사불란하게 서열화된다.

"망치는 이 손안의 것[…]을 가지고 망치질하는 데에 자신의
사용사태를 가지는데, 망치질함은 무엇인가를 고정하는 데에
자신의 사용사태를 가지며, 고정함은 폭풍우를 방비하는 데에
자신의 사용사태를 가진다. 이 방비라는 것은 현존재가 그 안
으로 피난하기 위함 때문에 있는 것이니, 다시 말해서 현존재
의 존재의 한 가능성 때문에 있는 것이다. 하나의 손안의 것이
어떤 사용사태를 가지는가 하는 것은 그때마다 사용사태 전체
성에서부터 앞서 윤곽 지어진다. 사용사태 전체성―예를 들면
이것이 하나의 작업장에 손안에 있는 것을 그것의 손안에 있
음에서 구성하고 있다―은 개별 도구보다 "한층 더 이르며",
그 모든 설비와 부동산을 갖춘 저택의 사용사태 전체성도 마찬
가지이다. 그러나 사용사태 전체성 자체는 궁극적으로 하나의
'그것을 위하여'로 소급되는데, 이 '그것을 위하여'는 더 이상의
사용사태가 없으며, 그것 자체는 하나의 세계 내부에 있는 손
안의 것의 존재양식을 가지지 않고, 오히려 그것의 존재가 세
계-내-존재로 규정되어 있으며 그것의 존재구성틀에 세계성
자체가 속하는 그런 존재자이다. 이러한 일차적인 '그것을 위

하여'는 어떤 사용사태의 가능한 '거기에'가 될 수 있는 '그것을 위하여'가 아니다. 이 일차적인 '그것을 위하여'는 하나의 '그 때문에(Worum-willen)'이다. 이 '그 때문에'는 언제나, 그에게 그의 존재에서 바로 이 존재 자체가 문제가 되는 현존재의 존재에 상관된다."[48]

인간의 세상 도처에서 어김없이 보게 되는 이 에르곤의 세계는, 결국 모든 것을 도구로 바라보며 자신의 필요와 소용에 따라 존재자와 교섭하는 인간의 존재론적 태도와 해석학적 시선이 지어올린 구조물이다. '주위세계[49]적으로 배려된 그곳에서, 자신이 종사하는 바로 그것으로 존재하는, 대중교통 수단을 사용하고, 신문을 이용하며 모두가 자기 아닌 타인으로 살아가는, 남들이 즐기는 것처럼 즐기며 좋아하고, 남들이 보고 판단하듯 문학과 예술을 읽고 판단하며, 때론 남들처럼 군중으로부터 물러서기도 하고, 남들이 격분하는 것에 격분하기도 하는 평균적 세계,'[50] 그곳이 바로 에르곤의 세계이자 우리 모두가 탄생과 더불어 만나게 되는 주변세계다. 그리하여 열등감을 야기하는 존재론적·해석학적 주범도, 결국 이 도구적 존재론 위에 건설된 주위세계의 목적론적 질서였던 셈이다. 도구적 질서의 통치 아래 기능은 존재의 본질이자 계량적 가치체계를 위한 제1공리로 자리매김되고, 언제나 '그 무엇을 위한' 것으로서만 의미를 획득하는 이 '기능의 형이상학'으로 인해 모든 존재자는 그들 자신의 목적이 되지 못한 채 도구와 수단으로 전락하고 만다. 소용과 쓸모가 존재자의 근거이자 바탕이 되는 이 에르곤의 세계를 창설한 현존재는 짐짓 주권자를 자처하지만, 자기도 모르는 새 그가 창립한 존재질서에 그 자신마저도 예속당하게 된다.

이리하여 인간을 포함한 모든 것은 도구이자 수단이며, 그 이상은 아니다. 자신의 기능적 탁월함을 증명하지 못하는 순간, 존재의 지위는 강등되고, 가치는 저하되며, 그 뒤엔 대체되고, 끝내 퇴출된다. 인간은 군림하기 위해, 최후의 목적이 되기 위해 여기에 왔지만, 자기가 쳐놓은 그물에 걸려 그가 포획한 저 존재론적 도구들과 함께, 그가 건설한 에르곤의 세계와 더불어 몰락하게 된다. 이제 남은 것은, 모든 것을 상품으로 만드는 자본의 위력처럼, 일체의 존재를 예속시키는 맹목적 생존의 질서, 곧 쓸모와 유용성, 혹은 탁월함이 입증될 때에만 존재를 허락하는 거대한 사용사태의 기계운동이다.

그렇다면 이 가공할 에르곤의 세계를 벗어나, 우리가 줄곧 물어왔던 열등감의 극복을 위해 요청되는 존재지평의 쇄신은 어떻게 가능한 것인가? 예상하겠지만, 하이데거의 대답은 현존재에게 1차적으로 주어져 있는 공공의 세계 안에 빠진 채 '그들' 속에 흩어져 살아가는 일상의 익명적 자기로부터 '본래적인 자기'를 되찾아야 한다는 것이다.

"〈우선〉 현사실적인 현존재는 평균적으로 발견된 공동세계 속에 존재한다. 〈우선〉 '나'는 고유한 자기의 의미에서 '존재하지' 않고 오히려 '그들'의 방식으로 타인으로 존재한다. 이러한 '그들'에서부터 그리고 이러한 '그들'로서 내가 나 '자신'에게 우선 '주어지게' 된다. 우선 현존재는 '그들'이고 대개 그렇게 머물러 있다. 현존재가 세계를 고유하게 발견하고 자기에게 가까이 가져올 경우, 현존재가 그 자신에게 자기의 본래적인 존재를 열어밝히는 경우, 이때 이러한 '세계'의 발견과 현존재의 열어밝힘은 언제나 은폐와 암흑의 제거로서, 현존재가 그것으로써 자기 자신에 대해서 빗장을 걸어 잠그고 있는 그런 위장의 분쇄로서 수행된다."[51]

이처럼 열등감으로부터 스스로를 구원하는 길은, 비본래적인 집단적 자아로서의 '타인들' 속에 은폐돼 있는 본래적 자기를 되찾아 오는 것이다. 그것은 우리 자신을 포함한 모든 인간들이 의기투합하여 구축한 에르곤의 세계를 떠나, 가치의 우열을 넘어선 새로운 존재의 공간 속으로 이주해가는 것이다. 그렇다면 공공의 세계에서 그들로서 살아가는 평균적 인간, 곧 세인들의 도구적 세계해석 이전에 놓여 있는 본래적 존재로 귀환하는 것은 어떻게 가능한가? 열등감으로부터의 해방을 위해 던진 이 두 번째 질문에 대한 대답을, 우리는 불안에 관한 하이데거의 분석을 비판적으로 재음미하는 가운데 듣게 될 것이다.

4.
불안의 양가성과
탈가치의 윤리학

　도구적 사용사태로 해석돼 있는 평균적 일상성의 세계
에 '내던져져 있는', 그리하여 효용성과 존재론적 우열의
늪에 '빠져 있는' 인간에게 그의 본래적 존재, 곧 무한한 가
능성으로 열려 있는 근원적인 존재 전체를 드러내는 계기
를 하이데거는 불안에서 찾는다.[52] 세계 내부적 존재자로
인해 야기되는 공포와 달리, 불안은 그 정체 모를 정서를
야기하는 원인을 특정하기 어렵다. 그것은 전적으로 규정
되지 않은 세계 자체, 주위세계의 존재의미를 무력화하고
도구적 존재질서를 와해시키는 존재 자체의 근원적 무의
미성이다.[53] 우월해지기 위해, 탁월한 존재가 되기 위해 '그

들'이 움켜쥔 '손안의 것들'은 이 형이상학적 감정과 더불어 모두 침몰한다. 더 이상 '그들'로서, '타인'으로서 존재할수 없게 된 현존재는 불안 속에서 애오라지의 자기가 되고, 그의 본래적 존재, 곧 '자기 자신을 선택하고 장악하는 자유(에 대해서 자유로운 존재)'[54]로 변모한다. 불시에 마주하게 되는 이 섬뜩한 자기 존재의 맨얼굴에 경악한 인간은 황급히 일상의 친숙함과 안락함 속으로 도주하려 하지만, 그들이 찾는 세계는 더 이상 예전처럼 그들 앞에 존재하지 않는다.

"불안 속에서 주위세계적인 손안의 것이, 세계내부적인 존재자 전체가 가라앉아버린다. '세계'는 더 이상 아무것도 제공할수 없으며 마찬가지로 타인들의 더불어 있음도 그렇다. 불안은이렇게 현존재에게서, 빠져 있으면서 자신을 '세계'에서부터그리고 공공의 해석되어 있음에서부터 이해할 수 있는 가능성을 빼앗아버린다. 불안은 현존재를 그가 그 때문에 불안해하는그것으로, 즉 본래적인 세계-내-존재-가능으로 되던져준다. 불안은 현존재를, 이해하면서 본질적으로 자신을 가능성들에로 기획투사하는 그의 가장 고유한 세계-내-존재로 개별화시킨다."[55]

안정된 자기확실성, 자명하고 친숙한 안락을 현존재의 평균적 일상성 안에 가져오는 '그들'과 다르게, 불안은 현존재를 '세계'에 빠진 채 몰입해 있는 상태로부터 되찾아온다.[56] 이 불안과 더불어 인간은 그 어떤 사용가치로도 규정되지 않는, 일체의 인위적 해석과 의미부여를 초월해 있는 자신의 본래적 존재와 극적으로 대면하게 된다.

그러나 과연 이것으로 충분한 것인가? 이러한 '근본기분의 사건'이, 정녕 "우리 속에 잠재해 있는 보다 높은 존재의 가능성, 선한 가능성들이 자신을 개시해 오는"[57] 최후의 사건이라 여기고 주저 없이 축배를 들어도 좋은 것인가? 열등감에 관한 우리의 논의 맥락 속에서 되묻는다면, 본래적 실존을 탈환하고 근원적 존재의 자유를 회수하는 것으로 이제 열등감의 문제는 남김없이 청산되는 것인가? 만약 일체의 열등감에서 벗어난 자족적 상태가 아리스토텔레스의 말처럼 "그 자체만으로도 삶을 선택할 만한 것으로 만들고 아무것도 부족하지 않도록 만드는 상태"[58]를 의미하는 것이라면, 무로서의 존재 자체를 열어밝히는 것만으로 우리는 이 자기목적적 행복에 이르게 되는 것인가? 만약 그렇다면 왜 일상의 세계가 무너지고 본래적 존재가 모습을 드러낼 때 우리는 불안에 휘말리고, 자신의 본래적 존재를 만회할 절호의 기회인 이 불안의 사건을 회피하여 다시 일상 속으로 달아나려 하는가? 이렇게 묻는 것은, 이를 테면, 현존재가 도구적 지평을 넘어 도달한 본래적 존재 자체가 그 배후를 물을 수 없는 가장 시원적인 있음의 사태일 때, 그 최후의 있음에 도달한 인간의 사유가 그 있음을 그것 자체만으로 기꺼이 긍정할 수 있겠느냐고 묻는 것과 동일한 것이다. 그러나 매양 목적론적 사고의 틀 안에 머물러 있는, 달리 말해서 충족이유율의 원리에 따라 운동하는 이성은 그 이상의 목적과 배후가 존재하지 않는 이 최후의 존재론적 사태 앞에서 왜 존재인가라고 물을 수 있고 또 묻곤하지만, 자신이 던진 그 물음의 답을 스스로 말하지는 못한다. 만약 이성이 그 답을 말한다면, 그것은 그 이상의 목적을 통해 설명될 수 있다는 이유에서 최후의 목적이나 자족적인 존재론적 사태일 수 없을 것이기 때문이고, 만약 그가 답을 말하지 못한다면, 그 스스로 제기한 존재의 목적과 이유에 대한 물음이 그 사태를 의문시하며 여전히 유효한 물음으로 남아 그에게 끊임없이 대답을 요구할 것이기 때문이다.

그렇다면 이 이성의 한계상황[59]을 타개하고 아리스토텔레스가 생각했을 최후의 목적에 이르는 길은 무엇인가? 그 대답은 이미 불안 속에, 좀 더 정확하게 말해서 불안의 양가성 속에 있는 것처럼 보인다. 가장 근원적인 열등감으로서의 불안[60]에 사로잡혀 우리는 말한다. 나는 가치가 없거나 부족한 존재라고. 무의미하며 쓸모없는 존재라고. 그러나 이 열등함의 고백은, 가치의 결여나 결핍을 사실적이고 중립적으로 기술하는 것으로 그치지는 않는다. 그것은 가치가 결여된 나의 존재가 존재할 만한 자격이 없거나 부족한 것이 아닌가라는 의문과 불안을, 그리하여 깊은 좌절과 슬픔을 불러일으킨다. 스스로의 존재를 의문시하는 영혼. 존재하면서도 존재할 자격이나 권리가 있는가를 되묻는 정신. 눈앞에 있는 자신의 존재가 존재해도 좋은지, 그 이유나 근거를 찾지 못하는 공허한 시선. 불안한 존재, 그리고 위태로운 삶. 온몸으로 휘청거리는 이 존재론적 좌절의 징후가 곧 불안이자 가장 근원적인 의미에서의 열등감인 것이다.

그러나 이 애처로운 존재론적 자기고백 속에서, 열등감은 또 하나의 숨겨진 사실을 말하고 싶어 한다. 존재의 위기와 맞닥뜨린 채, 공포와 전율의 한가운데서도 우리는 분명 자신의 존재에 대한 무조건적 애착을 고백하고 있기 때문이다. 내 존재가 이대로 사라지길 원하지 않는다는, 내가 소멸하는 것을 바라지는 않는다는, 나의 존재가 아름다운 꽃처럼 피어 모든 이의 사랑을 받게 되길 원한다는 뿌리 깊은 갈망. 만약 자신의 존재에 대한 이 애착이 아니라면, 무의미한 존재의 위기를 맞아 우리가 불안해할 까닭이 무엇이란 말인가?

이로써 우리는 열등감이 알려오는 가장 결정적 진실과 마주하게 된다. 그것은 우리가 위기에 처해 있는 우리의 존재를, 다시 말해 가치 있는 것으로 인정할 근거나 이유를 찾을 수 없는 우리 자신을, 그런 이유 이전에 이미 사랑하고 있다는 것이다. 그 어떤 특정한 근거나 구체적인 조건이 확인되기 이전에 시작된 존재에 대한 사랑. 충분한 근거나 정당한 이유가 명시적으로 주어져 있지 않은 상황에서, 이미 존재 자체와 더불어 단적으로 주어져 있는 존재에 대한 긍정. 이것이 열등감 속에 숨어 있는, 우리의 존재에 관해 우리가 품고 있는 가장 원초적인 진실이다. 존재는 구체적이고 특정한 계량적 가치 이전에, 이미 존재 그 자체로, 무조건적으로 가치 있는 것으로 긍정되고 있고 또 긍정되어야 한다는, 사실과 당위의 합일. 이것이 열등감 속에 숨어 있는, 존재의 가치론적 비밀인 셈이다.

나는 무가치하지만 그럼에도 무가치한 '나'를 무조건적으로, 가치 이전의 상태에서 이미 긍정하고 또 사랑한다. 그런데도 우리는 왜 여전히 불안하고 열등감을 넘어설 수 없는 것인가?[61] 짐작건대 우리의 존재 안에 깊이 간직된 우리 자신에 대한 무조건적 사랑이 그토록 쉽게 무력화되는 것은, 대략 다음과 같은 이유에서일 것이다. 불안으로부터 일상세계로의 도피가 암시하듯, 그것은 살아 있는 한 우리가 영영 벗어날 수 없는 일상의 공간 속에서 무조건적 사랑이 조건적 사랑으로 물러서기 쉬운 탓이거나, 존재에 대한 사랑이 자기애로 협소화되기 쉬운 탓이다. 존재애에서 자기애로의 협소화가 발생하는 것은, 개인에게서 존재에 대한 무조건적 긍정이 일차적으로는─그것이 나의 존재이자 존재하는 것 전체의 존재임에도 불구하고─ 언제나 '나의' 존재에 대한 긍정으로, 배타적으로 점유된 존재로서 개별화된 나에 대하여 발생하는 개체적 사건으로 경험되기 때문이다.[62] 개별화된 존재론적 사건으로서의 존재 긍정이 아직 '나'의 존재로 머물러 있는 까닭에, 그것은 본연의 '존재'에 대한 사랑으로 흔연히 확장되지 못한다. 나의 존재에 대한 무조건적 긍정이 진정한 사랑으로 실현되기 위해서는, 그것이 나의 것으로 국한돼 있지 않고 시원적 존재 자체로 승화되지 않으면 안 된다. 존재 자체에 대한 무조건적 긍정이 나로 국한돼 있을 때, 그것은 '나임'이 존재에 대한 긍정의 유일하고도 궁극적인 조건으로 기동하고 있는 것과 다를 바 없기 때문이다.[63] 따라서 나에 대한 무조건적 긍정이 진정한 것으로 실현되기 위해서는, '나'를 버리고 존재 자체를 긍정하지 않으면 안 된다.[64] 그때 존재에 대한 그 긍정은 여전히 나를 위한 긍정이면서도 나 아닌 다른 모든 존재자를 위한 존재에 대한 긍정, 곧 모든 존재자를 위한 긍정이 될 것이기 때문이다. 그럼으로써 그 긍정은―나라는 제약을 포함한― 일체의 제약으로부터 자유로운 긍정이 될 것이고, 비로소 유한한 가치에 매달리지 않게 된 우리 모두는 무한히 가치 있는 존재가 되어 존재의 높낮음으로부터 해방될 것이다.[65]

또 다른 이유는 앞서 언급한 대로, 내 존재를 있는 그대로, 그 자체만으로 긍정하면서도, 여전히 목적론적 이성의 태생적 한계로 인해, 왜, 어떻게 그럴 수 있는지 '이유'를 찾으려 들기 때문이고, 그럼에도 그 근거를 찾지 못해 자신의 존재에 대한 그 깊은 시원적 긍정을 끝끝내 확신할 수도, 흔쾌히 추인할 수도 없기 때문이다.

그렇다면 어떻게 우리는 도무지 떨쳐버릴 수 없는 존재의 무조건적 가치에 대한 회의를 이기고 우리 존재의 '최상의 탁월함'에 관한 흔들리지 않는 믿음에, 별처럼 빛나는 저 자기목적적 존재의 무한한 가치에의 확신에 이를 수 있는가? 바로 이것이, 우리가 대답해야 할 최후의 질문이다.

5.
가난하고 존엄한
존재의 진리와
미지의 미래에 대한
참된 확신

존재의 무조건적 가치, 자기목적적 존재의 무한한 존엄[66]
을 직관하면서도 그 초월적 '탁월함'을 선뜻 납득하지도 신
뢰하지도 못하는 인간 이성의 저 마지막 물음을 위하여 우
리가 얻고자 하는 최후의 확신은, 다음의 세 가지 요건을
충족시켜야만 한다.

첫째, 자족적 사태의 실현일 것.

둘째, 그것이 여전히 그 어떤 궁극적 자기인식의 사태라
는 점에서 사유의 활동이기는 하지만, 그럼에도 앞에서 언
급된 이성의 한계를 넘어서 있을 것.

셋째, 불안의 양가성에 대한 분석으로부터 요청되는 것

처럼, 나를 넘어선 (나)의 사태일 것.

재차 말하지만, 아리스토텔레스는 자족성을 "그 자체만으로도 삶을 선택할 만한 것으로 만들고 아무것도 부족하지 않도록 만드는 것"으로 정의하고, "행복이 바로 그렇게 자족적인 것"[67]이라 말했다. 이러한 뜻에서의 행복이란, 이를테면 삶 혹은 존재를 그 자체로 기꺼이 선택할 때, 다시 말해서 그 어떤 구체적 조건이나 이유 없이, 주어진 존재 그 자체를 단적이고 무조건적으로 긍정하고 기뻐할 때 느끼게 되는 감정일 것이다. 존재를 그 자체로, 있는 그대로 긍정하는 것, 이것은 존재 그 자체를 드러내는 힘으로서의 사유, 곧 이성이 아니라, 존재 그 자체를 있는 그대로 드러내는 데서 나아가 그것을 '있어야 할' 것으로, 이미 그 자체로 선택되고 바랄 만한 것으로 긍정하고 승인하는 가운데 드러내는 영혼의 태도인 사랑을 통해서만 가능한 일이다. 먼저 드러나 있고, 그 후에 그것이 바랄 만한 것인가 아닌가를 충분한 이유나 조건, 혹은 근거에 입각하여 판단하고 그 존재를 승인하며 수용할 것인지를 결정하는 것이 아니다. 이미 그러한 긍정과 동의, 승인과 공감 속에서 그 존재를 발견하고 바라보는 것, 그것이 아마도 아리스토텔레스가 말한 궁극적 행복을 가능하게 하는 힘[68]일 것이다. 그리고 이것이 아마도 우리가 찾고 있는, 모든 열등감을 초월하여 모두와 더불어 존엄한 존재로 거듭나는 길일 것이다.

그러나 문제는 인간의 존재를 자기목적적 사태로서의 궁극적 탁월함으로 고양시키는 이 영혼의 활동이, 앞서 확인한 것처럼 사유의 한계를 넘어서 있기에 한갓된 이성의 힘으로 소환될 수는 없다는 것이다. 말하자면 사랑은 이성적 결단을 통해 개시되는 자의적 활동일 수는 없는 것이다. 이로써 두 번째 요건, 곧 여전히 사유의 활동이면서도 이성의 한계를 넘어서 있는, 존재의 자족성을 핵심으로 하는 궁극적 자기인식의 사태가 어떻게 가능한가가 다시 문제로 부상한다. 이성을 넘어선 사랑의 가능성은 이성의 궁극적 운명일 테지만, 그 운명이 이성의 한계 너머에 있기에 인간은 불행한 것이다.[69]

이 존재론적·인식론적 아포리아를 위한 한 가지 대답을 유산으로 남겨준 이는 다시 소크라테스다. 남자와 여자, 노예와 주인, 어른과 아이, 그들 각자의 탁월함을 말하려던 메논에게 소크라테스는 모든 인간을 위한 탁월함이 무엇이며, 그 탁월함에 이르는 방법이 무엇이냐고 물었다. 당황

해하며 말을 흐리는 메논에게, 소크라테스는 탁월함이 '본성적으로 있는 것도, 가르쳐질 수 있는 것도 아니며, 까닭에 인식도 앎도 아님'을, 그리하여 '누구든 그것이 생기는 사람에게는 신적인 섭리에 의해, 지성 없이 생길 것'[70]이라고 설파하며 탁월함에 이르는 인식론적 가능성으로서 '참된 확신'을 말했다. 어디로 가야 하는지 알지만 그 길은 모를 때, 그 길을 알지 못하면서도 길 없는 그 길을 운명처럼 예감하고 가는 것. '신적인 섭리에 따라 자기가 알지 못하는 것을 말하는 예언자나 시인들'[71]의 삶처럼, 아직 오지 않은 미래를 향해 자신을 내어 맡기고 가는 것. 아마도 그것을 소크라테스는 참된 확신이라고 말했을 것이다.

만약 그렇다면, 이 참된 확신으로부터 우리는 우리가 물었던 저 마지막 물음의 세 번째 요건을 해결하기 위한 단서를 얻는다. 소크라테스의 말처럼, 참된 확신의 가능성이 확신의 주체 너머에 존재하는 것이라면, 그 확신의 성취는 '나를 넘어선 (나)의 사태'일 뿐 아니라 신적 섭리와 같은 외래적 능력을 근거로 가능할 터이기 때문이다. 그렇다면 이 신적인 섭리, 곧 자기목적적 존재에 대한 참된 확신을 가능케 하는, 우리로 하여금 '나'를 넘어선 (나)의 사태에 이르게 하는 초월적 능력의 정체는 무엇인가?

이 물음의 대답을 우리는 하이데거에게서 듣는다. 하이데거는 이 능력을 존재의 말겒[72]으로, 그리고 그 부름에 응답하여 "존재의 진리 안으로—나아가—서 있는 탈-존"[73]으로 설명했다. 탈-존이란 더 이상 '주관성의 업적'과도 같은 '표상하는 정립'[74]으로서는 기투하지 않는, "오히려 존재 자신에 의해 존재의 진리 안에 던져진 채 존재의 진리를 수호함으로써, 그 존재의 빛 안에서 모든 존재자들이 본연의 존재자로서 나타나게 하는"[75] 탈자적(혹은 몰아적) 존재 양식이다. 사유의 운명으로 허락돼 있는, 사유를 자기에게로 부르며 운명처럼 도래할 이 존재[76]는 '사랑과 좋아함'을 통해 "어떤 것을 그것의 유-래 안에서 현성하게끔, 즉 존재하게끔 하는 능력이다."[77] 이 존재의 '고요한 힘'(하이데거, 2005, 128)과 말 없는 음성에 귀 기울이며, 흔들리는 믿음 속에서도 예의 참된 확신을 지키고 있는 것. 그리하여 마침내 존재가 약속처럼 도래할 때 존재의 영원한 사랑의 빛 속으로 들어서는 것. 그것이 아마도 우리가 물었던 자기 너머의 (자아) 사태, 곧 자기목적적 존재의 무한한 가치에 이르는 길일 것이다. 하이데거의 말처럼 "존재의 진리를 '탈존하는 자로서의 인간의 시원적 본령'으로서 사유하는 그러한 사유는 이미 그 자체[로] 근원적 윤리학"[78]이기에, 그러한 존재의 진리와 더불어, 우리는 있는 것 전체를 도구화하고 서열화하는 폭력적 가치를 넘어 모든 것 안에 깃들어 있는 존엄의 빛 속에서 세계와 재회한다. 이 '탈가치의 윤리학'[79] 속에서, 모든 만물이 견고틀지 않으며 공평하고 조화롭게 더불어 살아갈 저 존재의 집에서, 비로소 우리는 가난하고 존엄한 존재의 목자이자 이웃으로서, 아무 우열도 없는 존재의 자유를 누리게 될 것이다.

감사의 말

철학의 불가피성을 나는 삶에서 배웠고, 삶의 불가피성을 철학에서 배웠다. 내가 찾던 삶이 철학 속에 있었고, 내가 좇던 철학은 결국 삶 속에 있었다. 이 글은 그런 내 삶과 철학에 관한 서툰 고백이다.

삶과 철학으로부터 배운 것이 또 하나 있다면, 그 어떤 삶과 철학도 혼자만의 것일 수는 없다는 사실이다. 이 글의 경우도 사정은 마찬가지여서, 마음속에만 담아둘 수 없는 이름들을 여기에서 기린다.

김미정 선생님은 온갖 문헌들이 산더미처럼 쌓여 있는 가상공간에서 필자의 원고를 찾아내 읽고 처음 연락을 주셨다. 그의 호의 어린 관심과 권유가 아니었다면, 이 글이 책이 되어 나오는 날이 언제가 되었을지 모른다.

한지은 선생님은 원고 전체를 읽고 이곳저곳 손질한 후에 말쑥한 표지를 입히는 일까지, 세상에 태어나는 모든 글들이 거쳐야 하는 지난한 육화의 과정을 맡아 오랜 시간 수고해주셨다. 숨은 자리에서 책이 나올 때까지 계속된 선생님의 헌신과 노력은 나를 채근하기도 했고, 부끄럽게 하기도 했다.

이은정, 이정환 선생님은 원고를 읽고 따뜻한 격려와 함께 여러 가지 귀중한 조언을 해주었다. 아끼는 후배이자 동학인 두 사람은 가정을 돌보고, 강의를 하고, 연구를 병행하는 바쁜 와중에도 기꺼이 시간을 할애해 나의 부족함을 일깨워주었고, 그 선량한 성품으로 부족함을 대신 채워주기도 했다.

은사이신 양문흠, 정성호, 최인숙, 유흔우, 공성철 선생님은 학창 시절부터 지금까지 부족한 제자를 가족처럼 대해주셨고, 어려움이 있을 때마다 물심양면으로 도움을 주셨다. 학문적 깊이와 넓이에 있어서뿐 아니라 인간적인 배려와 후원에 있어서도 늘 존경과 고마움을 넘어 미안함을 느끼게 했던, 지금은 스코틀랜드에 가 계신 튀빙겐대학교의 크리스토프 슈뵈벨 선생님과, 무명의 소장 학자를 자신의 학문적 대화 상대로 기꺼이 환대해준 오스트리아 빈대학교의 크리스티안 단츠 선생님, 학위논문을 쓰는 동안 재정적 후원을 해주신 장현승 목사님, 그리고 슈뵈벨 선생님과 함께 국제 학회를 창설한 후부터 오랜 시간 동고동락해주셨던 윤철호, 민경석, 전영호 선생님께도 깊은 감사의 마음을 전한다. 이분들의 격려와 응원이 아니었다면, 지금의 나를 생각하기는 어려웠을 것이다.

그 밖에도 알게 모르게 내 삶과 존재를 빚진 분들을 다 헤아리기 힘들지만, 사랑하는 가족들은 나의 삶과 존재 그 자체나 다름없었다. 오랫동안 나는 삶이 고통스러운 것이라고 여겼으나, 당신들이 있어 삶은 살 만한 것이라고도 여겼다. 설령 인간의 삶이 불완전한 것이라 해도, 여전히 그 삶을 사랑할 수 있고 슬픔 속에서도 행복할 수 있다는 것을 나는 그들을 통해 배웠다.

삶을 떠나 철학 속으로 은신해갔을 때, 나를 되불러 삶에 정박할 수 있도록 붙들어주신 분은 늘 어머니였다. 삶이 아름답다는 것을 깨닫게 해주신, 당신의 아무렇지도 않고 특별할 것도 없는 자식을 언제나 빛나는 존재로 바라봐주신, 어머니께 이 글을 바친다.

Ⅰ. 자기경멸에 관하여

한국칸트학회 하계학술대회, 2017년 6월 17일, 서강대

《철학사상》, 72집, 서울대학교 철학사상연구소, 2019년 5월 31일,
69~109

원제: 자기경멸에 관하여

Ⅱ. 비극적 슬픔에 관하여

한국칸트학회 하계학술대회, 2018년 6월 9일, 서강대

《철학사상》, 69집, 서울대학교 철학사상연구소, 2018년 8월 31일,
129~167

원제: 슬픔에 관하여 – 비극적 슬픔에 관한 형이상학적 고찰

III. 외로움에 관하여

한국해석학회 동계학술대회, 2016년 1월 28일, 한국외대

《철학논집》, 46집, 서강대학교 철학연구소, 2016년 12월 31일, 357~395

원제: 사랑에 관하여 - 외로움, 에로스, 피그말리온 신화에 대한 존재론적 해석을 중심으로

VI. 열등감에 관하여

한국하이데거학회 추계학술대회, 2015년 11월 14일, 서울대

《철학과 현상학 연구》, 67집, 한국현상학회, 2015년 12월 31일, 67~105

원제: 열등감에 관하여 - 열등감에 관한 심리학적, 존재론적 분석과 탈가치의 윤리학을 위한 시론

Ⅰ. 자기경멸에 관하여

1   이런 이유에서 카뮈는 삶에서 가장 중요한 문제를 자살이라고 했
     다(알베르 카뮈,《시지프의 신화》, 이가림 옮김, 문예출판사, 1988, 9 참
     조). 그러나 이러한 맥락에서 삶과 죽음의 의미를 철학의 근본물
     음으로 확인시켜준 최초의 철학자는 소크라테스일 것이다. 그리
     고 그런 한에서, 물론 그의 죽음은 철학적 자살로 이해될 수 있을
     것이다.

2   물론 경이를 언급하는 방식은 핵심적인 동질성에도 불구하고 사
     람마다 결이 달랐다. 철학의 기원을 경이(thaumazein)라고 했던
     최초의 철학자는 플라톤이었다. 소크라테스의 입을 통해 철학
     의 기원으로 언급된 이 '놀라워함'은 이해하기 힘든 사실들에 대

한 무지의 자각과 앎에 대한 열망을 뜻했다(플라톤, 《테아이테토스》, 정준영 옮김, 이제이북스, 2013, 155d 참조). 그의 주장을 계승했던 아리스토텔레스는 경이를 천체의 변화나 우주의 생성과 같은 (당시로서는) 수수께끼 같은 문제들을 궁금하게 여기고 그것을 이해하려는 마음으로 설명했다(Aristotle, *Metaphysics*, W. D. Ross, Randomhouse, 1941, 982b 참조). 하이데거는 노발리스를 따라 전체로서의 그 무엇인 세계 자체에 의해 부름을 받음으로써 촉발되는 근본기분으로서의 향수로 규정했다(M. Heidegger, *Die Grundbegriffe der Metaphysik: Welt-Endlichkeit-Einsamkeit*, Klostermann, 2010, 23~28 참조). 경이의 감정과 관련하여, Ronald Hepburn, "The Inaugural Address: Wonder", *Proceedings of the Aristotelian Society*, 54, Supplementary Volume, 1980, 1~23 및 박유정, 〈칸트의 존경심과 하이데거의 기분〉, 《철학논집》, 제33집, 서강학교철학연구소, 2013을 보라. 헵번(Hepburn)은 이러한 유의 경이를 "실존적 경이(existential wonder)"라고 했다(같은 곳, 10 참조).

3   경멸이란 정확히 무엇을 말하는가? 여러 사람이 경멸을 이야기했다. 스피노자는 경탄에 대립되는 것으로서, 경멸이란 "정신에 별다른 영향을 미치지 못하는 어떤 사물에 대한 표상으로, 그 사물의 현존이 정신으로 하여금 그 사물 안에 있는 것보다 오히려 그 사물 안에 없는 것을 떠올리게끔 하는" 감정이라고 설명했다(B. Spinoza, *Ethics, Spinoza Complete Works*, trans. by Samuel Shirley, Indi-

anapolis, 2002, 312. 한국어 번역은, 스피노자,《에티카》, 강영계 옮김, 서광사, 1990, 191 참조). 흄에 따르면, 경멸은 다른 사람의 성질이나 여건을 우리 자신의 성질 및 여건과 비교하여 자신이 다른 사람보다 우월하다고 느낄 때 자신과 비교된 타인을 향해 긍지와 더불어 느끼게 되는 감정을 의미한다(David Hume, *A Treatise of Human Nature*, Oxford, 2007, 250~253, 한국어 번역은 데이비드 흄,《정념에 관하여》, 이준호 옮김, 서광사, 1996, 136 참조). 그 후 칸트는 윤리적 맥락에서 자기 자신의 주관적 조건들을 무조건적 실천원리로 삼는 인간의 자만이 도덕법칙에 대한 존경으로 인해 와해될 때 경험하는 감정으로서 겸허(Demütigung)나 이성적 비하(intellektuelle Verachtung)[Immauel Kant, *Kritik der praktischen Vernunft*, Hamburg, 2003, V74~74, 한국어 번역은 임마누엘 칸트,《실천 이성비판》, 백종현 옮김, 아카넷, 2009, 같은 곳을 참조(일러두기에 밝힌 대로, 칸트의 저술 지면 표기는 학술원판을 따르되, 이 장에서는 저술 간 변별력을 높이기 위한 의도에서 발행연도가 아니라 약호를 이용해 표기함)] 를 논급했다. 심리학적 관점에서 경멸은 분노 및 혐오와 함께 특정 형태의 침해에 의해 유발될 수 있는 부정적 정서의 하나로 설명된다. 폴 로진(Paul Rozin)과 조녀선 하이트(Jonathan Haidt)의 연구에 따르면, '분노'는 개인의 권리와 자율성이 침해당했을 때, '혐오'는 물리적·도덕적 청결이나 신성성이 침해당했을 때, 그리고 '경멸'은 공동체의 기준이 침해당했을 때 경험하는 감정으로 각각 인식된다(Michelle N. Chiota, James W. Kalat, 《정서심리학》, 민경환 외 옮김, 센게이지러닝 코리아, 2015, 168 참조). 이처럼 경멸에 관한 다양한 정의를 통해서도 짐작할 수 있듯이, 자기경멸의 감정은 그 내막을 들여다볼 때 일의적으로 단순하게 정의될 수 있는 감정은 아니다. 이 감정은, 이 감정이 유발되는 상황이나 맥락에 따라 열등감과 수치심, 죄책감, 자기비하, 분노, 혐오, 자기학대 등 다양한 유관 정서들과 맞물려 발생하는 매우 포괄적이고 복잡다단한 정신현상이다. 나아가 인간의 본래적 존재에 대한 발견이나 실존적 자각을 매개할 수 있는 형이상학적 측면까지도 포함하고 있는 까닭에, 이 글에서는 '(자기)경멸'을 논의의 맥락에 따라 혐오나 미움, 자기비하/자기학대 등의 개념과 엄밀하게 구분하여 사용하지는 않는다.

4   철학의 기원 감정으로서 '경멸'이 '자기경멸'인 이유는 무엇인가? 존재하는 모든 것의 의미를 무효화한다는 의미에서, 아울러 이러한 감정이 제3자적 관점에서가 아니라 자기연루적인 실존(론)적 사건으로 발생한다는 이유에서, 이 경멸의 감정은 관찰자적 감정이 아니라 언제나 나 자신에 대한 반성적 평가를 출발점으로 하는 일인칭의 감정이기 때문이다. 다른 한편 이 감정이 비단 자신에게만 국한되는 것이 아니라 타자 일반과 존재하는 것 전체로서 세계까지도 아우르는 것이기에, (자기)경멸의 감정은 근본적으로 형이상학적 성격을 띠고 있는 것이다.

5   프로이트, 〈성욕에 관한 세 편의 에세이〉,《성욕에 관한 세 편의 에세이》, 김정일 옮김, 열린책들, 1997, 60(이하 〈성욕〉. 프로이트 전집 번역본의 출판연도가 동일한 관계로, 예외적으로 그의 저술은 출판 연도가 아니라 약호로 표기한다).

6   같은 곳. 아울러 프로이트, 〈본능과 본능의 변화〉,《무의식에 관하여》, 윤희기 옮김, 열린책들, 1997, 102~109(이하 〈본능〉) 참조.

7   프로이트, 〈본능〉, 105~106, 108 참조.

8   양명수,《성명에서 생명으로》, 이화여자대학교출판부, 2012, 7.

9   프로이트, 〈쾌락원칙을 넘어서〉,《쾌락원칙을 넘어서》, 박찬부 옮김, 열린책들, 1997, 9(이하 〈쾌락〉). 프로이트는 쾌락원칙과 관련하여 다음과 같이 말한다. "정신분석학의 이론에 따라 우리는 조금도 주저하지 않고 정신적 사건이 걷는 길이 쾌락원칙에 의해서 자동적으로 규제된다고 생각한다. 다시 말해서 우리는 그러한 사건의 진로가 항상 불쾌한 긴장에 의해서 조절되고 최종 결과는 긴장의 완화―즉, 불쾌를 피하고 쾌를 얻도록 방향을 잡는다고 믿는다." 그러나 그는 뒤이어 이렇게 덧붙인다. "엄격하게 말하면 쾌락원칙이 정신의 과정을 지배하고 있다고 주장하는 것은 정확하지 않다는 사실을 지적해야겠다. 만약 그러한 지배가 존재한다면, 대다수의 정신 과정들은 쾌락을 수반하거나 쾌락을 유도하는 것이어야 할 것이다. 그러나 우리의 보편적인 경험을 통해서 보면 그러한 결론은 모순이다. 그러므로 우리가 할 수 있는 가장 적

절한 말은, 마음속에 쾌락원칙을 향한 강한 〈경향〉이 존재하지만 그 경향은 다른 힘이나 환경에 의해 대치되어 최종결과가 반드시 쾌락지향적인 경향과 조화를 이룰 수만은 없다는 것이다." 이 두 진술의 간극이 그의 이론 속에서 어떻게 일관적으로 조율될 수 있는지에 관하여는 이하에서 상론한다.

10 프로이트, 〈본능〉, 100.

11 같은 곳, 110~111. 프로이트는 후에 이 두 가지 원리를, 자아 본능과 성적 본능의 근원적 통일성이나 불가분의 연관성을 이유로 생명 본능과 죽음 본능의 대립쌍으로 대체하게 된다(프로이트, 〈쾌락〉, 72~74 참조). 그와 더불어 쾌락원칙은 '항상성의 원리'에 따르는 '열반원칙'으로 이해될 때는 죽음 본능을 대변하는 것으로, 현실원칙에 반하는 에로스적 충동으로 이해될 때는 성적 본능을 대변하는 것으로 설명된다[프로이트, 〈쾌락〉, 12~14, 85~86 각주 101, 87 및 프로이트, 〈마조히즘의 경제적 문제〉, 《쾌락원칙을 넘어서》, 박찬부 옮김, 열린책들, 1997, 167~170 참조 (이하 〈마조히즘〉)]. 필자가 볼 때, 프로이트 자신도 희미하게 감지하고 있었던 쾌락원칙의 이중성은 모든 본능의 원천인 이드의 이중성(프로이트, 〈자아〉, 157 및 〈쾌락〉, 80 참조)에 일부 기인하는 것이고, 다른 한편으로는 리비도가 자기 자신 및 타자와 맺는 관계의 성격에, 다시 말해서 사랑과 미움의 변증법에 기인하는 것이다. 이에 관하여는 이어지는 내용을 참조하라.

12 프로이트, 〈성욕〉, 19.

13 같은 곳, 136.

14 프로이트, 〈본능〉, 113. 물론 이러한 광의의 성욕은 인간이 성장함에 따라 원초적이고 파편적인 성욕이 하나로 통합되고 자각될 때, 성기를 중심으로 한 성적 대상과의 결합과 성적 긴장 및 흥분의 결합을 향한 욕망으로 집중되고 구체화된다. 그러나 그 경우에도, 성 본능의 핵심적 요소는 그대로 남는다.

15 프로이트, 〈성욕〉, 76~77, 136~137.

16 같은 곳, 136.

17 같은 곳, 77 및 프로이트, 〈나르시즘 서론〉, 《정신분석학의 근본 개념》, 윤희기 옮김, 열린책들, 1997, 64 참조(이하 〈나르시즘〉).

18 프로이트, 〈마조히즘〉, 167.

19 물론 여기서 언급되는 어머니의 존재나 어머니와의 관계를 통해 제공되는 체험들은, 그 구체적 관계양상에서 차이는 있더라도 잠 재적으로는 아버지와 딸의 관계에도 비근한 방식으로 적용된다. 부모와 자녀의 성별에 따라 다소 상이한 대응방식이 이루어지더라도, 그 본질적 의미는 사실상 동일한 것이기 때문이다. 이와 관련하여, 프로이트, 〈자아와 이드〉, 《쾌락원칙을 넘어서》, 박찬부 옮김, 열린책들, 1997, 119~130(이하 〈자아〉), 〈오이디푸스 콤플렉스의 해소〉, 《성욕에 관한 세 편의 에세이》, 293~299(이하 〈오이디푸스〉) 및 〈매 맞는 아이〉, 《억압, 증후 그리고 불안》, 황보석

옮김, 열린책들, 1997, 153~177(이하 〈아이〉)을 참조하라.

20 프로이트, 〈본능〉, 126.

21 프로이트, 〈나르시시즘〉, 46. 또한 같은 글, 64 및 〈본능〉 130~131
    을 아울러 참조하라.

22 이로 인해 프로이트는 자아 본능과 성 본능의 구분을 무의미한
    것으로 선언하고, 이를 생명 본능과 죽음 본능의 대립쌍으로 대
    체한다. 프로이트, 〈쾌락〉 62, 72~4, 85~6 각주 101 및 〈자아〉
    131 참조.

23 프로이트, 〈본능〉, 126. 괄호 안은 원문.

24 같은 곳, 128. 원문의 의미를 훼손하지 않는 한에서 표현 일부
    수정.

25 프로이트, 〈쾌락〉, 13~14 및 〈마조히즘〉, 169.

26 프로이트, 〈성욕〉, 135~136 및 〈나르시시즘〉, 73.

27 프로이트, 〈자아〉, 124.

28 프로이트, 〈쾌락〉, 13~14.

29 알다시피 리비도는 성적 본능의 갈망을 지칭하는 용어로, 이 욕
    망이 자아 자신을 대상으로 할 때 자아 리비도로, 타자를 대상으
    로 할 때 대상 리비도로 지칭된다. 프로이트, 〈성욕〉, 19, 〈자아〉,
    126, 138~139 등을 참조하라.

30 프로이트, 〈자아〉, 123~124.

31 프로이트, 〈마조히즘〉, 178.

32 프로이트, 〈나르시시즘〉, 3.

33 프로이트, 〈쾌락〉, 14~15.

34 같은 곳, 58~59.

35 같은 곳, 15.

36 프로이트, 〈마조히즘〉, 178.

37 프로이트, 〈자아〉, 113~114 및 143~144.

38 이러한 초자아의 사디즘은 크라프트 에빙이 설명한 '능동적 동통성애'로서 정통 사디즘과는 구분된다. 프로이트에 의하면, 성 대상에게 고통을 가하려는 욕망으로서 정통 사디즘은 구애가 아니라 공격적이고 난폭한 태도나 폭력을 통해 성 대상의 저항을 제압하려는, 남성의 자연적 성욕에 포함된 공격적 요소에 그 근원이 존재한다. 사디즘은 성적 대상을 적극적이거나 난폭한 태도로 대하는 것에서부터 모욕과 학대를 통해서만 만족을 얻을 수 있는 극단적인 경우까지 모두 포괄하지만, 성욕도착은 후자에만 해당된다. 프로이트, 〈성욕〉, 48 및 〈마조히즘〉, 173~174.

39 프로이트, 〈마조히즘〉, 180~182. 이런 이유에서 마조히즘은, 프로이트에게서 '자아로 되돌아온 사디즘'으로 간주된다(프로이트, 〈쾌락〉, 76~77). 이 같은 자학적 욕망은 '매 맞는 아이의 환상'과 같은 신경증적 반복 강박의 원인이 된다. 프로이트, 〈아이〉, 153~166 참조.

40 프로이트, 〈마조히즘〉, 182.

41 프로이트, 〈자아〉, 148~149 및 156~157. 물론 모든 마조히즘의 병리적 양상이 동일한 것은 아니다. 프로이트에 따르면, 마조히즘은 성감 발생적 마조히즘과 여성적 마조히즘, 그리고 도덕적 마조히즘이라는 세 가지 상이한 형태로 존재한다. 프로이트, 〈마조히즘〉, 170~176 참조.

42 이와 관련하여, 프로이트의 마조히즘 및 프로이트의 마조히즘에 대한 들뢰즈의 해석을 아울러 비판하고 있는 문장수, 〈도착증에 대한 프로이트와 들뢰즈의 논쟁에 대한 비판적 분석〉,《철학연구》, 제32집, 대한철학회, 2014와 비교해보라.

43 프로이트, 〈쾌락〉, 58~59.

44 E. Husserl, *Phänomenologische Psychologie*, Husserliana Bd. IX, Martinus Nijhoff, 1968, 21 참조.

45 같은 곳, 21~24 참조.

46 프로이트, 〈쾌락〉, 14.

47 같은 곳, 58~9 참조.

48 프로이트, 〈자아〉, 157.

49 노드롭 프라이, 〈시의 상징〉,《상징》, 김용직 편, 문학과 지성사, 1988, 11(이하 〈시〉) 및 김용직, 〈상징이란 어떤 것인가〉, 같은 책, 19~21(이하 〈상징〉) 참조.

50 폴 리쾨르,《악의 상징》, 양명수 옮김, 문학과 지성사, 1994, 20.

51 리쾨르, 1994, 20.

52   같은 곳.

53   같은 곳, 21.

54   같은 곳.

55   같은 곳, 24.

56   같은 곳 및 엘리아데,《성과 속》, 이은봉 옮김, 한길사, 2008, 120
      이하를 참조.

57   리쾨르, 1994, 27.

58   같은 곳, 28.

59   같은 곳, 165.

60   같은 곳, 28.

61   같은 곳, 38~39.

62   같은 곳, 41~42.

63   같은 곳, 42~43.

64   같은 곳, 52.

65   같은 곳, 46~52.

66   같은 곳, 25.

67   같은 곳, 60.

68   같은 곳, 21, 107~110.

69   같은 곳, 161.

70   같은 곳, 31.

71   창세기, 공동번역, 대한성서공회(온라인성경 http://www.holybible.

or.kr) 2~3장 참조.

72 리쾨르, 1994, 164 및 엘리아데, 2008, 107~114.

73 칸트,《종교》, VI37.

74 같은 곳, VI43.

75 이 불가해를 해명하기 위해 뱀의 유혹을 신화 속에 도입하더라도 사정은 마찬가지다. 신의 명령이 아니라 뱀의 유혹에 따르게 된 이유를 설명해야 하는 문제가, 자유의지의 주관적 근거를 설명해야 하는 문제와 마찬가지로 여전히 남아 있기 때문이다.

76 리쾨르, 1994, 235 참조.

77 다음과 같은 리쾨르의 말을 참조하라. "윤리적인 명령을 내리는 말은 나중에 추상화된 이후의 얘기다. 그처럼 절대적 입법자의 표상은 이차적이다. 먼저 계명이 있고 그다음에 그것을 신에게 연결시키는, 그런 식이 아니다. 계명은 그 자체로 가치 있고 그 자체로 규율하는 무슨 가치 이데아가 아니다. 자기 스스로 의미를 지니는 것이 아니다. 먼저 있는 것은 본질이 아니라 현존이다. 계명은 현존의 한 양태다. 곧 거룩한 뜻이 밖으로 드러난 것이다. 그러므로 죄는 윤리적이기에 앞서 종교적이다. 죄란 어떤 규범이나 가치를 어긴 것이 아니라 인격 관계의 훼손이다." 리쾨르, 1994, 62.

78 칸트,《종교》, VI66.

79 같은 곳, VI49. 물론 자기경멸은 실천이성에 의해 존경의 대상으

로 인식되는 도덕법칙이 자기애를 행위의 제1원리이자 준칙으로 삼는 인간의 자만을 겸허하게 함으로써 유발하는 감정으로 이해할 수도 있다[칸트,《실천이성비판》, 백종현 옮김, 아카넷, 2015, V73~74(이하《실천》)]. 그러나 이렇게 헤아리더라도, 인간의 자유가 그 도덕법칙과의 완전한 합일에 도달하는 것이 불가능한 이상 결국 같은 얘기다.

80 칸트,《실천》, V32. 이를 의지와 법칙의 완전한 합일의 이념인 신성성과 비교해보라. 칸트,《종교》, VI32~33 및 칸트,《도덕형이상학원론》, 이규호 옮김, 박영사, 1988, IV414, IV439 (이하《도덕》).

81 창세기, 3장 8~10절 참조.

82 칸트,《실천》, V33, V86~87 및 칸트,《도덕》, IV433, IV440~441 등을 참조.

83 같은 곳, IV435~436 참조.

84 칸트,《종교》, VI170. 괄호 안은 원문. 또한 칸트,《실천》, V94 및 《도덕》, IV448~449, IV455를 보라.

85 칸트,《종교》, IV184.

86 같은 곳, IV185.

87 《욥기》, 공동번역, 대한성서공회(온라인성경 http://www.holybible. or.kr), 1장 1~11절, 2장 1~5절.

88 리쾨르, 1994, 43~44, 291~300. 물론 이러한 접근이 욥기에 나타난 의로운 자의 고난이라는 문제를 해석하는 유일한 방식은 아

니다. 당해 주제에 관한 해석의 주요 갈래들을 개관하려면, Claus Westermann, *Der Aufbau des Buchs Hiob*, Stuttgart, 1977, 9~25를 보라.

89 사탄이라는 등장인물에 대한 다양한 해석에 관해서는, Dirk Kinet, "The Ambiguity of the Concepts of God and Satan in the Book of Job", *Job and the Silence of God*, ed. by Christian Duquoc and Casiano Floristan, Edingburgh, 1983, 30~31 및 Christian Duquoc, "Demonism and the Unexpectedness of God," 같은 곳, 81~86 참조. 키넷(Kinet)은 포로기 이후 시대의 고난과 불의에 한 책임을 신을 대신하여 담당하는 것이 사탄의 역할이라고 주장하는 반면, 뒤콕(Duquoc)은 도덕적 논리로 환원될 수 없는 "신적 행위의 양가적 은사"에 대한 상징으로 이해한다.

90 리쾨르, 1994, 144~147 및 주 27 참조.

91 칸트, 《종교》, VI173.

92 같은 곳, VI172.

93 같은 곳, VI173.

94 칸트, 《실천》, V94 참조.

95 같은 곳.

96 같은 곳.

97 칸트, 《도덕》, IV126.

98 칸트, 《실천》, V80.

99 같은 곳, V94 및 V76~77.

100 같은 곳, V38.

101 칸트, 《종교》, VI146.

102 같은 곳, VI51. 괄호는 원문.

103 같은 곳.

104 일연, 《삼국유사》, 이가언·허경진 옮김, 한길그레이트북스, 2006, 64~66.

105 이와 관련하여서는 엘리아데, 2008, 55~87, 121~152 및 설중환, 《다시 읽는 단군신화》, 정신세계사, 2009, 111~119, 155~162 등 참조.

106 윤명철, 《단군신화, 또 다른 해석》, 백산자료원, 2007, 61. 이를 설 중환 2009, 167~196과 비교해볼 것.

107 같은 곳.

108 칸트, 《종교》, VI46.

109 같은 곳, VI51.

110 같은 곳, VI47.

111 같은 곳, VI51.

112 같은 곳, VI47.

113 칸트, 《실천》, V76.

114 칸트, 《종교》, VI51.

115 이와 관련하여, 다음과 같은 칸트의 말 참조. "행위들의 모든 도덕

성이 그 행위들이 만들어낼 것에 대한 애호와 애착으로부터가 아니라, 의무로부터 그리고 법칙에 대한 존경으로부터 나온 그 행위들의 필연성에 두어지기 위해서는, 모든 준칙들의 주관적 원리를 아주 정확하게 주목하는 일이 모든 도덕적 판정에 있어서 몹시 중요하다. 인간에게 그리고 모든 창조된 이성적 존재자들에게 도덕적 필연성은 강요, 다시 말해 책무이며, 이에 기초한 모든 행위는 의무로 생각되어야 할 것이지, 우리 자신에 의해 이미 선호된 또는 선호될 수 있는 수행방식으로 생각되어서는 안 된다. 그것은 마치 우리가 언젠가는 다음의 경지에 이를 수나 있는 것처럼 생각된 것이다. 즉, 위반에 대한 두려움 내지 적어도 우려와 결합돼 있는 법칙에 대한 존경 없이, 우리는 모든 의존성을 넘어서 있는 신성처럼 스스로, 이를테면 우리의 천성이 된, 결코 흔들림 없는, 의지의 순수 도덕법칙과의 합치에 의해—그러므로 도덕법칙은 우리가 그것에 불성실하게 되도록 유혹받을 수는 결코 없으므로, 마침내 우리에게 지시명령임을 아예 그칠 수도 있겠다—언젠가는 의지의 신성성을 소유하게 될 수나 있을 것처럼 생각된 것이다." 칸트,《실천》, V81~82.

116 칸트,《종교》, VI35 참조.

117 문자와 영의 구분에 관해서는 칸트,《실천》, V73 및《종교》, VI30 참조.

118 물론 이것이 신성과 인간의 존재론적 차이를 의미하는 한에서 칸

트의 말은 여전히 유효하다. 칸트,《실천》, V81~82 참조.

119 나는 이것이 원수를 사랑하라는 명령의 본질이라고 믿는다.

120 기본적으로 이러한 구분은—프로이트와의 연관은 고려하지 않은
채— 바울의 입장을 토대로 한 것이지만, 어느 정도까지는 이것
을 칸트의 구분에 따라 "선한 윤리의(선한 예의의) 사람과 윤리적
으로 선한(도덕적으로 선한) 사람"(칸트,《종교》, VI30), 혹은 '문자
적으로 선한 사람과 영적으로 선한 사람'(같은 곳 및 칸트,《실천》,
V73)의 형태로 이해해볼 수도 있을 것이다. 그러나 칸트의 구분
은 '형식적인 윤리적 격률의 수행'과 '도덕법칙에 대한 순수한 존
경으로부터의 실천' 간의 대비를 근간으로 하는 만큼, 둘의 입장
을 완전히 동일시하기는 어려울 것이다. 바울에게 있어 윤리의
주도권은 법에 있지만, 칸트에게는 법을 하는 인간의 태도나 의
지에 있기 때문이다.

121 이에 관해서는, 로마서 8장과 고린도후서 3장을 참조하라.

II. 비극적 슬픔에 관하여

1 James W. Kalat, Michelle N. Shiota, *Emotion*, 2007, 148~149;
Mick Power, Tim Dalgleish, *Cognition and Emotion*, 2008,
222~223; 지그문트 프로이트, 〈슬픔과 우울증〉,《정신분석학의
근본개념》, 윤희기 옮김, 열린책들, 2004, 244, 262 참조.

2   여기서 '원인'은 인간 존재의 자연인과적 근거를, '이유'는 목적
     론적 근거를 의미한다. 이러한 구분을 명시적으로 제시한 최초의
     서양 철학자는 아마도 소크라테스일 것이다. '작용연결'과 '목적
     연결'에 대한 칸트의 개념 구분은, 사실상 그의 사상적 단초에 대
     한 계승에 지나지 않는다. 이와 관련하여 플라톤,《파이돈》, 전헌
     상 옮김, 이제이북스, 2013, 96a~99b 및 임마누엘 칸트,《판단력
     비판》, 백종현 옮김, 아카넷, 2009, V404, 448 참조.

3   비근한 맥락에서 정대현은 슬픔을 하나의 실존 범주로 규정하고,
     이를 "모든 인간의 온전성에 대한 그리움"이자 "인간이 공유하
     는 동정의 능력"으로 설명한다. 슬픔에 대한 실존적 접근을 시도
     하는 그의 기본적 입장에는 공감하지만, 그의 해석은 슬픔을 실
     존적 감정으로 일원화하면서 슬픔이라는 감정의 다층성을 모호
     하게 처리할 뿐 아니라, 그 감정의 핵심이 되는 인간의 온전성 개
     념도 다소 불분명하게 남겨두고 있다. 이에 관해서는 정대현,〈슬
     픔: 또 하나의 실존범주〉,《철학》, 한국철학회, 2009, 47~73을 보
     라. 아울러 당해 논제에 관한 선행 연구로 김경호,〈슬픔은 어디
     에서 오는가?〉,《철학탐구》, vol.31, 2012, 125~152 및 김동규,
     《멜랑콜리아》, 문학동네, 2014를 참조하라.

4   한 논평자는 서론에 언급된 '허무감'이 그 자체로 '비극적 슬픔'
     의 성격과 구조를 갖는 것인지 확신할 수 없으며, 양자가 필연적
     으로 연결되는 것은 아니라는 의문을 제기한 바 있다. 그가 지적

한 대로 모든 허무감이 비극적 슬픔은 아닐 것이며, 또 모든 사람이 그런 허무감이나 비극적 슬픔을 경험하는 것도 아마 아닐 것이다. 그러나 필자의 생각을 말하자면, 허무감은 경우에 따라 비극적 슬픔과 같은 감정일 수도 있고, 전혀 상관없는 상이한 감정일 수도 있다. 예컨대 오이디푸스를 통해 예시된 격정을 동반하는 매우 극적인 슬픔의 감정이 표출되지 않는다고 해서, 허무감은 전혀 슬픔이 아니라고 단정할 수 있는 것은 아니며, 극도로 슬퍼한다고 해서 그 슬픔이 비극적이라고 할 수 있는 것도 아니다. 그러나 서로 다른 개념을 통해 지칭되는 감정들이 질적으로 선명하게 구분되는 별개의 감정일 것이라는 그의 가정은, 케이건의 지적처럼, 각각의 감정들을 지칭하는 개념어에 상응하는 단순한 감정들이 마치 하나의 독립적 실체처럼 존재할 것이라는 암묵적 전제에서 비롯된 것이다(제롬 케이건,《정서란 무엇인가》, 노승영 옮김, 아카넷, 2009, 30~32 참조). 실제로 우리가 흔히 경험하는 감정들은 하나의 단일한 개념으로 완전하게 지칭될 수 있는 단순한 일의적 감정이 아니라, 여러 가지 다양한 감정적 요소들—개념적으로는 분리되어 지칭되는—이 구분할 수 없는 방식으로 뒤섞여 발생하는 경우가 부분이다. 일례로—다소 예외적인 경우지만—자신을 학대하는 아버지가 갑작스러운 사고로 죽게 되었을 때, 그 자녀는 슬픔, 안도감, 해방감, 죄책감, 연민, 허망함 같은 감정들이 뒤섞인 감정을 느낄 수 있지만, 그 감정을 그저 슬프다고 표현할 수도 있고, 허무하다고 인식할 수도 있다. 나아가 그러한 감정도, 그 자녀의 나이와 성별, 기질, 계층, 문화, 교육수준, 혹은 주변 사람들과의 관계 등 다양한 요소들에 의해 그 구체적인 양상 또한 달리할 것이다. 따라서 허무감과 비극적 슬픔이 개념적으로 구분 가능하고, 또 양자가 필연적으로 동치인 것은 아니라고 해서, 허무감과 연관 지어 특정한 슬픔에 대해 말하는 것이 무의미해지거나 어떤 슬픔은 허무함으로 이해될 수 있다고 가정하는 것이 불가능한 것은 아니다. 가장 전형적인 철학적 감정으로 거론되곤 하는 '경이'도, 철학하는 모든 이가 경험하는 것도, 모든 경이의 사례가 동일한 것도 아닐 수 있지만, 그렇다고 해서 경이의 감정을 상정하고 논의하는 것 자체가 무효화되는 것은 아닌 것과 마찬가지다. 필자의 짐작이 옳다면 결국 이 사안에서 문제되는 것은 무의미의 체험으로 인해 야기되는 허무감이 비극적 슬픔과 동일한가 아닌가가 아니라, 무의미의 체험이 반드시 허무감이나 비극적 슬픔의 감정을 유발하는 것인가의 문제처럼 보인다(그게 아니라면 허무감은 느낄 수 있지만 비극적 슬픔까지 느낄 필요는 없다는 것이거나). 그러나 이 문제는 그가 예의 문제제기와 더불어 의문을 표했던 '내재적 긍정'의 계기와 직결된 것이므로, 이하에서 따로 논한다. 아래의 주 75 참조.

5   물론 다마지오에게서 감정의 개념이 일의적으로 규정되지는 않는다. 인간의 감정은 과학적 수단을 동원하여 관찰 가능한 총체

적인 물리적 변화와 활동 일반, 곧 대사작용과 면역, 반사작용 및 다양한 충동 등과 같은 생명체의 생명조절 메커니즘을 지칭하는 '정서(emotion)'와, "신체 내부의 축적된 변화들이 특정 상태에 이르게 됨으로써 발현되는 심적 표상"인 '느낌(feeling)'으로 대별된다. 나아가 정서는 특정 조합의 단순한 조절반응의 결과로서 조성되는 '배경정서'와 모든 문화에 걸쳐 일관된 형태로 확인되는 기본 정서인 '일차적 정서', 사회적 관계 속에서 발현되는 좀 더 세련화된 감정인 '사회적 정서'의 세 가지 협의의 정서로 다시 하위 분류된다. 이에 관하여는 안토니오 다마지오, 《스피노자의 뇌 -기쁨, 슬픔, 느낌의 뇌과학》, 임지원 옮김, 사이언스북스, 2003, 2장과 3장을 보라. 이에 비해 대개의 정서심리학 문헌에서는 정서를 후자의 의미로, 느낌이나 감정을 전자의 의미로 사용하지만, 편의상 이 글에서는—꼭 필요한 경우가 아니면— 감정과 정서, 느낌을 엄밀하게 구분하지 않고 문맥에 따라 혼용한다.

6   다마지오, 2003, 79.

7   같은 곳, 39.

8   같은 곳, 66, 106~107 참조.

9   다마지오, 2003, 11~12 참조.

10 같은 곳, 46~47.

11 같은 곳.

12 같은 곳, 48. 다마지오 스스로 밝히고 있듯이, 이 개념은 스피노자

에게서 빌려온 것이다.

13 다마지오, 2003, 11~12.

14 같은 곳, 131~133 참조.

15 같은 곳, 164.

16 같은 곳, 20, 162 참조.

17 같은 곳, 162~164, 316 참조.

18 같은 곳, 205.

19 다마지오, 2003, 316~318 참조.

20 신체 변화에 따른 특정한 뇌 프로파일이 다양한 정서 상태로 해석이 가능하다거나, 정상인과 비정상인에게 아드레날린을 주입했을 때 발생하는 신체 변화가 어떤 감정도 유발하지 못했다는 사실은 감정과 신체의 생물학적 변화가 필연적이거나 선험적인 대응관계를 맺고 있지 않음을 예증하는 것이다. 이에 관하여는, 제롬 케이건, 2009, 27 및 로버트 플러트칙, 《정서심리학》, 박권생 옮김, 학지사, 2004, 65~66을 참조하라.

21 물론 다마지오가 감정의 형성에 있어 인지의 역할을 부정하는 것은 아니다. 그러나 감정이나 인지적 능력들은 모두 생명체의 자기보존을 위한 유기적 메커니즘의 계기들로서 그 지위와 역할을 부여받게 된다는 사실은 하나의 대전제로 여전히 효력을 발휘한다. 이에 반하여, 최근 미국의 감정 논의를 주도하고 있는 인물 중 하나인 누스바움(Nussbaum)의 감정 이해는 감정 형성에 기여하

는 신체의 역할을 충분히 고려하지 않은 채 사실상 인지적 측면만을 전면에 내세우고 있는 것 같은 인상을 남긴다. 그러나 심리학자 케이건의 말처럼, 인간의 감정은 "(1) 선택적 유발자극에 대한 뇌 활동 변화, (2) 감각적 성질을 지니고 있으며 의식적으로 탐지된 감정 변화, (3) 감정을 해석하고 단어 표지를 붙이는 인지 과정, (4) 행동 반응의 준비나 표현"(케이건 2009, 49)과 같은 이질적이면서도 상호 연관된 제반 요소들의 상호작용 속에서 발생하는 것으로 이해하는 것이 적절할 것이다. 누스바움의 정의와 관련해서는 마사 누스바움, 《혐오와 수치심》, 조계원 옮김, 민음사, 2015, 55~67 참조.

22 이에 관해서는 김재권, 《심리철학》, 하종호, 김선희 옮김, 철학과 현실사, 1999, 357~402 참조.

23 임마누엘 칸트, 《판단력 비판》, 백종현 옮김, 아카넷, 2009, V206~207 참조.

24 여기서의 '우연성'이란 자연인과적인 기계적 필연성의 결여를 의미하지 않는다. 오히려 우연성은 순수한 기계적 필연성의 맹목성과 철저한 무의도성으로부터 귀결되는 철저한 '뜻 없음'의 사태를 본질로 한다.

25 물론 넓은 의미에서, 비극적 슬픔도 코나투스의 좌절 현상으로 해석할 여지는 존재한다. 존재의 이유를 묻는 물음이 생물학적 생존을 포함한 경험적 삶의 지평을 초월해 있다 해도, 그런 물음

을 통해 어떤 식으로든 존재를 위한 이유를 모색하고 확보하려는 편향성을 드러냄으로써 생존본능의 연장선상에 있는 존재의 본능, 존재에 대한 근원적 지향을 우회적으로 표명하고 있다는 해석 또한 가능할 것이기 때문이다. 그런 한에서, 즉물적 슬픔은 비극적 슬픔을 통해 표출되는 존재론적 지향에 대한 원형적 상징으로 이해될 수도 있을 것이다. 그러나 설령 그렇다고 해도, 자연과 자유가 다른 것처럼, 둘 사이의 질적 차이가 해소되는 것은 아니다.

26 https://www.etymonline.com/word/tragedy. 'tragedy'의 어원인 'tragoidia'는 염소를 뜻하는 그리스어 'tragos'와 노래를 뜻하는 'oide'의 합성어다. 염소의 노래라는 표현에 관해서는 두 가지 가설이 존재하는데, '상으로 내놓은 염소를 차지하기 위해 다투어 부르는 노래'라는 가설과, '제물로 바친 염소를 둘러싸고 부르는 노래'라는 가설이다. 이에 관하여는, 아리스토텔레스, 《시학》, 천병희 옮김, 도서출판 숲, 2017, 352~353 각주 35 및 이근삼, 〈그리스 시극의 구성과 특징〉, 《그리스 희곡의 이해》, 곽복록 외, 현암사, 2007, 124 참조. 이근삼은 '염소의 노래'를 '양의 노래'라고 표현하고 있으나, 착오로 보인다.

27 이에 관해서는 https://www.etymonline.com/search?q=Dithy-ramb 및 P. E. Easterling, "A Show for Dionysus", *The Cambridge Companion to Greek Tragedy*, ed. by P. E. Easterling, Cambridge, 1997, 36~53, 그리고 Aristotle, 2017, 340 각주 2 참조.

28   Aristotle, 2017, 1449a.

29   같은 곳, 1447a.

30   같은 곳, 1448b.

31   같은 곳, 1449b~1450a.

32   같은 곳, 1449b. 괄호 안은 필자의 생략.

33   같은 곳, 1451a~b 참조.

34   카타르시스는 대개 종교적·윤리적 측면에서 정신적 고양을 통
      한 영혼의 정화를 의미하거나, 의학적 측면에서 부정적 감정의
      배설을 통한 정서의 순화를 의미하는 것으로 해석된다. 이에 대
      해서는 안성찬, 〈숭고의 미학-그 기원과 개념사 연구〉, 서강대
      학교 대학원 박사학위 논문, 2000, 30~31 및 조우현, 〈그리스 비
      극의 본바탕〉, 《그리스 희곡의 이해》, 곽복록 외, 현암사, 2007,
      118~119, 그리고 Aristotle, 2017, 361, 각주 61 참조. 야스퍼스는
      카타르시스를 "인간의 자기 존재에 관련된 사건"으로, "그저 바
      라보는 것이 아니라 스스로가 직접적으로 연루되는 체험으로부
      터 발생하는 존재를 향한 개방됨의 사건, 즉 우리를 협소하고 맹
      목적이게 하는 현존의 체험들과 같이 눈을 가리고 혼탁하게 하
      는 표면적인 것들로부터 정화됨으로써 진실을 획득하는"(Karl
      Jaspers, *Von der Wahrheit*, München, 1947, 923) 사건으로 설명한다.

35   물론 여기서 언급된 우연의 폭력은 그 자체로 신탁의 내용이 되
      는 것이 아니라, 인간의 유한성을 여실하게 드러내 보이는 계기

로 작용함으로써, 결국 인간의 존재론적 한계와 신성 간의 근원적 거리를 핵심으로 하는 신탁의 내용을 드러나게 하는 매개적 요소로 이해되어야 한다.

36 이와 관련해 다음과 같은 야스퍼스의 말을 참조하라. "비극적 직관은 인간의 고뇌를 형이상학적 근거 위에서 바라보는 하나의 방식이다. 형이상학적 근거가 없다면 그저 비참과 탄식, 불행과 잘못, 그리고 실패가 있을 뿐, 비극적인 것은 초월적인 지식에 대해서야 비로소 모습을 드러내는 것이다. 약탈, 살인, 음모와 같은 끔찍한 일들 그 자체만을―요컨대 두려운 것에 대한 모든 감각들만을― 서술하는 문학작품은 비극이 아니다. 문학작품이 비극이 되려면 주인공은 비극적 지식을 지녀야 하고, 또 관객은 그 속으로 끌려 들어가야 한다. 그와 더불어 비극적인 것으로부터의 구원이라는 문제 혹은 본래적 존재에 대한 문제가 제기되는 것이다." Jaspers, 1947, 944~945.

37 가장 처절한 몰락이 오히려 오이디푸스로 하여금 신성에 이르게 하는 계기가 되었던 이유는 무엇인가? 극의 초반부터 오이디푸스는 시종일관 자기 자신이 마치 거룩한 신성의 확고부동한 수호자요, 대변자인 것처럼, 더 나아가서는 마치 자신이 신성의 화신이기라도 한 것처럼 행동한다. 신탁에 따르면 테베시에 창궐한 역병은 불의한 살인에 대한 신의 형벌이었기에, 오이디푸스는 그 어떤 불의도 허용하지 않고 신적 정의를 구현하려는 공정한 심판

관의 역할을 자처한다. 그러나 시간이 흐름에 따라, 신성을 향해 있는 오이디푸스의 자신만만한 선의지는 사실상 하나의 거대한 착각이자 허구였음이 드러난다. 유한성의 한계 안에서 신성을 실현하려던 인간의 의도가 애초부터 불가능한 것이었음이 백일하에 드러나면서, 오이디푸스와 그의 관객들은―곧 모든 인간들은 ― 영원히 신성에 도달할 수 없는 인간의 비극적 운명을 확인한다. 이 운명에 대한 자각과 더불어, 스스로 신과 같이 되기를 갈망했던 인간은 처참하게 몰락한다. 그러나 그 몰락의 경험 속에서, 오이디푸스도, 그리고 그와 다를 바 없는 그의 관객들도, 세계 안의 그 어딘가에 있을지도 모른다고 막연하게 추정했던 신성의 모호한 실체가, 결코 가닿을 수 없는 도저한 불가능성으로 모습을 드러내는 광경을 분명한 형태로 보게 된다. 바로 이것이 처절한 몰락의 비극 속에서 그토록 바라던 신성을 오히려 더 선연하게 체험하게 되는 이유인 셈이다.

38 칸트, 2009, V257~258 참조.

39 같은 곳, V183~184 참조.

40 같은 곳, V180 참조.

41 같은 곳, V187 참조.

42 같은 곳, V190.

43 '제약하는'이라는 표현이 다소 의아하게 느껴질 독자도 있을지 모르겠다. 굳이 이런 표현을 사용한 이유는, 칸트에게서 쾌의 감

정이 일의적이지 않기 때문이다(칸트에게서 감정은 인식의 모든 영역에서 등장하지만, 하나의 독립적인 정신적 능력이나 기능으로 해명되지 않은 채 자연의 영역과 실천의 영역, 그리고 미의 영역에 따라 그 양상을 달리하는 정신현상으로만 설명된다). 쾌의 감정은 자연의 영역에서는 감각적 쾌감이 되고, 실천의 영역에서는 존경과 같은 감정이 되며, 미의 영역에서는 적의함의 감정으로 경험된다. 이처럼 쾌의 감정은, 그때그때 어떠한 인식능력의 '제약'을 받느냐에 따라 그 구체적 성격이 결정되는 것이다.

44 칸트, 2009, V177~179 및 V209~210 참조.

45 같은 곳, V192, V244~245 참조. 숭고에 관한 입문적 해설을 위해서는 안성찬, 〈숭고의 미학-그 기원과 개념사 연구〉, 서강대학교 대학원 박사학위 논문, 2000 및 최소인, 〈숭고와 부정성〉, 《철학논총》, 58, 2009, 401~426을 보라.

46 칸트, 2009, V246.

47 같은 곳, V255.

48 같은 곳, V257~259 참조.

49 같은 곳, V268. 생략은 필자.

50 쇼펜하우어, 《의지와 표상으로서의 세계》, II권, 495, 프리드리히 니체, 《비극의 탄생》, 김대경 옮김, 청하, 1992, 30~31에서 재인용.

51 니체, 1992, 29.

52   같은 곳.

53   같은 곳, 30.

54   같은 곳.

55   같은 곳.

56   같은 곳, 29.

57   같은 곳, 121~122.

58   같은 곳, 122.

59   같은 곳, 113.

60   같은 곳. 생략은 필자.

61   같은 곳, 122.

62   같은 곳, 121.

63   같은 곳, 123.

64   같은 곳, 64.

65   같은 곳.

66   같은 곳, 144.

67   같은 곳, 29.

68   같은 곳, 108.

69   같은 곳, 56.

70   같은 곳, 64.

71   같은 곳, 136.

72   같은 곳, 66. 생략은 필자.

73   니체, 1992, 147 참조.

74   한 논평자는 이와 같은 필자의 니체 해석이, 니체의 후기 입장에
      대한 몰이해 속에서 안출된 것이 아닌지, 그리하여 니체의 핵심
      적 사유를 오해/곡해하고 있는 것은 아닌지 의문을 제기한 바 있
      다. 니체의 후기 입장을 감안해서 읽는다면, 필자의 해석이 전체
      적으로 니체에 대한 심각한 오해로 보일 수도 있다는 점을 인정
      한다. 그러나 설령 그의 후기 입장을 감안하더라도, 이러한 해석
      의 가능성이 전적으로 무효화되는 것은 아니라는 것이 필자의 입
      장이다. 지면상의 제약으로 인해, 이 자리에서는 이 장의 논의 맥
      락과 관련하여 니체의 후기 입장에 대한 필자의 견해를 간략히
      표명하는 것으로 그친다. 이른바 삶과 세계에 대한 디오니소스적
      긍정을 가능하게 하는 니체의 일원론적 세계관의 핵심은 대략 다
      음과 같이 요약된다. (1) 생에 대한 경멸과 삶의 부정을 유발하는
      형이상학적 실체들은 하나의 형이상학적 가정─불완전하고 불
      확실한 생성의 세계가 고통과 불행의 원인이 된다면, 이 세계와
      질적으로 상이한 참된 세계의 존재만이 진리와 선과 참된 행복을
      가능하게 하는 근거가 된다는─에 의해 요청된 허구적 장치이거
      나, 기껏해야 생의 가치를 정립하기 위한 도구로서 하나의 상대
      적 관점에 지나지 않는다. (2) 만약 그러한 형이상학적 실체가 허
      구나 도구에 불과하고, 따라서 실재하는 것이 아니라면, 존재하
      는 것은 오직 그러한 실체들이 제거되고 남은, 불완전하고 열등

한 것으로 간주되었던 생성의 세계뿐이다. (3) 사실상 존재하는 것 전부인 생성의 세계를 지배하는 근원적 원리는 '힘에의 의지'다. (4) '의지'가 의욕하는 대상의 획득과 목적의 성취를 향한 갈망을 본질로 하는 한, 힘에의 의지는 그 어떤 외래적 원인의 작용 없이도 자신의 내재적 본성에 따라 힘의 표현과 극대화를 향해 운동하는, 이를테면 자기원인적이고 자기목적적인 유일한 실재다. (5) 힘의 극대화된 표현을 성취하려 끝없이 질주하는 힘에의 의지로서 이 세계가 전통 형이상학의 믿음처럼 가상이 아니라 사실상 존재하는 것 전부라면, 창조와 파괴를 영원히 반복하는 디오니소스적 생기의 세계를 긍정하고 그것을 자신의 거룩한 운명으로 받아들여 사랑하는 것이 곧 삶을 긍정하기 위해 인간이 실천하지 않으면 안 될 최상의 사명이다. (6) 이러한 사명을 실행에 옮긴 인간이 초인, 곧 위버멘쉬다. 이상과 같은 니체의 후기 입장은, 그러나 필자가 볼 때 다음과 같은 결정적 한계를 지닌다. (1) 생에 대한 혐오와 경멸을 조장하는 전통 형이상학에 대한 대안으로 니체가 생을 긍정하기 위해 제안한 디오니소스적 세계 기획은, 사실상 초월적 이념의 실현 불가능성만큼이나 생에 대한 긍정을 가히 불가능할 만큼 실천하기 어려운 과업으로 만든다. 만약 삶에 대한 긍정이 문자 그대로 초인적인 불굴의 의지를 통해, 지칠 줄 모르고 타오르는 영원한 불길 같은 힘에의 의지와—곧 디오니스적 근원과— 완전한 일치를 이룸으로써 원론적으로 가능하다고 주장한다면, 초월적 이념 자체를—절대화하는 것이 아니라— 자신의 삶을 통해 실현함으로써 생에 대한 긍정을 성취하려는 시도—예컨대 니체 스스로가 긍정했던 예수의 경우처럼—는 왜 불가능하단 말인가? (2) 디오니소스적 긍정의 세계를 떠받치는 토대인 힘에의 의지가, 매 순간 힘의 극대화를 실현하는 동시에 힘의 표현을 추구하는 의지로서 지속된다는 니체의 주장(백승영, 2005, 289~378 참조)은 논리적 자기모순으로 인해 성립되기 힘든 체계처럼 보인다. 자기목적적이고 자기원인적이며 따라서 필연적인 힘에의 의지는 힘의 표현이 목적이며, 생기는 곧 그러한 힘의 표현이라는 목적의 실제적 달성이다. 그러나 그러한 힘의 표현은 영원히 다함 없는 미완의 운동이고, 결국 힘에의 의지는 힘의 표현이라는 자신의 유일무이한—그로 인해 가히 기계적이고, 따라서 운명적인!— 목적을 달성하기 위해 무한한 생성의 운동을 반복하는, 그러나 결코 그 목적을 궁극적으로는 성취하거나 완결하지 못하고 끝없이 반복하는 비극적 디오니소스 그자체다. 그러나 이러한 디오니소스적 세계의 운동원리는 하나의 치명적 모순을 내포한다. 의지가 의지로 남으려면 힘의 극대화는 원천적으로 불가능하고, 힘이 극대화될 수 있다면 의지는 더 이상 의지일 수 없기 때문이다. 만약 그렇다면, 힘에의 의지는 그 어떤 방식으로 표현되더라도 극대화될 수 없는 상태에 머물러 있거나, 매 순간 자신의 극대화에 도달해 있는 까닭에 더는 의지가 아

닌, 하나의 실체적 존재와 다름없는 완결된 사태로 변질된다. (3)
생에 대한 긍정이 여전히 인간의 실존적 결단을 통해 매개되어
야 하는 사태인 한, 인간을 자신의 구성원으로 포함하고 있는 디
오니소스적 긍정의 세계 또한 여전히 목적론적 질서 안에 머물러
있으며, 허무주의의 씨앗을 그 안에 내포하고 있는 것처럼 보인
다. 세계에 대한 디오니소스적 긍정은—적어도 인간에게는— 어
디까지나 인간의 목적론적 사유에 의해 매개된 결과로서만 유효
한 것이다. 지상의 삶을 무가치한 것으로 만드는 초월자가 사라
지고 세계 그 자체가 유일한 존재이자 유일한 가치의 척도가 된
다 해도, 그리하여 그 세계 자체를 긍정하는 것만으로 새로운 가
치의 창출이 가능해진다 해도, 그러한 세계의 긍정은 예컨대 야
생의 멧돼지들에게서처럼 즉물적이고 즉자적으로 발생하는 것
이 아니라 인간의 결단에 의해 인위적으로 이루어지는 것이기 때
문이다. 인간이 초인이 되기 위해 결단하지 않으면 안 되는 한, 생
에 대한 긍정이 차라투스트라의 저 어린아이와 같은 망각(프리드
리히 니체, 《차라투스트라는 이렇게 말했다》, 책세상, 2000, 41 참조) 속
에서 실현되지 않는 한, 인간은 여전히 저절로 긍정될 수 없는 세
계와 삶의 무의미라는 덫에서 여전히 자유로울 수 없는 것이고,
목적론의 질곡에서 완전히 해방되지 못하는 것이다. 니체는 초월
자를 파괴하고 더 이상 아무런 의미의 토대도 남아 있지 않은 날
것 그대로의 세계 속으로, 아니 허무주의의 한복판으로 뛰어들

면서 디오니소스적 긍정을 통해 새로운 가치의 창출을 주장하지만, 여전히 그 일이 자신이 극력 거부했던 목적론의 지평 위에서 이루어지고 있는 일임을 의식하지 못했던 것으로 보인다. 따라서 삶을 무가치한 것으로 격하시키는 초월적 실재를 폐기하고 가상에 불과했던 현실세계를 유일한 세계이자 존재하는 것 전부로 간주함으로써 세계를 있는 그대로 긍정하려는 니체의 기획은, 생에 대한 긍정을 기치로 생기의 세계를 존재하는 유일한 것이라고 주장하면서도 여전히 형이상학적 목적론의 굴레 안에 머물러 있다는 점에서 자기모순적이다. 물론 인간이 자기를 잊고—즉, 초월성조차 초월하고— 말 없이, 생각 없이 피고 지는 꽃처럼 될 수 있다면 디오니소스적 긍정의 세계는 명실상부하게 실현될 수 있을지 모른다. 그러나 인간이라는 존재가 지상에 태어나는 순간, 계절이 오고 가듯 영원히 순환하던 생성의 열차는 운행을 멈추고 인간의 선택을 기다려야 하는 운명의 순간에 직면한다. 필자의 생각에는, 오히려 이것이—전통 형이상학이 아니라— 니체의 일원론적 세계 안에 감추어진 거대한 허무주의의 씨앗처럼 보인다. 니체의 세계 안에서 인간은, 영원히 타오르는 불처럼 생성과 소멸을 반복하는 힘에의 의지의 운동으로서 생기의 세계를 그 근저로부터 붕괴시킬 수 있는, 일원론적 세계 안에 내재하는 매우 위험한 하나의 심연이자 무한한 가능성의 창문이기 때문이다. 긍정은 기존의 초월적 세계체제를 무너뜨림으로써 저절로 찾아오는 것이 아니라, 인간의 정신 속에 개방돼 있는 무의미의 심연을 가로질러 세계를 긍정할 수 있을 때 비로소 실현되는 것이다. 인간으로 인해 발생하는 이 허무주의의 함정을 피할 수 있는 유일한 길은, 마치 영원한 현재의 순간만이 존재하는 저《반시대적 고찰》속의 동물들(프리드리히 니체,《반시대적 고찰》, 임수길 옮김, 청하, 1998, 109~115 참조)처럼, 자기의 모든 자유와 초월성을 걸고 디오니소스적 긍정의 세계에 뛰어든 채 자기를 망각하는 것이다. 그러나 이것이 현실 속의 인간에게 사실상 불가능한 과업이라면, 인간이 자기를 잊고 영원한 생기의 흐름과 하나가 되는 것은, 형이상학적 초월자에 도달하는 것이 하나의 불가능한 이념인 것과 마찬가지로 하나의 불가능한 이념처럼 보인다. 물론 그렇다고 해서 디오니소스적 긍정이 전적으로 불가능하다고 말하려는 것은 아니다. 그러나 생에 대한 긍정이 매 순간의 선택과 결단에 의해 성공하거나 실패할 수 있는 사건인 한, 결국 두 체계는 형이상학적 내부구조는 상이할지라도, 생에 대한 긍정, 아니 삶의 무의미의 해결이라는 문제에 관한 한, 그 최종 결산에 있어서는 매한가지의 한계와 가능성 안에 있는 것이다. 이렇게 보자면 결국 이 장의 논의와 관련하여 니체 사상의 핵심적인 문제는 전통 형이상학과 니체의 탈형이상학적 기획 가운데 어느 체계가 생에 대한 긍정을 가능하게 하느냐가 아니라, 허무주의의 근본 원인이 종래의 형이상학적 가치나 실체들—삶에 대한 구토와 혐오를 촉발했던

—의 와해에 있는 것이냐, 아니면 존재하는 것 전체를 초월할 수 있는 인간 정신의 초월성에 있는 것이냐. 니체는 삶에 대한 긍정을 불가능하게 만드는 전통 형이상학이 허무주의의 기원이라고 진단하지만, 그러나 그가 건립한 디오니소스적 긍정의 세계체제를 전제하더라도, 허무주의는 전통 형이상학의 몰락과 더불어 남겨진 유물이 아니라 애초부터 인간의 정신 속에, 존재하는 유일한 것이자 전부로서의 디오니소스적 세계조차도 넘어서 있는 인간 사유의 초월성 속에 늘 잠복해 있는 그 무엇에 더 가깝기 때문이다. 허무주의가 옛 해석이나 전통 형이상학의 붕괴가 아니라 인간의 초월성에서 유래한다는 사실의 결정적 증거는, 필자의 생각에, 니체 철학의 핵심인 디오니소스적 긍정이 이중적인 의미로 사용되고 있다는 사실 속에서 극명한 형태로 확인된다. 디오니소스적 긍정은 한편으로 영원히 창조하고 파괴하는 힘에의 의지, 곧 존재하는 것 전체로서의 세계 그 자체를 의미하고, 다른 한편으로 그러한 세계가 주어진 전부임을 직시하고 실존적 결단을 통해 그 세계 질서를 자신의 운명으로 받아들임으로써 온전하게 생을 긍정하는 인간의 사명이자 인간에게 주어진, 생에 대한 긍정의 유일한 방식이자 가능성을 뜻한다. 그러나 전자의 의미에서 디오니소스적 긍정은 이미 실현되어 있는 즉자적이고 객관적인 사실인 반면, 후자에서의 긍정은 인간에게 주어진 일종의 정언명령 같은 것이다. 인간이 그 정언명령을 수용할 수도 거부할

수도 있는 한, 니체의 반형이상학, 아니 유사 형이상학은 허무주
의를 완전하게 해소할 수 있는 근원적 대안은 되지 못한다. 힘에
의 의지와 영원회귀에 기초한 생성의 세계가 객관적 사실이라 해
도, 인간은—존재하는 것 전체로서의 그 세계 안에 존재하고 있
음에도 불구하고— 존재하는 것 전체를 초월할 수 있는 특별한
존재자로 거기에 있기 때문이다. 바로 이것이 초월적 존재로서
의 인간이 허무주의의 실제적 기원이 되는 이유다. 이로 인해 내
재적 긍정은, 적어도 인간에게는, 내재적 긍정으로서의 디오니소
스적 긍정이 개별 주체로서의 인간에 의해 명실상부하게 성취되
었을 때 비로소 무의미로 인한 허무감이나 비극적 슬픔이 근원적
인 방식으로 해소되면서 성취되는 것이지, 그 세계 안에 근본적
으로 허무감이나 비극적 슬픔의 가능성 자체가 배제되어 있거나,
디오니소스적 긍정이 애초부터 하나의 보편적이고 즉물적인 사
태로 실현되어 있기 때문에 가능한 것은 아니다. 앞에서 서술된
니체의 후기 사상과 관련해서는 박찬국,《해체와 창조의 철학자,
니체》, 동녘, 2001 및 백승영,《니체, 디오니소스적 긍정의 철학》,
책세상, 2005 참조.

75 앞의 주에 제시된 의문과 더불어, 예의 그 논평자는 '비극적 슬
픔'이 초월성—초월적 이념이나 초월적 자유— 을 추구하는 주체
에게 한정된 경험이며, 따라서 초월성에 반하여 내재적 긍정을
지향하는 스피노자나 니체와 같은 철학자들에게서는 비극적 슬

품의 성립 자체가 불가능한 것 아니냐는 의문을 피력했다. 중요한 지적이지만, 그러나 과연 내재적 긍정을 지향하는 이 두 철학자의 사상노선에는 초월성이 전적으로 배제되고, 내재적 긍정으로 충만하여 비극적 슬픔을 위한 여지는 전혀 존재하지 않는다고 말할 수 있는가? 필자의 짐작이 옳다면, 그의 이러한 문제제기는 (1) 내재적 긍정과 인간의 초월성이 양립 불가능한 것이라고 가정하고 있을 뿐 아니라 (2) 인간의 초월성과 니체가 배격했던 형이상학적 초월자를 동일한 것으로 간주하고 있기 때문에 발생하는 것처럼 보인다. 스피노자의 내재적 긍정은 신에 대한 이성적 직관에 의해 유한을 신의 제한적 양상으로 재발견함으로써 실현되는, 따라서 초월의 내재화를 통해 매개된 내재적 긍정이지, 초월의 계기가 전적으로 배제된 내재성은 아니다. 동일하지는 않지만 유사한 맥락에서, (앞의 주에서 설명한 것처럼) 니체의 내재적 긍정 또한 그가 배격했던 형이상학적 실체나 초월자들을 제거한 이후에도 여전히 자기모순적인 방식으로 초월성―초월자가 아니라―의 계기를 내포함으로써만 성립될 수 있는 것이다. 설령 우리가 전통 형이상학의 초월자들이 제거되고 영원히 회귀하는 힘에의 의지와 생기의 세계만이 존재하는 니체의 입장을 전적으로 수용한다 하더라도, 그 세계 안에 여전히, 그 세계를 넘어서서 결단할 수 있는 자유의 능력을 보유하는 인간이 존재하고 있는 한, 내재적 긍정은 주어진 전부로서의 세계를 초월할 수 있는 인간의 초월성을 통해 매개된 이후의 긍정이지, 이를테면 망각과 영원한 순간 속에 존재하는 동물들의 즉자적인 내재적 긍정—이러한 긍정은 사실 삶에 대한 적극적 긍정이라기보다는 삶의 즉물적 수용이나 맹목적 향유에 불과한 것이지만—은 아니다. 만약 인간이 존재하지 않았다면, 인간 이외의 동물들과 자연만이 존재했더라면, 니체의 영원회귀와 생성의 존재론은 성공한 철학적 프로그램이 될 수 있었을지도 모른다. 그러나 인간이 그 생기의 세계 내부에 존재하면서, 디오니소스적 긍정의 세계 질서를 선택 가능한 하나의 관점으로 상대화할 수 있는 한—설령 현실적인 선택지가 그것뿐이라 할지라도— 영원히 생멸하는 '힘에의 의지'의 운동은 긍정과 부정 이전의 하나의 거대한 가능성의 심연 속으로 가라앉고 만다. '있는 것 전체'로서의 세계조차도 초월해 있는, 그리하여 언제나 주어진 것 이상을 넘겨다보는, 그래서 주어진 것으로는 결코 만족할 수 없는 인간의 자유와 초월성이 실은 모든 문제의 원천이었던 것이다. 이로써 영원히 반복되는 디오니소스적 생성의 세계에 의탁한 니체의 철학적 기획은, 형이상학적 실체들이 파괴됨으로써 발생하는 허무주의를 원천적으로 해소하거나 극복하게 하는 대안일 수 없으며, 설령 그렇다고 하더라도, 그러한 세계 속에 인간이 존재하는 한 끝없는 심연과도 같은 허무주의의 함정을 자기 안에 남겨두고 있는 셈이다. 이러한 필자의 생각이 옳다면, 허무감이나 비극적 슬픔이 내재적 긍정을 지향하는 니체의 세계 안에서는 성립될 수 없다는 그의 주장은 정당화되기 힘들어 보인다. 내재적 긍정의 길이 존재한다고 해서, 경험적 지평을 넘어서는 인간의 초월성이 무효화되는 것은 아니기 때문이다. 이 점은 니체의 일원론적 세계 속에서도 여전히 유효한 것으로 남는다. 세계에 대한 디오니소스적 긍정을 위해 인간의 실존적 결단이 요구되는 한, 인간은 니체의 일원론적 세계 속에서도 여전히 세계의 의미문제 앞에 직면한 채로 존재하는 것이며―다시 말해 세계가 존재하는 모든 것이자 유일한 것이라 할지라도, 그 세계의 의미를 긍정하는 문제는 하나의 초월적 물음으로 인간의 정신 앞에 직면해 있는 물음으로 남아 있는 것이며― 인간은 스스로의 결단을 통해 이 물음에 답함으로써만 비로소 세계에 대한 긍정을 개시할 수 있는 것이다. 긍정이니 부정이니 하는 말은 삶과 세계의 의미에 대한 물음에 주어지는 대답으로서만 유의미한 것이지, 의미에 대한 물음 자체가 제거된 즉물적 공간 안에서 적용될 수 있는 말이 아니다.

76 '공허'나 '비움'을 뜻하는 그리스어 케노시스(kenosis)는 기독교에서 신이 인간이 된 성육신의 사건을 지칭하는 용어로, 통상 '자기비움'이나 '자기비하'로 번역된다.

77 이와 관련하여, Jürgen Moltmann, *Der gekreuzigte Gott*, Chr. Kaiser Verlag, 1976, 47~66; 위르겐 몰트만, 《삼위일체와 하나님의 나라》, 김균진 옮김, 대한기독교서회, 1982, 34~81을 참조하라.

이정환은 케노시스의 기독론이 과연 어떤 의미에서 비극적 슬픔을 넘어설 수 있게 하는 대안이 될 수 있는지, 그것은 사실상 선험적 논증이 불가능한 하나의 가설이나 관점에 불과한 것은 아닌지를 물었다. 물론 신성의 화육을 골자로 하는 케노시스의 기독론을, 중립적 견지에서, 주관적인 해석의 원리 이상으로 간주하는 것은 어려운 일일 것이다. 그러나 비극적 슬픔이 초월에 대한 체험과 그 초월에 미치지 못하는 현실세계의 존재론적·질적 차이에 대한 체험에서 비롯되는 것이라면, 이러한 사실은 우리가 초월을 체험하는 방식이나 양상에 따라 현실을 바라보는 비극적 슬픔의 전개 양상 또한 달라질 수 있음을 함축하는 셈이다. 따라서 어떤 초월체험은 니체가 맹렬히 비판했던 바와 같이 현실에 대한 긍정을 전면적으로 불가능하게 하는 것이 될 수도 있지만, 어떤 초월체험은 초월과 현실의 차이에 대한 인정에도 불구하고 초라한 현실을 다시 긍정할 수 있는 토대를 제공하는 것일 수도 있다. 따라서 케노시스적 세계긍정의 핵심적인 효용 가운데 하나는, 초월적 이념을 이야기하는 형이상학이라고 해서 반드시 생에 대한 혐오로 일관하는 것은 아니며, 초월적 이념과 현실의 거리를 수용하면서도 그 양자의 화해를 도모할 수 있는 제3의 가능성도 존재한다는 사실을 예시하는 데 있다. 그리고 우리가 이러한 관점을 하나의 절대적 관점이나 실체적 진실로 맹신하지 않을 수 있다면, 이 '관점'은 니체적 의미에서 생의 긍정을 가능하게 하는,

힘의 표현과 극대화에 기여하기 위한 가치정립의 토대가 될 수도 있을 것이다. 필자의 생각에, 이 점은, 도덕주의적 기독교에 대한 적대감에도 불구하고 예수에 대한 니체의 우호적 태도 속에 우회적으로 확인되고 있다고 믿는다.

78 이와 관련하여, Jürgen Moltmann, *Theologie der Hoffnung*, Chr. Kaiser Verlag, 1968, 85~124, 265~268 참조.

III. 외로움에 관하여

1 아리스토텔레스, 《정치학》, 천병희 옮김, 도서출판 숲, 2012, 1252a~1253a 참조.

2 《국가》에서 플라톤은 스승 소크라테스의 입을 빌려 정의가 무엇인가를 해명하는 과정에서, 자족할 수 없는 개별 인간이 생존을 위한 여러 가지 필요로 인해 생활공동체로서의 국가(polis)를 구성하게 된 것이라는 소견을 밝힌다. 플라톤, 《국가》, 박종현 옮김, 서광사, 2013, 369b 이하를 보라.

3 아리스토텔레스, 《니코마코스 윤리학》, 강상진 외 옮김, 도서출판 길, 2014, 1096a. 이러한 아리스토텔레스의 존재론적 입장에 명시적으로 반기를 든 사람은 치치울라스다. Zizioulas, *Being as Communion*, 2004, 17을 보라.

4 아리스토텔레스에게 실체(ousia)란 크게 (1) 있는 것 자체(on hei

on, das Seiende als solches 혹은 being qua being), (2) 존재자의 '어떠함'을 설명해주는 술어(로서의 범주), (3) 다른 것이 그것을 서술하기는 하지만 다른 것을 서술하지는 않는 기체(hypokeimenon 혹은 hypostasis, 즉 substance)로서의 개체, 그리고 (4) 이 기체로서의 실체가 무엇인지를 설명해주는 본질(로서의 종, 'ousia'의 라틴어 역인 'esse'의 명사형 'essence')을 뜻한다. 세 번째 의미의 실체를 제1실체, 네 번째 의미의 실체를 제2실체라고도 부른다. 이에 관해서는 아리스토텔레스, 《형이상학》, 조대호 옮김, 나남, 2012, 1003a, 1017b, 1028a 이하 및 아리스토텔레스, 《범주론》, 김진성 옮김, 이제이북스, 2006, 1a, 2a~4b 및 각주 33을 보라. 여기에 등장하는 실체 개념은 대체로 첫 번째나 세 번째 의미로 사용된다.

5   우리가 우리 자신을 실체라고 부른다면, 우리는 대체 어느 시점부터 실체인 것인가? 수정란이 된 직후인가? 세포분열이 시작되어 인간의 형체가 갖춰지고 주요 장기가 형성된 이후인가? 그게 아니면 출산 직후인가? 그것도 아니라면 성장해서 주체적 사고가 시작된 이후인가? 혹은 그 모든 시기에 걸쳐 이미 언제나 실체인가? 어떤 경우에든 변함없는 사실로 남는 것은, 각각의 시기마다 모든 실체는 먼저 완성된 형태로 주어진 이후에 자기 이외의 타자와 관계를 맺는 것이 아니라, 오히려 매 순간 타자와의 관계 안에서, 관계를 통하여 하나의 실체로 완성되어간다는 것이다. 예컨대 모체와의 물리적 관계를 배제한 채 추상적으로 사고된 경우

가 아니라면, 자연 상태의 수정란은 모체의 자궁 안에서만 정상
적으로 성장할 수 있다. 인위적인 기술적 개입의 가능성을 배제
할 때 현실 속의 수정란이 '수정란으로' 존재하는 데 어머니의 존
재가 불가결한 것이라면, 타자의 존재는 실체로서의 수정란— 만
약 수정란이 실체라면—에 없어서는 안 될 구성적 계기인 것이
다. 설령 기술적 개입을 가정하더라도, 부모의 존재를 대신할 그
러한 기술적 개입 역시 의료진이나 물리적 설비의 도움과 같은,
고립된 실체로 가정된 주체 이외의 타자적 존재를 전제로만 가능
할 뿐이다. 물론 관계가 논리적으로 관계의 주체들— 적어도 둘
이상의— 을 전제하는 한, 주체가 관계에 논리적으로 선행하는 것
이 아니냐는 의문의 가능성은 여전히 남는다. 그러나 그러한 의
문은 구체적인 실체의 생성과정을 감안하지 않은 채 우리의 관
념 속에 언제나 완성된 형태로 주어져 있는 무시간적 실체 개념
을 가정할 때에나 가능할 뿐이다. '관계'와 '관계의 주체들' 간의
존재론적·발생학적 순위를 굳이 논한다면, 관계가— 관계를 맺을
수 있는 주체 이전에 존재할 수는 없으므로— 주체 이전에 (모종
의 독립적 실체로서) 존재한다기보다는, 관계가 모든 개별적 주체
의 성립을 가능하게 하는 근원적 존재양식이라거나, 주체는 관계
안에서만, 관계를 통해서만 존재한다고 말하는 것이 아마도 적절
할 것이다.

6   이렇게 보자면 엄밀한 의미에서 인간의 몸은 자기의 것도, 혹은

그 누구의 것도 아니다. 인간의 몸을 구성하는 세포는 평균 37조 개로, 일생 동안 유지되는 극히 일부 세포를 제외하면 대개 7~10년 사이에 대체된다. 더 나아가 그 세포를 구성하는 원자들은 10의 28승개에 달하며, 이 원자들의 98%는 1년 안에 공기와 음식과 물을 통해 섭취된 다른 원자들로 모두 대체된다. 이에 관하여는 K. 스테이저, 《원자, 인간을 완성하다》, 김학영 옮김, 반니, 2014, 286~287, 290 참조. 그럼에도 우리가 우리의 몸을 '자신의' 몸으로—혹은 '자기'로— 간주할 수 있다면, 그것은 일정한 시공간을 배타적으로 점유하고 있는 물리적 기체의 소여 그 자체만을 근거로 하는 것은 아니다. 예컨대 제임스 캐머런 감독의 영화 〈아바타〉에서, 남자 주인공인 제이크 설리는 판도라 행성에 적응하기 위해 그곳의 원주민인 나비족과 유사한 모습의 아바타(분신)를 제작하는데, 그것은 설리와 물리적으로는 분리돼 있지만 전적으로 설리의 정신과 의지에 의해 통제된다는 점에서(비록 기계의 도움을 받기는 하지만) 설리의 물리적 연장이자 글자 그대로 그의 '아바타'에 지나지 않는다. 특정한 물리적 존재자가 자기가 되는 것은 그 몸을 자기 자신의 것으로 배타적으로 점유하고 통제할 수 있는 의식이 그 몸과 함께 주어질 때 비로소 가능한 일이 된다. 인간이 만든 책상이나 의자처럼, (자)의식을 전적으로 결여한 존재자가 자의식을 지닌 존재에 의해 (그들의 것으로) 소유되고 그들의 의지에 따라 처분되는 것도 존재론적으로는 같은 의미를 지닌다. 물리적으로 독립된 물적 토대가 주어져 있음에도 (정신에 의해) 자신의 존재를 자신의 것으로 전유할 수 없는 존재가 정신적 타자의 소유물로 남아 있는 것은, 결국 그 존재가 그 타자의 연장태에 불과함을 말해주는 것이다.

7   오홍명, 〈사람은 무엇으로 사는가〉, 경기대학교 신문, 제981호, 경기대학교 신문사, 2015, 36. 지구상에서 벌어지는 이 장려한 생명의 드라마는 거의 100억 년에 걸쳐 거듭돼온 별들의 탄생과 죽음을 통해 비로소 가능해진 일이다. 지구를 구성하는 80여 종의 원소들은 모두 수소와 헬륨 같은 가벼운 원소들이 뭉쳐 형성된 별들이 오랜 시간 핵융합 반응을 통해 타오르다 폭발하면서 새롭게 형성된 원소들을 우주공간에 뿌려놓아 성운을 이루고, 그 가스와 먼지구름이 중력을 통해 다시 새로운 별의 원료가 되어 부활하는 오랜 과정을 반복한 끝에 만들어진 것들이다. 지구와 그 속의 모든 생명체를 구성하는 다양한 원소들이 별들에게서 온 것이기에, 살아 있는 모든 것들은 결국 '별들의 자손'이며, 생명은 우주 전체가 더불어 피워낸 열매인 셈이다. 이와 관련해서는 오카무라 사다노리 외,《인류가 살고 있는 우주》, 조황희 옮김, 지성사, 2012, 128~177 참조.

8   누군가는, 내가 내 마음대로 존재할 수 없는 것은 맞지만, 자살과 같은 방법을 동원하여 나의 존재를 폐기할 수 있는 것은 아니냐고 반문할지도 모른다. 그러나 그가 설령 자살을 감행하여 자

신의 존재를 폐기한다 할지라도, 엄밀한 의미에서 폐기되는 것은 '그'와 '존재'가 맺고 있는 존재론적 관계(이거나 존재로부터 그에게 잠정적으로 증여된 존재)지 존재 자체는 아니다. 존재는 그가 사라진 뒤에도 존재 자체로—달리 말해서 순수한 존재 자체인 무로— 여전히 머물러 있으며, 누구도 무(로서의 존재)를 없앨 수는 없겠기 때문이다. 존재가 존재자를 있게 하는 근원적 힘이자 토대라면, 순수한 존재 그 자체는 존재자와 무관히—물론 완전히 무관할 수야 없겠지만— 존재자 이전의 근원으로서 영원히 있는 것이다. 따라서 '나'란 존재와의 관계를 통해서만 성립 가능한 관계적 사태일 뿐, 그 이상도 그 이하도 아니다. 물론 이러한 결론을 수긍하더라도, 존재와 관계를 맺는 주체(?)요, 존재자로서의 '나'는 대관절 무엇/누구이며, 존재와 그 주체는 어떻게 다른지가 여전히 의문으로 남는다.

9   이와 관련하여 이 책의 IV장 중 4. 숭고로서의 슬픔 참조.

10 물론 그렇다고 해서 관계에 관한 아리스토텔레스의 논의가 전면적으로 무효화되는 것은 아니다. 그에 대한 비판의 한계를 설정하기 위하여, 우리는 '관계'의 성격을 실체의 성립에 불가결한 '구성적 관계'와, 부수적이고 우연적인 '부가적 관계'로 구분하거나, '물리적 관계'와 '정신적 관계'로 구분해볼 수 있을 것이다. 이와 관련하여 이 장의 주 5, 6을 참조하라.

11 외로움은 매우 주관적인 경험인 까닭에, 다양한 변인들에 의해

영향을 받는다. 이러한 요소에는 성별, 결혼상태, 연령, 사회경제적 지위와 같은 사회인구학적 변인, 사회적 관계망, 그리고 신경증과 외향성, 자기개방, 자기존중감, 가치관 등의 인성적 특성 등여러 요인들이 포함된다. 이에 관하여는 김주희·강성희, 〈외로움에 대한 이론적 고찰〉, 《생활문화연구》, 제8호, 성신여대 생활문화연구소, 1994, 237~243 및 김주희·강성희, 〈전생애 단계에 따른 외로움과 사회적 관계망과의 관계 연구〉, 《생활문화연구》, 제7호, 성신여자대학교 생활문화연구소, 1993, 119~133 참조.

12 J. 카치오포, W. 패트릭, 《인간은 왜 외로움을 느끼는가 - 사회신경과학으로 본 인간 본성과 사회의 탄생》, 이원기 옮김, 민음사, 2013, 6~7의 도표 참조.

13 카치오포, 2013, 95, 138~151, 191 참조.

14 같은 곳, 16~17.

15 D. Perlman, L. A. Peplau, *Theoretical Approaches of Loneliness*, 김옥수, 〈외로움(Loneliness)의 개념분석〉, 《간호과학》, 제2호, 이화여자대학교 간호과학연구소, 1997, 29 및 최현영, 〈홀로있음에서 고독과 외로움 간의 차이탐색〉, 건국대학교 대학원 박사학위 논문, 2014, 21에서 재인용. 두 곳 모두 원전의 정확한 지면이 명기되지 않아 2차 문헌의 지면으로 대체.

16 외로움의 종류와 형태, 구성요인에 관한 몇몇 심리학자들의 연구 내용에 관해서는 김주희·강성희, 1994, 234~237을 참조하라.

17 김옥수, 1997, 29 및 최현영, 2014, 22 참조.

18 외로움을 느끼는 사람들이 일회적인 만남을 통해 외로움을 해소
    할 수 없는 것은, 그들이 만나게 되는 사람들이 소통의 상대가 아
    니라 특정한 필요를 채우기 위해 수단화된 물상적 대상이기 때문
    이거나, 마음 깊은 곳에서 자라나는 의미를 주고받을 준비가 서
    로 되어 있지 않기 때문이다.

19 물론 이때의 '관계'는 아리스토텔레스가 말한 범주로서의 관계라
    기보다는, 인격적 존재자들 사이의 상호작용으로서의 관계를 의
    미하는 것이다. 그러나 사실상 범주로서의 관계든 인격적 존재자
    들 간의 상호작용으로서의 관계든, 모든 '관계'에는 마음의 개입
    이 필연적으로 요구된다. 임의의 물체 A와 B 사이의 거리가 1m
    라고 할 때, 임의의 두 물체 A와 B의 일정한 관계(거리)를 파악하
    고 그럼으로써 둘 사이의 관계를 매개하는 것은— 그것이 누구
    의 정신이든— A와 B 자신이 아니라 그 어떤 정신이겠기 때문이
    다. 고로 모든 관계에는 이미 정신이 개입돼 있는 것이다. 물론 그
    렇다고 해서 물리적 관계와 정신에 의한 인격적 관계가 질적으로
    동일해지는 것은 아니다.

20 예컨대 라스웰이 고안한 소통모델에서 소통의 중심에 놓여 있는
    것은 의미(message)다. 이것은 관계에 소통이 얼마나 중요한지,
    그리고 소통에 의미의 교환이 얼마나 중요한지를 확인시켜준다.
    그러나 소통도 의미도 단순히 기계적 정보의 교환을 통해 실현될

수 있는 것은 아니며, 결국 마음에 토대를 두고 있는 것이다. 이에 관하여는 다음의 주를 참조하라.

21 외로움 가운데서 우리가 원하는 소통의 본질은 무엇인가? 의미의 교환이다. 의미의 교환이란 그렇다면 또 무엇인가? 나를 짓누르는, 내가 현재적으로 체험하는 의미의 부재를 해소하는 행위이자 사건이다. 그렇다면 문제는 애초에 의미의 부재가 무엇으로 인해 유발되는가다. 말 그대로 그것은 의미의 한갓된 양적 결핍인가? 아니다. 예컨대 우리는, '산이 높다'거나, '돌이 둥글다'처럼 비인격적 대상과의 관계에서도 의미를 획득하거나 발견할 수는 있기 때문이다. 우리가 이러한 대상으로부터 (일방적으로) 건져 올리는 이 모든 의미는, 그러나 왜 우리에게 위안이 되지 못하는가? 마치 서로를 향해 마음의 문을 닫아버린 친구나 연인들이 심리학적 기교를 동원하여 서로의 마음을 제아무리 치밀하게 읽어낸다 하더라도, 그렇게 일방적으로 길어 올린 의미가 그 '의미'라는 이름이 무색하게 아무런 의미도 공감도 불러일으키지 못하고 우리의 외로움을 조금도 감해주지 못하는 이유는 대체 무엇인가? 그것은 기계적이고 대상적인 정보의 취득을 통해 획득되는 그 의미가, 그 의미의 주인이자 담지자인 사물의 자발적 의향이나 결의에 기초해 있지도, 또 그러한 주체적 의지를 동반하고 있지도—즉, 소통의 핵심인 마음(의 자발적 교환)이 담겨 있지 — 않기 때문이다. 우리가 외로움 가운데서 찾는 '의미'는, 그러니

까 객관적이거나 과학적으로, 일방적으로나 물상적으로 접근 가
능한 대상적인 그 무엇―마치 컴퓨터 저장장치에서 불러낸 데이
터와 같은―이 아니라, 스스로 자기 자신의 주인이 되어 있는 주
체적 정신에 의해 자발적으로 양여되는, 존재의 무궁한 공간 안
에 깃들어 있으면서 그 정신의 자유로운 동의와 호의에 의해 의
식적으로 선사되는 일종의 선물 같은 것이다(반면 정신의 이러한
명시적이고 의식적이며 적극적인 합의와 찬동이 전제되지 않은 모든 형
태의 의미의 획득이나 교환은―의도적으로 선사된 선물이 아니라, 의도
를 배제한 채로 주어지는 주인 없는 분실물처럼― 비인격적인 대상적
정보의 습득에 불과하거나, 더 이상 인격적 교류가 불가능한 주체들 간
의 관계에서 흔히 나타나는 권력관계의 실현을 위한 수단의 확보에 불과
할 뿐이다). 우리가 명확한 의도에 의해 의미 부여된 선물을 더 가
치 있게 여기듯, 타자적 정신에 의해 의미 부여된 의미만이 우리
에게 의미 있게, 혹은 가치 있게 다가오는 법이다. 그렇다면 우리
가 원하는 '의미'는 임의로 획득할 수 있는 물상적 의미가 아니라,
오직 그 의미의 주체의 명시적이고 흔쾌한 동의와 자발적 호의로
부터 주어지는 인격적 의미인 셈이다. 아니, 그렇다면 그러한 의
미의 핵심은 의미라기보다는 나를 향한 저 타자의 마음이나 의
향, 혹은 그러한 것으로서의 내적 태도다. 살아서 스스로 움직이
고, 나를 향해 자기를 열며 자신의 마음을 나에게 조건 없이 내어
주는 마음. 호의, 혹은 나를 인정하고 사랑하는 마음. 화제와 상관

없이 마음이 맞는 사람과의 대화가 우리에게 기쁨을 주는 것은, 우리가 원하는 의미가 언어적 의미가 아니라, 의미를 산출해내는 무한한 원천으로서의 마음이기 때문이다. 그 마음이 나(의 마음)를 받아들이고 인정하며, 그로 인하여 자기의 마음을 열고 나를 받아들임으로써, 닫힌 세상 안에 모나드처럼 홀로 내던져 있던 나의 존재가 머물 수 있는 곳을 얻는 것. 혼자여서 쓸쓸하던 내 영혼이 깃들어 쉴 곳을 찾는 것. 이 영혼의 거처와 존재의 쉼터가 곧 의미며, 그 의미는 오직 살아 있는 타자의 애정 어린 마음만이 제공해줄 수 있는 것이다. 그러므로 거꾸로 말해서, 제아무리 오랜 시간 대화가 오가고 그 속에서 제아무리 의미가 넘쳐난다 하더라도, 서로를 향해 열려 있지 않은 마음들 사이에서 이루어지는 의미의 교환은 공허한 말장난에 지나지 않는다. 서로의 마음이 서로 안에 들어오고 들어가 상호 내주할 수 있는 관계가 먼저 성립되지 않는다면, 상대를 문밖에 세워두고 사무적인 말투로 용건만 전달하려는 식의 대화―그러니까 자기가 할 말만을 일방적으로 쏟아내거나 상대방의 말을 대상적으로 분석하면서 물상적인 의미나 정보만을 캐내려는 대화는 자기 의지의 일방적 하달로서의 명령이자 타자를 물상화하여 물건처럼 지배하고 조종하려는 권력의지이거나(심리분석가들에게서 흔히 볼 수 있는), 인식론적으로 타자의 존재를 파악하여 결국 그 존재를 장악하려는 기획에 불과한 것이기에―는 결코 대화가 아니다. 따라서 외로움을 해소할 수 있는 소통의 첫 번째 조건은, 상대방의 존재를 인정하고 그 존재를 자기 존재 안으로 받아들여 그와 하나가 되어 공존하려는 심적 태도일 것이다. 실제로 둘 사이에 대화가 이루어지든 아니든, 그것은 부차적인 문제다. 중요한 것은 상대방의 마음(으로부터 솟아나는 의미)을 기꺼이 받아들일 준비가 되어 있는 마음가짐, 우리가 흔히 사랑이라 부르는 내면의 근원적 태도결정이 소통의 시작이자 외로움을 해소해줄 의미의 교환을 위한 원천이라는 사실이다.

22 앞의 주 참조.

23 이 보론은 발표 당시 논평을 맡았던 설민의 문제제기에 대한 답변을 겸한 것이다.

24 우리 존재의 근원인 존재 자체가 무의미로 경험되는 것은, 그 존재가 소통 가능한 주체로 드러나는 것이 아니라 그 어떤 의미의 교환도 불가능한 미지의, 익명의 사태로 드러나기 때문이다. 그러므로 그 존재가 소통 가능한 인격적 주체로서의 타자로 드러나는 것은, 그가 의미의 교환이 가능한—즉, 마음의 교환이 가능한— 주체로서, 하여 말로서, 마음으로서 우리에게 다가온다는 것을 뜻한다. 물론 이 말과 마음으로서의 의미가 말로 설명할 수 있는 구체적 의미나 신화 속에 등장하는 의인화된 신적 존재와의 대화 따위를 의미하는 것은 아니다.

25 여기서 말하는 '관계'는 물론 경험적 존재자들 간에 성립되는 통

상적 '관계'를 뜻하지는 않는다. 이 관계는 오히려 가장 심층적인 차원에서 실현되는, 존재자와 존재 사이의 관계를 뜻한다. 이러한 관계는, '존재' 없이는 '존재자'를 생각할 수 없다는 한에서, 명확한 형태로 규정하기 힘든 것이 사실이다. 그러나 그 한계의 분명함만큼, 존재와 존재자가 서로 다르다는 것 또한 분명한 사실이다.

26 심리학자 앤서니 스토는 관계에 대한 집착을 경계하고 고독의 위안을 역설했지만, 그가 말한 '고독 속에서 우주와 완벽하게 조화를 이루는 체험'은 사실상 이 근원적 관계를 말하고 있는 것이다. 이와 관련하여, A. 스토,《고독의 위로》, 이순영 옮김, 책읽는수요일, 2011, 27 이하를 참조하라.

27 J. P. 베르낭,《그리스인들의 신화와 사유》, 박희영 옮김, 아카넷, 2005, 443. 존재의 근원적 원리들에 대한 의문(thaumazein)으로부터 시작된 신화는, 아리스토텔레스가《형이상학》에서 언급한 것처럼, 삶과 세계와 존재에 대한 근원적 물음과 궁극적 대답을 제시하기 위한 철학적 사유의 원형을 예시하고 있다는 점에서 철학의 어머니다. 이와 관련하여 아리스토텔레스,《형이상학》, 김진성 옮김, 이제이북스, 2010, 982b 및 K. 암스트롱,《신화의 역사》, 이다희 옮김, 문학동네, 2005, 14~17을 참조하라.

28 칸트에 따르면, 상징이란 "직관적 대상을 앞세워 그 대상과 전적으로 무관한 이성의 이념을 경험의 공간 속으로 소환해내는 행

위"(오홍명, 〈미와 선의 상호연관에 관하여 – 칸트의 미학과 윤리학에 관한 비판적 일고〉,《현상학과 현대철학》, 제80집, 한국현상학회, 2019, 100)다. 이에 관하여는, 칸트,《판단력 비판》, 백종현 옮김, 아카넷, 2009, V351~353 및 이 책의 I장 중 2. 자기경멸의 세 가지 유형 참조.

29 《향연》에 등장하는 파이드로스의 말. 여기서 파이드로스는 에로스가 가장 오래된 신이라는 이유로 존경받고 있다고 주장한다. 플라톤,《향연》, 강철웅 옮김, 이제이북스, 2014, 178a 이하를 보라.

30 헤시오도스,《신들의 계보》, 천병희 옮김, 숲, 2014, 116~122(이하 헤시오도스, 2014).

31 'chaos'는 어원상으로 'chaino'(열리다), 'chasko'(입을 벌리다), 'chasmomai'(하품하다) 등의 단어와 연관돼 있으며, 아무런 구별도 존재하지 않는 공기로 가득한 허공이자 존재자 전체로서의 세계가 들어갈 공간을 의미한다. 카오스가 우리에게 친숙한 '혼돈'이라는 의미로 사용되는 것은 오비디우스 이후의 일이라고 한다. 베르낭, 2005, 433 및 헤시오도스, 2014, 40, 각주 45 참조. 카오스의 어원이나 당대의 의미가 물리적 표상을 토대로 하고 있다 해도, 가이아에 대한 이하의 해석처럼 형이상학적 독해가 불가능한 것은 물론 아니다. 카오스와 가이아, 에로스의 삼각관계를 재연한 듯한 내용을 담고 있는 형이상적 사유의 사례를 꼽는다면,

노자의 도덕경(특히 1장, 2장, 25장, 40장, 42장)과 왕필의 주석이 좋은 본보기가 될 것이다(이에 관하여는 왕필, 《왕필의 노자주》, 임채우 옮김, 한길사, 2005, 49~51, 54, 127, 186, 195~196을 참조하라). 그러나 카오스의 존재론적 의미에 대한 해명은 이 자리에서 이루어지는 논의의 한계를 넘어서 있는 것이므로 생략한다. 카오스의 존재론적 의미에 대한 조망은, 그러나 가이아에 대한 해석을 통해 우회적인 방식으로나마 얼마간 이루어질 수 있으리라 믿는다.

32 이 존재가 땅으로 표상된 것은, 아마도 농경사회로 접어든 시기의 인류가 대지에서 경험한 생명력 때문이었을 것이다.

33 M. Heidegger, *Was ist Metaphysik?*, Wegmarken, 1976, 112 이하를 보라.

34 B. Spinoza, *Ethik*, *Spinoza Werke Band I*, Wolfgang Bartuschat, 2006, 5.

35 플라톤, 《소피스트》, 이창우 옮김, 이제이북스, 2012, 237a~41e를 참조. 또한 Heidegger, 1976, 120을 보라.

36 왕필, 2005, 49 참조.

37 《파이드로스》에서 소크라테스의 입을 통해 제시되는 영혼불멸에 관한 논증이나 《니코마코스 윤리학》에 제시된 영혼의 종류 및 성격에 관한 아리스토텔레스의 설명은 이러한 사실에 관해 중요한 단서를 제공해준다. 만약 운동이 상태의 변화를 의미하고 생성과 소멸이 존재가 겪어야 하는 가장 근원적인 상태의 변화라

면, 생성과 소멸은 운동의 일종이 된다. 모든 운동은 스스로의 힘으로 개시되거나 외부의 힘에 의해 개시되거나다. 그러나 영혼 없는 것들, 곧 생명(psyche) 없는 물질들은—설령 그것이 스스로 움직이는 것처럼 보인다고 할지라도— 외부적 힘이 가해지지 않는 한 결코 스스로 움직이지 못한다. 따라서 (최초의) 운동은 오직 그 행위를 개시하거나 수행할 수 있는 능동적 주체로서의 정신에 의해서만 개시된다. 이렇듯 생명 없는 존재자들이 스스로 운동할 수 없다는 사실에서 확인할 수 있는 것처럼, 정신이나 영혼은 운동의 근원적 원천이다. 스스로 운동할 수 없는 물체, 곧 정신을 결여한 존재자들이 오직 외래적 힘에 의해서만 운동할 수 있다는 사실을 감안할 때, 그 존재자들은 그 존재자들의 가장 근원적 행위인 '있음'을 스스로 개시할 수 있는 그 무엇일 수 없다. 이런 이유에서 '스스로 존재하는 물질'이란 개념은 자기모순적인 것이다. 물질은 이미 (그 어떤 외부적 힘에 의하여 결정된 것이라는 의미에서) 확정적 존재자이고, 이미 존재 여부가 결정된 그러한 존재자가 자신의 존재 여부를 자유롭게 결정하는 자기선행적 존재 사태나 가능성으로 자기 자신의 원인이 된다는 것은 불가능하거나, 가능하다 해도 결국 무한소급의 나락으로 떨어질 것이기 때문이다. 이와 관련하여, 플라톤,《파이드로스》, 김주일 옮김, 이제이북스, 2012, 245c~246a 및 아리스토텔레스,《니코마코스 윤리학》, 강상진 외 옮김, 도서출판 길, 2014, 1102b를 참조하라.

38 이 장의 주 6 참조.

39 알다시피, 여기서 괄호 표기된 (무)는 '무'로서' 정립되기 이전의
    사태, 곧 존재로 전화되기 이전의, 존재와 무 너머의 초월적 사태
    를 지칭한다.

40 J. 슈미트, 《철학적 신학》, 이종진 옮김, 서강대학교 출판부, 2011,
    224 이하 참조.

41 물론 이것은 논리적으로 볼 때, '자기원인'이라는 개념에 의해 필
    연적으로 요구되는 것이다.

42 오비디우스, 《변신 이야기》, 천병희 옮김, 숲, 2014, 477~480 참
    조.

43 이 장의 주 6 참조.

44 필자가 이와 관련한 일단의 통찰을 배운 사람은 셸링이다. F. W.
    J. Schellling, *Urfassung der Philosophie der Offenbarung*, 1992, 212
    이하를 보라.

45 M. Heidegger, *Sein und Zeit*, 2001, 12.

46 물론 이러한 결론은, 그 어떤 타자에 대한 의존 없이 정립되는 자
    기원인적 존재의 자기원인성을, 타자의 존재를 자기원인적 자기
    정립의 매개로 요구함으로써 불가피하게 엄밀한 의미에서의 '자
    기원인성'을 무효화하는 자기모순에 빠지게 한다는 점에서 문제
    적인 것이다. 이러한 자기원인적 근원의 자기모순적 자기제약이
    라는 한계는, 아마도 진정한 사랑이 필연적으로 동반하는 자발적

자기제약을 근거로만 정당화될 수 있을 것이다.

47 이러한 주장은 마치 세계가 영원부터 이미 존재했다는 말처럼 들릴지도 모른다. 한편으로, 필자는 자기원인적 존재의 타자가 그 존재 자체와 함께 영원히 있었다는 사실에 동의한다. 그러나 이 동의가, 지금과 같은 형태의 세계가 전부터 있었다는 것을 의미하지는 않는다. 그것이 원시적 물질의 형태든, 에너지든, 아니면 물질과 정신의 중간 상태든, 그에 관한 상론은 물론 또 하나의 논의주제가 될 것이다.

48 신의 존재조차 타자 없이는 생각할 수 없다는 지지울라스(Zizioulas)의 말은 아마도 이러한 맥락에서 이해될 수 있을 것이다. Zizioulas, 16~19를 보라. 또한 앞의 주 45 참조.

IV. 열등감에 관하여

1 박길성,《세계화: 자본과 문화의 구조변동》, 사회비평사, 1996, 59, 63~64.

2 위르겐 오스터함멜, 닐스 P. 페테르손,《글로벌화의 역사》, 배윤기 옮김, 에코리브르, 2013, 19~18, 21, 24~25 참조.

3 박길성, 1996, 28~29, 34~35 참조.

4 이동걸, 〈대한민국 청년들이 살아갈 사회와 경제〉,《동국대학교 동서사상연구소 춘계학술대회 자료집》, 동서사상연구소, 2015,

32.

5 박노자,《비굴의 시대》, 한겨레출판, 2014, 46~47, 75~76.

6 가치체계의 다원화로 인한 문화적 아노미로부터 유발되는 상대주의와 회의주의, 허무주의의 만연은 주지하듯 이미 그리스 시대의 소피스트에게서 그 사상사적 유래를 찾아볼 수 있을 것이다. 이에 관하여는 이정우,《세계철학사 1》, 도서출판 길, 2011, 207 이하 참조.

7 박길성, 1996, 24~25.

8 같은 곳, 66.

9 '개인심리학'은 아들러가 주창한 심리학 이론으로, 어떤 개인의 성격이나 (문제적) 행동양식, 혹은 특정한 태도나 행위, 심리적 표현 등을 올바로 분석하고 설명하기 위해서는 그 사람의 전 인격에 대한 총체적 이해가 선행되어야 한다고 전제한다. 인간의 행동이나 심리현상에 대한 객관적 접근을 위해 가능한 한 주관적 요소를 배제하고 과학적으로 검증 가능한 일반적 원리나 추상적이고 보편적인 법칙에 호소해야 한다고 주장하는 실험심리학적 접근과 달리, 한 인간의 행동과 심리를 파악하는 것은 개개인의 특수하고 구체적인 생애사 및 삶의 목표와 통각체계에 기반을 둔 개인에 대한 총체적 이해를 바탕으로 가능하며, 그러한 포괄적 이해에 근거하여 문제 상황에 빠진 환자를 이해하고 치료해야 한다는 것이다. 개인심리학의 기본 입장과 원리에 관해서는 Alfred

Adler, *The Practice and Theory of Idividual Psychology*, trans. by R. Radin, Littlefield, Adams & Co., Paterson, 1959, 1~15, 23~31 및 Heinz L. & Rowen R. Ansbacher, *The Individaul Psychoogy of Alfred Adler*, Basic Books Publishers, 1956, 1~18, 그리고 강진령,《상담과 심리치료》, 양서원, 2009, 62~83 및 김필진,《아들러의 사회적 관심과 상담》, 학지사, 2007, 13~29 참고.

10 알프레드 아들러,《인간이해》, 라영균 옮김, 일빛, 2009, 36. 그러나 원시사회의 인간이 경험했을 물리적 생존조건의 열세에서 비롯되는 저 동물적 위축감이 이 글에서 논의되는 심리학적 문제로서의 열등감과 동일시될 수는 없을 것이다. 열등감의 원형적 감정이 일반적인 의미에서 거론되는 심리학적 문제로 비화되는 것은 정신적 존재인 인간이 공동체를 형성하고 사회적 존재로 살아가게 되면서부터다. 이에 관한 자세한 내용은 이하의 논의를 참조할 것.

11 아들러, 2009, 35~36.

12 알프레드 아들러,《아들러 심리학 해설》, 설영환 옮김, 도서출판 선영사, 2005, 40. 괄호 안은 필자.

13 같은 곳, 35~36, 121~122 참조.

14 같은 곳, 26, 38, 43. 아들러는 의지뿐만 아니라 감정과 지각, 표상과 기억, 혹은 상상력과 같은 인간 정신의 모든 능력조차도 개인이 추구하는 목표에 의해 정향되는 것이라고 주장한다. 인간

은 외부세계를 있는 그대로가 아니라 자신의 목적에 맞게 변형시켜 수용하는 것이며, 그로 인해 각 개인은, 그의 목표가 무엇이냐에 따라 세계와 삶의 의미를 다르게 해석한다. 이에 관한 자세한 내용은 아들러, 2009, 53~62를 보라. 그러나 이 주장과 관련하여 아들러가 대답해야 하는 것은, 세계상과 삶의 의미에 대한 해석이 개인이 설정한 목표에 의해 결정되고, 다시 개인이 추구하는 삶의 목표는 그가 형성하게 된 세계상과 삶의 의미에 의해 결정되는 해석학적 순환이 어떻게 해명될 수 있느냐 하는 것이다. 이 문제에 관하여는 이 장의 주 30 및 이하의 논의 참조.

15   이런 맥락에서 개인의 성격이라는 것도 결국 인간의 정신이 삶의 문제에 대응하는 특정한 방식이나 양태를 의미하는 것으로 아들러는 이해한다. 아들러, 2009, 161을 보라.

16   아들러, 2005, 48~53 및 아들러, 2009, 43.

17   물론 우월을 향한 욕구가 창조적인 활동의 동력이 되거나 삶의 보람을 느끼고 정신을 고양시키며 개인이나 인류의 삶을 개선하고 문화를 발전시키는 원동력이 될 수도 있다는 사실을 아들러는 부인하지 않는다. 아들러, 2005, 91~92, 107 및 아들러, 2009, 76~77 참조.

18   아들러, 2005, 88.

19   물론 그 역도 마찬가지다. 왜곡된 세계상이 그릇된 목표설정을 부르고, 그것이 다시 열등감을 부르는 것이라고도 우리는 말할

수 있다.

20 아들러, 2005, 35~36, 48.

21 같은 곳, 26 및 아들러, 2009, 49 및 김용섭, 〈열등감과 적응〉, 《고
    신대학교 논문집》, 제14집, 1986, 167~168, 175 참조.

22 아들러, 2009, 169.

23 같은 곳, 189.

24 알프레드 아들러, 《아들러 심리학 입문》, 김문성 옮김, 스타북스,
    2014, 78. 강조는 필자.

25 아들러, 1959, 29 이하에 제시된 신경증 환자나 아들러, 2014,
    186에 제시된 교사의 사례에서 확인할 수 있듯, 장애의 극복이 그
    자체로 열등감의 극복을 의미하지는 않으며, 타인에 대한 사랑이
    나 겸손과 헌신 어린 태도조차도 그 실상은 권력과 우월의지의
    변형태일 수 있기 때문이다. 그러므로 구체적인 목표의 성취나
    성공을 열등감의 극복과 동일시하려는 시도는 무의미한 일이다.

26 아들러, 1959, 15.

27 예컨대 아들러는 단순히 우월감의 획득을 목적으로 교사가 되고
    자 하는 사람과 인류의 공익에 이바지하려는 고도의 사회적 감정
    에서 교사가 되려는 두 가지 경우를 대비하고 있는데, 설령 후자
    의 경우라 하더라도 교사가 되는 데 실패할 수도 있고, 전자의 경
    우라 하더라도 자신의 목적을 손쉽게 성취할 수 있기 때문이다.
    이와 관련하여, 아들러, 2014, 186 참조.

28 아들러의 심리학에 대한 논평은 다양한 측면에서 제기됐다. 한편으로, 아들러의 이론이 '생물학적 인과성, 성적 본능과 같이 결정론적 요소를 강조하는 프로이트의 정신분석과 달리 한 사람의 사고와 신념체계가 어떻게 동기와 감정 및 행동에 영향을 미치는가를 강조하는 인지적 접근과 인지적 재구조화 논의를 통해, 자유롭고 능동적인 주체로서의 개인상을 부각시킴으로써 전 생애에 걸친 다양한 단계와 국면에 적용될 수 있는 이론적 모형을 제공해주었을 뿐만 아니라, 이를 통해 실존주의 심리학이나 인지행동치료의 발전에 결정적 토대를 마련해주었고, 내담자에 대한 지지와 격려에 바탕을 둔 긍정적 상담기법을 통해 변화의 가능성을 높이고, 이로써 사회적 관심의 형성 및 사회의 발전에 대한 공헌을 강조함으로써 개인과 사회의 균형 있는 발전을 도모할 수 있는 가능성을 열어주었다'는 평가가 존재한다. 다른 한편 '그의 제안이 지나치게 상식적인 수준에 머물러 있고, 그의 이론을 구성하는 기본 개념들의 타당성과 상담효과를 과학적으로 검증한 경험적 연구들이 턱없이 부족하며, 중요한 용어나 개념들의 의미가 모호하고 불분명할 뿐 아니라, 무의식의 힘과 같은 영역들을 과소평가하면서 인간 본성에 관해 지나치게 낙관적인 견해를 취하고 있고, 개인의 합리성에 과도하게 의존하고 있다'는 등의 반론들도 제기된다. 이에 관한 자세한 내용은 강진령, 2009, 80~81 및 김필진, 2007, 366~373을 참조할 것.

29 아들러, 2005, 92~93, 107.

30 아들러, 2014, 81~82 및 아들러 2009, 35~36 참조.

31 열등감을 유발하는 해석학적 순환은 다음과 같이 도식화될 수 있다. [부정적 경험 및 그 경험에 대한 왜곡된 해석] » [열등감 야기] » [그릇된 목표설정(존재의미의 지평정립 행위로서의 해석으로서)] » [삶과 세계에 대한 왜곡된 해석] » [빗나간 목적의식의 강화 및 고착화] » [왜곡된 해석의 심화] » [열등감 강화 및 증폭]. 이 악순환의 고리를 끊기 위해서는 해석의 왜곡이 발생하는 단초를 확인하고 이를 근본적으로 해소해야 하지만, 아들러가 언급하는 것은 해석의 방향을 결정짓는 단초로서의 부정적 경험뿐이다. 그러나 이럴 경우, 부정적 상황 그 자체가 아니라 그 상황에 대한 해석이 열등감의 원천이 된다는 그의 설명에 걸맞게, 부정적 경험을 부정적으로 해석하게 하는 해석학적 단초가 무엇인지를 밝혀야 할 것이다.

32 김용섭이 설명하고 있는 대로, 열등감이 발생하는 원천은 개인의 특정한 열성(劣性)과 그에 대한 주체적 자각이다. 그러나 정신지체아의 경우처럼 객관적 열성을 열성으로 인식하지 않거나 못하는 경우, 열성은 객관적으로 존재함에도 불구하고 열등감을 유발하지는 않는다. 반대로 높은 성취동기를 지닌 사람의 경우 타인과 비교할 때 그가 가진 열성은 근소함에도 불구하고 열성자각의 강도는 극심할 수 있다. 이에 관해서는 김용섭, 1986, 167 참조.

33 플라톤,《메논》, 이상인 옮김, 이제이북스, 2014, 71e~72a. 강조
는 필자. 이하에서는 필요에 따라 별도의 언급 없이 'ergon'의 번
역어로 '일'과 '기능'을 자유로이 혼용한다.

34 플라톤,《국가》, 박종현 옮김, 서광사, 2005, 352d.

35 같은 곳 및 아리스토텔레스,《니코마코스 윤리학》, 도서출판 길,
2014, 1098a.

36 플라톤, 2005, 352d. 여기서 소크라테스는 기능이 "그것만이 해
낼 수 있거나 또는 다른 어떤 것들보다도 그것이 가장 훌륭하게
해낼 수 있는 그런 것"이라고 정의한다. 아울러 다음과 같은 아
리스토텔레스의 진술을 참조할 것. "피리 연주자와 조각가, 그리
고 모든 기술자에 대해서, 또 일반적으로 어떤 기능과 해야 할 행
위가 있는 모든 사람에 대해서, 그것의 좋음과 '잘함'은 기능 안
에 있는 것처럼 보인다. 그처럼 인간의 경우에도 인간의 기능이
있는 한, 좋음과 '잘함'은 인간의 기능 안에 있을 것 같아 보인다."
아리스토텔레스, 2014, 1097B.

37 플라톤, 2005, 354a 및 플라톤, 2014, 71e~72a, 아리스토텔레스,
2014, 1098a 참조. 그리스 철학에 등장하는, 사물의 본질이 온전
히 구현된 상태로서의 'arete'는, 예컨대 대장장이의 'arete', 정치
가의 'arete'처럼, 언제나 특정한 존재자와 결합되어 사용되었고,
당해 존재자의 기능이 그 중심에 있었다. 이에 관하여는 W. K. C.
거드리,《희랍철학입문》, 박종현 옮김, 종로서적, 1991, 12~15 및

플라톤, 2005, 63(번역서 지면), 각주 22 및 각주 36을 보라.

38 물론 '에르곤' 개념이 그렇게 일의적이고 단순하게 사용되는 것
은 아니다. 《메논》에서 소크라테스는 개별 인간에게 귀속된 기능
이 아니라 모든 인간에게 속한 보편적 기능이 무엇인지를 메논에
게 되묻고, 《국가》에서는 인간의 기능이 국가를 구성하는 세 계
층에 빗대어 욕망과 기개, 이성으로 설명되고 있으며, 《니코마코
스 윤리학》에서 아리스토텔레스는 인간의 기능을 이성으로 정의
하고 있다. 이 일련의 에르곤 개념에서 정작 중요한 것은, 그것이
다른 목적의 수단이 되느냐 혹은 그 자체가 목적이 되느냐다. 전
자가 수단적·도구적 에르곤이라면, 후자는 자기목적적·자족적
에르곤이라고 할 수 있을 것이다. 이에 관하여는 이 장의 주 46 및
이후의 논의 참조.

39 Martin Heidegger, *Sein und Zeit*, 2006, 64. 한국어 번역본은 하이
데거, 《존재와 시간》, 이기상 옮김, 까치, 2013, 95.

40 하이데거, 2013, 100.

41 이 기획은 '세계 내부에 눈앞에 있는 존재자의 존재를 제시하고
개념적·범주적으로 고정'하거나, '존재자에 존재하는 성질을 인
식함이 아니고 그 존재자의 존재의 구조를 규정함'이라고 정의된
다. 같은 곳, 94, 99를 보라.

42 같은 곳, 97.

43 같은 곳, 206. 다음의 원문을 참조하라. "현존재는 이해로서 자신

의 존재를 가능성들에로 기획투사한다. 가능성들에로 향한 존재
는, 밝혀진 가능성들이 현존재에게로 되돌려지기에, 그 자체가
하나의 존재가능인 것이다. 이해의 기획투사는 스스로를 형성할
수 있는 고유한 가능성을 가지고 있다. 이해의 이러한 형성을 우
리는 해석이라고 이름한다. 해석에서 이해는 자신이 이해한 것을
이해하면서 자기 것으로 만든다. 해석에서 이해는 어떤 다른 것
이 되는 것이 아니라 오히려 그것 자체가 된다."

44 하이데거, 2013, 101.

45 같은 곳, 101, 201.

46 같은 곳, 103.

47 박찬국은 내재적 목적론과 외재적 목적론을 구분하면서, 전자
를 '인간뿐 아니라 모든 자연적인 존재자가 자체적인 목적을 갖
고 그러한 목적을 실현하려는 성향을 갖는다는 사실을 인정하는'
것인 반면, 후자는 '인간에게만 그러한 성향을 인정하면서 자연
은 신에 의해 인간의 안전과 행복을 위해 만들어졌다고 믿는' 것
으로 이해한다(박찬국,《내재적 목적론》, 세창출판사, 2012, 12~15 참
조). 그러나 이러한 구분은 자연을 조작 가능한 대상으로 간주하
는 근대적 정신이 결국 인간마저도 기계적으로 조작될 수 있는
그 무엇으로 전락시키는 현상까지 포괄하지는 못한다. 이러한 이
유에서, 필자는 아리스토텔레스의 구분을 따라, 전자를 다른 목
적을 위한 수단이 되지 않는 자족적(혹은 자기목적적) 목적론으로,

후자를 그 자체가 목적이 아니라 다른 목적의 수단이 되는 도구
적 목적론으로 대신한다. 이러한 구분은 앞서 언급한 에르곤 개
념의 구분과도 상응하는 것이다.

48 하이데거, 2013, 120~121.

49 주위세계는 인간에게 가장 우선적으로 드러나는 세계의 성격을
지칭하는 하이데거의 용어로, 세계 속에 존재하는 모든 것들이
인간의 일상적 삶을 위한 도구로 해석되고 이해되는 세계의 지평
을 의미한다. 그러므로 여기서 주위란 공간적 의미가 아니라 존
재론적 혹은 해석학적 차원에서의 주위다. 국내에서는 통상 주위
세계나 주변세계로 번역되는데, 이 글에서는 두 표현을 문맥에
따라 자유롭게 혼용한다.

50 하이데거, 2013, 175~178.

51 같은 곳, 180.

52 물론 '양심'이나 '죽음에 대한 직시로부터 이루어지는 선구적 결
단'을 통해서도 본래적 존재에 이를 수 있다는 점에서, '불안'이
본래적 존재에 이르는 유일한 경로는 아니다. 그럼에도 불안이
선택된 이유는, 열등감을 주제로 한 이 장의 논의를 위해 가장 적
절한 논의 맥락을 제공한다는 사실 때문이다. 그러나 이러한 사
실이 다른 경로의 중요성을 무효화한다거나, 불안이 양심이나 선
구적 결단에 비해 더 중요한 계기라는 것을 의미하지는 않는다.

53 하이데거, 2013, 254.

54 하이데거, 2013, 256.

55 같은 곳.

56 같은 곳, 257~258.

57 박찬국, 2012, 465.

58 아리스토텔레스, 2014, 1097b.

59 맥락은 다르지만 이성의 이러한 한계상황을 박찬국은 '회의'라는 말로 개념화하고 있다. 회의는 '인간이 자신이 의지할 수 있는 어떤 확고한 지반도 갖지 못하고 있으며, 따라서 존재자 자체에서 발하는 근원적인 빛에 의해서가 아니라 자력에 의해서, 즉 자신의 이성의 빛에 의해서만 자신의 운명을 개척해나가야 한다고 생각하게 되는 기분'을 의미한다. 이에 관해서는 박찬국, 2012, 470을 보라.

60 만약 불안이 일상적 존재의미의 전적인 상실에 대한 예기와 직관으로부터 발생하는 부정적 감정인 동시에, 아무것도 아닌 존재로서의 자기, 자신의 '그저 있음' 그 자체를 그럼에도 불구하고 긍정하며, 모든 의미의 상실에도 불구하고 무의미하거나 무가치한 존재로 전락하지 않기를 바라는 자기 존재에 대한 무조건적 애정에서 유래하는 바람과, 그에 대한 내적·외적 승인의 부재로 인한 그 바람의 현실적 좌절로부터 야기되는 감정이라면, 존재론적으로 불안은 열등감의 가장 근원적인 형태일 것이다.

61 이러한 양가적 감정의 상태를 선명한 형태로 보여주는 사례를 필

자는 기형도의 시 '엄마걱정'에 등장하는 화자의 찬밥체험에서 발견한다. 여기서 작가는 찬밥처럼 빈방에 남겨진 자신에 대한 슬픔과 불안 속에서 강한 자기연민을 드러내지만, 그 애착의 감정은 그가 바라는 만큼의 현실적 기반을 획득하지 못한다. 기형도,《입 속의 검은 잎》, 문학과지성사, 1989, 127을 보라.

62 예컨대, 다음과 같은 하이데거의 말을 보라. "이 존재자(현존재)에게 그의 존재함에서 문제가 되고 있는 그 존재는 각기 나의 존재다. 그러기에 현존재는 결코 존재론적으로 눈앞에 있는 것인 존재자의 한 유에 속하는 경우나 표본으로 파악될 수 없다. 눈앞에 있는 존재자에게는 그것의 존재가 '아무래도 좋은' 것이다. 정확하게 고찰하면 그것은 그것에게 그의 존재가 아무래도 좋은 것일 수도, 그렇지 않은 것일 수도 없는 식으로 '존재하고' 있다. 현존재의 말 건넴은 그 존재자의 각자성의 성격에 맞추어 언제나 인칭대명사를 함께 말해야 한다. 즉, '나는 이렇고', '너는 저렇다'라고." 하이데거, 2013, 67.

63 이러한 방식의 존재긍정을 우리는 이기심이라 부른다.

64 어쩌면 이것이 아들러가 말하고 싶어 했던 공동체감과 사회적 감정의 본질일지도 모른다.

65 그러므로 모두를 다 (조건 없이) 사랑하거나, 자기만을 사랑하려다 결국 자기를 포함한 그 누구도 사랑하지 못하게 되거나, 둘 중 하나다.

66 시장적 가치의 대척점에 서 있는 이 존엄의 본질을 가장 간명하게 보여주는 것은 아마도 다음과 같은 칸트의 설명일 것이다. "목적들의 세계에서는 모든 것이 어떤 값을 갖거나 아니면 존엄성을 갖는다. 값을 지니는 것은 무엇이나 다른 어떤 대용물로 그것을 대치할 수 있다. 이에 반해서 모든 값을 초월해 있는 것, 따라서 대용물로 대치할 수 없는 것은 존엄성을 갖는다. 일반적인 인간의 기호나 욕망에 관계하는 것은 시장가를 갖는다. 또 어떤 욕망을 전제함이 없이 일정한 취향, 즉 우리 감정이 단순한 무목적적인 유희에 있어서 그것의 만족에 적합한 것은 감정가를 갖는다. 그러나 그 조건 아래에서만 어떤 것이 목적 자체일 수 있는 그런 조건을 제시하는 것은 단지 상대적 가치, 즉 값을 갖는 것이 아니라 내적인 가치, 즉 존엄성을 갖는다." 임마누엘 칸트, 《도덕형이상학원론》, 이규호 옮김, 박영사, 1988, IV434~435.

67 아리스토텔레스, 2014, 1097b.

68 이러한 힘을 아리스토텔레스 자신의 언어로 표현하자면, 인간적인 좋음을 실현하게 하는 '탁월성에 따른 영혼의 활동'(아리스토텔레스, 2014, 1098a)이 될 것이다. 탁월성에 따르는 영혼의 활동은 자족적이고 무조건적인 행복을 가능하게 하는 활동이다. 자족적이고 무조건적인 행복은 삶을 그 자체로 선택할 만한 것으로 만드는 것, 더 이상의 보충설명이나 조건이 필요하지 않기에 아무런 부족함도 없는 것으로 드러나게 하는 영혼의 활동을 통해 가

능해진다. 이러한 영혼의 활동으로서, 인간의 근원적 기능으로 규정되는 이성은 자신의 존재를 오히려 비기능적으로 파악할 수 있는 능력이며, 이를 통해 비기능적인— 기능이 일정한 목적의 달성에 이바지하는 수단적 성격을 띠고 있다는 점에서— 자족적 상태(로서의 본래적 실존)에 도달하는 것이 곧 인간의 사명이자 최상의 탁월함일 것이다.

69 한 논평자는 불안의 양가성에서 논의된 무조건적 애착으로서의 자기애와 자기의 한계를 벗어나 존재 일반에 대한 보편애로 고양된 사랑이 어떻게 다르며 그 기원이나 유래가 무엇인가를 물었다. 이 문제에 관하여는 앞서의 논의를 통해 충분히 설명됐다고 생각되지만, 굳이 부연하자면 이렇다. 우리는 자기 자신의 존재를 왜 사랑하(게 됐)는지 모른다. 만약 이유가 있다면, 그것이 '나'의 존재이기 때문이라고 생각할 뿐이다. 그로써 '나'에 대한 사랑, 곧 자기애나 이기심은 하나의 자명한 원리이자 이성에 의해 자연스럽고 당연한 것으로 공인된 '합리적' 미덕으로 정립된다. 이 공리화된 욕망의 기원은 그러나 여전히 모호한 것으로 남는다. 나는 왜 반드시 나를 사랑해야 하고, '나'는 왜 나에게 반드시 사랑받아야 하는가? 자살의 가능성을 고려한다면, 자기애는 논리적 필연도, 자명한 진리도 아니다. 그럼에도 마치 모든 '나'가 사랑받아야 하고 또 대개는 사랑받고 있다면, 그리고 그것이 이성에 의해 자명한 원리로 승인될 수 있다면, 모든 '나'로서의 존재(자들의 존재)

는 이유 없이 그 자체로 '당연하게' 사랑받을 뿐이다. 그렇다면 결국 존재에 대한 사랑은 애초부터 자명한 것으로서, 생래적인 것이거나 본유적인 것으로서 존재와 함께 주어지는 것처럼 보인다. 그러나 이 자기애나 이기심의 경우에는, 본래 모든 존재를 위한 것이어야 할 보편적 사랑이 '자기임'이 그 사랑을 정당화하는 유일한 이유가 됨으로써 보편애가 자기애로 협소화되고, 그 사유화 과정으로 인해 모두에게 공평하게 돌아가야 할 사랑의 힘이 오직 자신에게만 집중하게 되면서 타자와는 물론이고 결국 자기 자신과도 갈등을 일으키게 된다. 이것이 이를테면 불교에서 말하는 집착과 그로 인한 번뇌일 터인데, 자기에 대한 이 집착을 벗어나 존재 자체에 대한 사랑에 도달하게 될 때 우리는 비로소 나도 남도 모두 온당하게 사랑할 수 있게 되고, 그럼으로써 우열의 질곡을 벗은 채 열등감으로부터도 자유로워질 수 있게 되는 것이다. 그러므로 자기애든 자기를 넘어선 사랑이든, 사랑의 기원은 애초부터 존재 자체에서 발원하는 것으로 보이지만(이에 관해서는 이 책 III장의 4. 사랑, 존재의 기원을 보라), 자기애는 그 사랑이 이성의 한계 안에서 충족이유율에 따라 재구성됨으로써 변질되는 것이라고 이해할 수 있을 것이다. 이 이성의 한계를 넘어 무념무상의 상태에서 참된 나, 곧 보편적 '나'로서의 범아나 진아와 하나를 이룰 때―달리 말해 자기를 버리고 존재 자체와 하나가 될 때― 우리는 존재 전체에 대한 참된 사랑, 곧 신적 사랑이자 법열 속에서 솟아오르는 자비로움과 더불어 불안 속에서 마주하는 자기애의 질곡으로부터 마침내 해방될 수 있는 것이다.

70 플라톤, 2014, 89a, 97a~100b를 보라.

71 같은 곳, 99c~100a.

72 하이데거, 〈휴머니즘 서신〉,《이정표 2》, 이선일 옮김, 한길사, 2005, 130.

73 같은 곳, 138.

74 같은 곳, 140.

75 같은 곳, 143.

76 같은 곳, 180.

77 같은 곳, 127.

78 같은 곳, 173.

79 이 장의 주제의식을 구성하는 이른바 탈가치의 윤리학이 지향하는 바를 가장 선명하게 말해주고 있는 것은, 무엇보다도 다음과 같은 하이데거의 진술일 것이다. "가치에 반대하는 사유라고 해서, 사람들이 가치라고 설명하는 모든 것을—즉, 문화, 예술, 학문, 인간의 존엄성, 세계, 그리고 신 등을— 무가치하다고 주장하는 것은 아니다. 오히려 우리가 궁극적으로 통찰해야 할 점은, 어떤 것을 가치로서 특징지음으로써, 도리어 그렇게 가치 매겨진 것이 자신의 존엄성을 잃는다는 점이다. 즉, 어떤 것을 가치로서 인정함으로써, [도리어] 그렇게 가치 매겨진 것은 단지 인간의 평

가 대상으로만 허용된다는 점이다. 그러나 어떤 것이 그것의 존재 안에서 무엇으로 있는가라는 점이 그것의 대상성 안에서 모두 길어내어지는 것은 아니다. 대상성이 가치의 성격을 가질 때 특히 그렇다. 모든 가치평가는, 설령 그것이 긍정적으로 가치를 매긴다 할지라도, 일종의 주관화다. 가치평가는 존재자를 존재하게끔 하지 않는다. 오히려 가치평가는 존재자를 그러한 평가행동의 객관으로서만 타당하게 한다. 가치의 객관성을 입증하려는 별난 노력은 자신이 무엇을 행하고 있는지를 알지 못한다. 만약 사람들이 특히 신을 최고의 가치로 선언한다면, 그것은 신의 본질을 깎아내리는 것이다. 가치평가의 사유는 여기서는 물론이거니와 그 밖의 다른 곳에서도, 존재에 어긋나게 사유하게끔 하는 최대의 모독이다. 따라서 가치에 반대하여 사유한다는 것은 존재자의 무가치성과 무성을 위해 북을 두드린다는 것이 아니라, 오히려 '단순한 객관'으로의 존재자의 주관화에 반대하여 존재 진리의 밝음을 사유 앞으로 가져온다는 것이다." 같은 곳, 164~165.

감정의 형이상학

불행의 감정은 어디에서 오는가

펴낸날 초판 1쇄 2019년 12월 02일

지은이 오흥명
펴낸이 김현태

책임편집 한지은
디자인 차민지
마케팅 김하늘 이지혜

펴낸곳 책세상
주소 서울시 마포구 잔다리로 62-1, 3층(04031)
전화 02-704-1251(영업부), 02-3273-1333(편집부)
팩스 02-719-1258
이메일 bkworld11@gmail.com
광고·제휴 문의 bkworldpub@naver.com

홈페이지 chaeksesang.com
페이스북 /chaeksesang **트위터** @chaeksesang
인스타그램 @chaeksesang **네이버포스트** bkworldpub

등록 1975.5.21. 제1-517호
ISBN 979-11-5931-433-9 (03110)

이 도서의 국립중앙도서관 출판시도서목록(CIP)은 서지정보유통지원시스템 홈페이지
(http://seoji.nl.go.kr)와 국가자료공동목록시스템(http://www.nl.go.kr/kolisnet)에서
이용하실 수 있습니다.(CIP제어번호 : CIP2019046414)